Global Energy Review & Outlook

全球能源分析与展望

2018

国网能源研究院有限公司　编著

中国电力出版社
CHINA ELECTRIC POWER PRESS

图书在版编目（CIP）数据

全球能源分析与展望.2018 / 国网能源研究院有限公司编著. — 北京 : 中国电力出版社, 2018.11（2018.12 重印）
ISBN 978-7-5198-2678-9

Ⅰ.①全… Ⅱ.①国… Ⅲ.①能源发展－研究报告－世界－ 2018 Ⅳ.① F416.2

中国版本图书馆 CIP 数据核字 (2018) 第 265316 号

出版发行：中国电力出版社
地　　址：北京市东城区北京站西街 19 号（邮政编码 100005）
网　　址：http://www.cepp.sgcc.com.cn
责任编辑：刘汝青（010-63412382）
责任校对：黄　蓓　闫秀英
装帧设计：王英磊　永诚天地
责任印制：吴　迪

印　　刷：北京瑞禾彩色印刷有限公司
版　　次：2018 年 11 月第一版
印　　次：2018 年 12 月北京第二次印刷
开　　本：889 毫米 ×1194 毫米　16 开本
印　　张：15.25
字　　数：337 千字
定　　价：188.00 元

全球能源分析与展望 2018

当前，世界能源发展面临多重挑战，既要满足不断增长的经济社会发展需要，又要应对日益凸显的气候变化及生态环境问题。随着气候变化给人类带来的危害逐步成为现实，越来越多的国家和国际机构认识到，国际社会通过加强政策沟通协调、技术创新交流、市场融合重塑，采取共同行动应对气候变化刻不容缓。对此，能源领域肩负着重要责任，持续开展相关研究十分重要。其中，中长期能源发展展望是国际能源组织、跨国能源公司、研究咨询机构普遍关注的热点议题，研究成果可为各国政府决策、行业发展、企业经营提供重要参考。

国家电网有限公司是全球最大的公用事业企业，矢志建成具有卓越竞争力的世界一流能源互联网企业，承担着促进全球能源转型的重任。国网能源研究院依托在能源电力领域的多年积累，发挥电力行业的独特优势，持续开展全球能源分析与展望研究工作，总结全球能源电力现状特点，展望全球能源电力发展趋势，探索全球能源转型的可行路径，提出全球气候治理的能源方案。

《全球能源分析与展望》是国网能源研究院年度系列专著之一，2017年首次中英双语公开出版。本书每年年末出版，滚动更新全球、大洲及主要国家在经济、人口、能源、电力、环境等方面的最新统计数据；跟踪经济社会、技术效率、行业政策、能源价格等因素变化，滚动开展全球（分品种、分部门、分地区）中长期能源展望；聚焦热点地区、关键技术、重大议题，开展专题研究。

《全球能源分析与展望 2018》聚焦新能源发展和电气化进程，量化分析新能源发展和电气化进程对未来能源转型的影响，设计了三个情景（自主减排情景、高能效情景、2℃情景），对未来能源电力供需进行展望。主要特点有：一是提炼全球能源电力发展规律，发现重大拐点与趋势变化；二是加强一次能源结构变化分析，研判分品种达峰规模及时间；三是加强终端分部门趋势分析，研判细分工业行业、交通运输方式用能变化；四是侧重能源政策分析，包括各个国家自主贡献目标政策以及未来政策需求；五是聚焦新能源发展，研判技术、成本、政策变化，对未来新能源发展规模进行展望；

六是聚焦电气化进程，对比当前世界各国电气化水平差异，研判未来提升潜力。

本书分为摘要、全球能源现状分析、全球能源发展展望、专题研究等。其中，摘要部分由单葆国、李江涛主笔；全球能源现状分析由刘小聪、李江涛、汪晓露、单葆国主笔；全球能源发展展望由李江涛、张春成、翁玉艳、单葆国主笔；专题有两个，新能源发展专题由李梓仟、王彩霞、李琼慧主笔，电气化进程专题由张春成、李江涛主笔。全书由李江涛统稿，张成龙、谭显东校核。

本书编写过程中，得到了国家电网有限公司研究室的大力支持和帮助，在此表示诚挚的感谢！

能源电力统计受数据来源、统计口径所限，情景展望受技术进步不确定性、政治军事冲突等因素影响，展望结果与实际情况或有较大不同，敬请读者理解。

受研究能力及编写时间所限，本书难免存在疏漏与不足之处，欢迎批评指正！

编著者

2018 年 11 月

　　《全球能源分析与展望 2018》提炼了过去三十多年间全球经济社会、能源电力、生态环境等方面的发展变化，着力发现其中隐藏的重大拐点与趋势。过去近 40 年，世界经济持续增长，能源消费显著增加，气候变化日益凸显，能源短缺和气候变化问题成为人类面临的重大挑战；同时，能源结构稳步调整，能源效率不断提升，部分国家 CO_2 排放达峰，显示出能源发展的可喜变化。

● 从地理区域看，全球能源发展的重心向东方转移，亚太地区对经济增长、能源电力增长、发电装机扩容、能源相关碳排放攀升的贡献都很大。

● 从发展阶段看，无论是经济社会发展还是能源电力消费，发展中国家的增速都要比发达国家高，占全球的比重也不断提升；但发达国家在能源利用效率、人均消费规模等方面依然领先，碳排放强度下降更为显著。

● 从能源结构看，发达国家能源消费以油气为主，发展中国家煤炭或传统生物质能占比较高；无论是发电能源还是终端能源，电气化水平持续提升是全球普遍现象；非化石能源在全球一次能源结构与发电结构中的比重普遍持续提升。

● 从部门结构看，发达国家部门用能／用电结构较为均衡，而发展中国家工业"一家独大"的现象较为普遍；发达国家工业占终端能源消费的比重下降，发展中国家交通占终端能源消费的比重上升。

● 从 2016 年最新统计数据看，中国带动全球煤炭消费连续两年下降；全球能源相关碳排放连续三年几乎"零增长"；发达国家人均用能持续下行，人均用电的饱和态势明显；可再生能源发电占比不断提升；中国稳居全球发电装机总规模、煤电、水电、风电、太阳能发电第一大国。

展望未来，世界能源发展面临既要满足经济社会发展需要，又要减少温室气体排放等多重挑战，解决能源短缺和气候变化问题要从技术创新、政策引导、价格激励等方面"多管齐下"，既要提高能源利用效率以减少能源需求，又要降低清洁发电成本以加快清洁低碳转型。《全球能源分析与展望2018》综合考虑能源政策取向、气候环境约束、能源利用效率提升、新能源发展、电气化进程等多方面因素，在人口增长及经济发展预期的基础上，面向 2050 年设计了自主减排、高能效、2℃三个情景，对未来 32 年能源电力需求进行展望。其中，自主减排情景主要考虑各国兑现《巴黎协定》自主减排承诺，2030 年后减排政策保持连续性；高能效情景的主要考虑是在自主减排情景基础上，进一步提升能效水平、加快电气化步伐和能源清洁转型；2℃情景的主要考虑是以实现全球 2℃温升控制目标为约束，电气化达到更高水平、能源转型更快推进，可再生能源实现对化石能源的更大力度替代。

全球一次能源需求小幅增长，增速明显低于 1980—2016 年平均水平。

● 自主减排情景：能源转型与节能减排的政策成效初步显现，全球能源发展偏离"惯性增长"轨道，2050 年全球一次能源需求增至约 260 亿吨标准煤，较展望初期（2016 年，下同）增长约 27%，与国际主流机构的展望结果大体相近；全球能源相关碳排放在 2035 年前后达峰，峰值约 396 亿吨，之后平缓下行，2050 年约 366 亿吨，在 2035—2040 年间便把将全球平均温升控制在 2℃以内的"碳预算"用尽。

● 高能效情景：展望期内能源效率提升、终端能源替代、电力清洁转型的潜力尽量释放，2035 年前全球能源需求平缓增长，之后保持高位，2050 年约 230 亿吨标准煤，较展望初期增长约 12%，经济社会发展与能源需求增长进一步脱钩；全球能源相关碳排放在 2025 年后持续下行，2050 年约 263 亿吨，"碳预算"用尽的时间亦被推迟至 2040—2045 年间，依然无法实现全球应对气候变化的既定目标。

● 2℃情景：能源转型更快推进，可再生能源实现对化石能源的更大力度替代，电气化达到更高水平，全球一次能源需求在展望期内很快进入峰值平台期，2035 年左右开始稳步下降，2050 年约 190 亿吨标准煤，较展望初期下降约 7%；全球能源相关碳排放在展望期内提前快速下降，但仍需依赖碳捕捉、利用与封存技术（CCUS）减少绝对碳排放量，才能有望将至 2050 年的累计排放控制在"碳预算"以内，2050 年约 99 亿吨。

一次能源结构趋向清洁低碳，非化石能源占比达到 30% 以上。 在高能效情景下，煤炭需求已经处于平台波动期，2025 年后持续下行，峰值约

56 亿吨标准煤，2050 年占全球一次能源需求的比重降至 15%；石油需求 2030 年左右达峰，峰值约 68 亿吨标准煤，主要受交通电气化影响，占比平缓降至 2050 年的 26%；天然气需求 2035 后进入平台期，约 51 亿吨标准煤，占比基本持平，2050 年约 22%；非化石能源占比大幅提升，2050 年约 37%，较展望初期提高约 15 个百分点。在自主减排情景下，煤炭、石油需求达峰时间分别为 2030 年、2040 年左右，天然气需求持续增长，2050 年非化石能源占比约 30%。在 2℃情景下，煤炭、天然气需求在展望初期很快下降，石油需求在 2020－2025 年达峰，2050 年非化石能源占比约 58%。

新能源实现对化石能源大规模替代。在高能效情景下，2050 年非水可再生能源需求规模约 60 亿吨标准煤，占比一次能源需求的比重约 26%，相当于替代化石约 31 亿吨标准煤能源。在自主减排、2℃情景下，2050 年非水可再生能源需分别约 53 亿、88 亿吨标准煤，分别相当于替代化石能源约 19 亿、67 亿吨标准煤。

全球终端能源需求持续增长，较展望初期提高 5%～40%。在高能效情景下，全球终端能源需求 2040 年进入平台期，2050 年约 167 亿吨标准煤，较展望初期增长约 25%；在自主减排情景下，全球终端能源需求持续增长，2050 年约 188 亿吨标准煤，较展望初期增长约 40%，年均增长 1.0%；在 2℃情景下，全球终端能源需求在 2035 年左右达峰，峰值约 151 亿吨标准煤，2050 年降至 140 亿吨标准煤左右，较展望初期增长约 5%。

电气化水平大幅提升，增幅为 1980－2016 年间增幅的 2 倍以上。在高能效情景下，2050 年全球电能占终端能源需求的比重约 40%，大幅高出同类机构 2040 年约 24%、2050 年约 27% 的预期。在自主减排情景下，2050 年全球电能占终端能源需求的比重约为 34%，增幅约 15 个百分点，约为 1980－2016 年间增幅的 2 倍。在 2℃情景下，2050 年全球电能占终端能源需求的比重约为 51%。

电气化进程加快有力拉动电力需求增长。在高能效情景下，考虑展望期内终端能源结构调整，电气化水平提升约带来 30 万亿千瓦·时的电力需求增长，是 2016 年全球总用电量的 1.3 倍；在自主减排、2℃情景下，电气化水平提升分别约带来 26 万亿、37 万亿千瓦·时的电力需求增长。

终端分部门电气化水平普遍提升，交通电气化潜力巨大。在高能效情景下，工业电气化水平从 27% 升至 50%，延续自 2010 年以来的快速提升态势；交通电气化水平从 1% 升至 21%，其中道路交通电气化水平由几乎为零升至 26% 左右，铁路交通电气化水平由约 39% 升至约 81%，航空、航运等交通方式电气化水平提升有限，2050 年分别为 3%、4%；居民电气化水平从 23% 升至 55%，商业电气化水平从 51% 升至 73%。在自主减排情景下，2050 年工业电气化水平约 43%，交通电气化水平约 13%，居民、商业电气化水平分别约 49%、67%。在 2℃情景下，工业、居民、商业电气化水平较高能效情景进一步大幅提升，2050 年分别约 60%、70%、80%；而交通电气化水平达到 35%，大幅减少交通用油对实现气候变化目标作出重要贡献。

电力清洁低碳转型迅猛推进，可再生能源贡献绝大部分发电量增量。在高能效情景下，2050 年全球电力需求约 61 万亿千瓦·时，全球发电装机容量约 246 亿千瓦；2050 年可再生能源发电占总发电量的比重约 63%，对总发电量增量的贡献率约 84%。在自主减排情景下，全球电力需求增长 1.6 倍至 2050 年的 57 万亿千瓦·时左右，全球发电装机容量增至约 223 亿千瓦；2050 年可再生能源发电占总发电量的比重约 57%，较展望初期高约 33 个百分点，对总发电量增量的贡献率约 77%。在 2℃情景下，2050 年全球电力需求约 65 万亿千瓦·时，全球发电装机容量约 293 亿千瓦；2050 年可再生能源发电占总发电量的比重约 87%，全部发电量增量均由可再生能源提供，而化石能源发电占比降至 8% 左右。

全球新能源发电成本不断下降，装机规模持续高速增长。世界各国纷纷提出国家新能源发展战略目标，并制定相应支持政策，涵盖税收优惠、固定上网电价机制、可再生能源配额制等，以及通过提高灵活调节电源占比、建设跨国互联通道容量、完善配套市场机制等措施，促进新能源消纳。预计

2050 年，全球陆上风电、光伏发电度电成本将低于 25 美元 /（兆瓦·时）。在自主减排、高能效、2℃情景下，2050 年全球新能源发电装机分别约 137 亿、167 亿、257 亿千瓦，占全球发电总装机的比重分别约 61%、68%、88%。

亚太、非洲地区是全球碳排放增长的主要贡献者，实现全球温升控制目标是全球各个国家的共同责任。在高能效情景下，受经济发展水平与能源利用效率的"双提升"影响，北美、欧洲能源相关碳排放持续下降，其中美国下降近六成，欧盟是全球能源清洁转型的引领者，下降近七成；受众多发展中国家经济较快增长拉动，亚太地区是全球能源电力需求与 CO_2 排放增长的重要贡献者，其中中国提前五年实现碳排放达峰国际承诺，而印度能源相关碳排放持续增长，2035－2040 年间超越美国成为世界碳排放第二大国；非洲地区能源需求较快增长，CO_2 排放增幅略低于能源需求增幅；中东地区碳排放增长约 1/3。亚太、非洲等发展中国家是未来全球能源需求增长的主要贡献者，面临着越来越重的碳减排压力，需要发达国家在项目投资、技术升级、管理创新、人才培养等方面给予更多帮助。

目录

第二部分　全球能源发展展望

第一部分
全球能源现状分析

全球经济总体平稳增长，2016 年达 77.5 万亿美元，是 1980 年的 2.8 倍。其中，OECD 国家 GDP 占全球经济比重持续下降，从 80% 降至 63%。

全球人口持续增长，2016 年达 74.3 亿人，是 1980 年的 1.7 倍。其中，OECD 国家人口占比从 22% 降至 17%，非 OECD 国家人口占比增至 83%。

全球一次能源消费 2016 年达 205 亿吨标准煤，较 1980 年增长约 94%，其中亚太地区贡献增量的 65% 左右。美国、日本等发达国家能源消费达峰下行；OECD 国家人均用能、能源效率均高于非 OECD 国家。

全球一次能源消费以油气为主，1980－2016 年间占比保持在 50% 以上；煤炭占比略有上升，2016 年约 26%；非化石能源占比由 1980 年的 18% 升至 2016 年的 22%。

全球终端能源消费 2016 年达 136 亿吨标准煤，较 1980 年增长 77%。分品种看，煤炭占比先降后升，2016 年约 11%；石油占比由 47% 降至 41%；天然气占比保持在 15% 左右；电能占比由 11% 升至 19%。

全球电力消费 2016 年达 22.9 万亿千瓦·时，较 1980 年增长 2

倍，其中亚太地区贡献增量的 60% 左右。分部门看，工业部门占比总体保持下降趋势，2015 年约为 42%；商业、居民占比稳步提升，2015 年分别约为 22%、27%；交通部门占比基本维持在 2% 左右。

全球人均用电、人均生活用电 2016 年分别为 3085、870 千瓦·时，较 1980 年分别增长 0.8、1 倍。发达国家人均用电显现饱和态势，发展中国家持续较快增长。

全球发电装机容量 2016 年达 65.1 亿千瓦，较 1980 年增长 2.2 倍。分品种看，煤电约 20 亿千瓦，占比 31%；气电约 17 亿千瓦，占比 26%；水电、核电分别约 12.5 亿、3.9 亿千瓦；新能源发电装机达 8.7 亿千瓦，占比约 13.4%。

全球发电量 2016 年达 24.7 万亿千瓦·时，较 1980 年增长 2 倍。分品种看，煤电、油电、水电、核电发电量占比有所下降；气电发电量占比升至 24%；新能源发电量占比升至 7.2%，低于装机占比 6.2 个百分点。

全球碳排放 2016 年达 341 亿吨，较 1980 年增长 82%，其中亚太地区贡献率约为 82%。近几年全球碳排放增长明显放缓，部分发达国家碳排放已经达峰，但 OECD 国家人均碳排放仍为非 OECD 国家的 2.8 倍。

一、经济社会

（一）GDP

全球经济总体保持平稳增长，发达国家年均增速低于发展中国家。 1980—2016 年，全球 GDP 从 27.8 万亿美元增至 77.5 万亿美元（2010 年美元价，下同），年均增长 2.9%，其中 1980—2000 年年均增长 3.0%，2000—2016 年年均增长 2.8%。1980—2016 年，非 OECD 国家 GDP 年均增速为 4.6%，约为 OECD 国家年均增速的 2 倍，占全球 GDP 的比重由 20.1% 升至 36.8%。

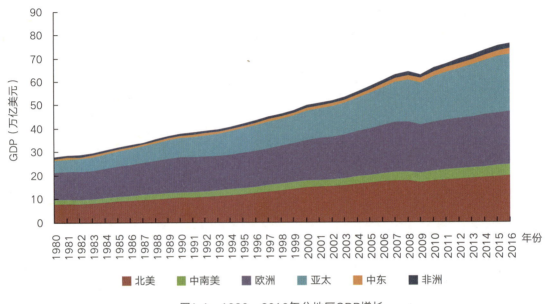

图1-1　1980—2016年分地区GDP增长

全球经济呈现亚太、欧洲、北美"三足鼎立"格局。 1980—2016 年，亚太 GDP 占全球的比重由 19.0% 升至 31.4%，提高 12.4 个百分点；欧洲、北美占比分别下降 7.8、2.4 个百分点，2016 年分别为 29.1%、25.7%；中南美、中东占比有所下降，2016 年分别为 5.2%、5.7%；非洲占比略有上升，2016 年为 2.9%。

亚太地区是世界经济增长的重心，中国 GDP 增速远超世界平均水平。 1980—2016 年，亚太对全球 GDP 增量的贡献率为 38.3%，其中中国 GDP 年均增长 9.7%，比世界平均水平高 6.8 个百分点，占全球的比重由 1.2% 升至 12.3%，提高 11.1 个百分点；印度 GDP 年均增长 6.3%，较世界平均水平高 3.4 个百分点，2016 年占全球的比重为 3.2%。

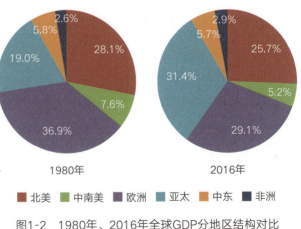

图1-2　1980年、2016年全球GDP分地区结构对比

（二）人均 GDP

全球人均 GDP 持续上升，发展中国家与发达国家的人均 GDP 差距进一步扩大。1980—2016 年，全球人均 GDP 从 0.63 万美元升至 1.04 万美元，年均增长 1.4%。其中，OECD 国家人均 GDP 从 2.28 万美元升至 3.85 万美元，非 OECD 国家人均 GDP 从 0.16 万美元升至 0.46 万美元，两者绝对差距由 2.12 万美元扩大至 3.39 万美元，相对差距由 14.3 倍缩小至 8.4 倍。

亚太地区人均 GDP 稳步提升，非洲地区人均 GDP 水平较低。1980—2016 年，北美、欧洲人均 GDP 总体持续增长，期间受 2008 年国际金融危机影响短期内明显下行，2016 年分别为 4.10 万、2.52 万美元；亚太人均 GDP 稳步提升，由 0.22 万美元升至 0.60 万美元；中东人均 GDP 先降后升，中南美人均 GDP 先升后降，2016 年分别为 1.89 万、0.78 万美元；非洲 2016 年人均 GDP 仅 0.19 万美元，不足世界平均水平的 1/5。

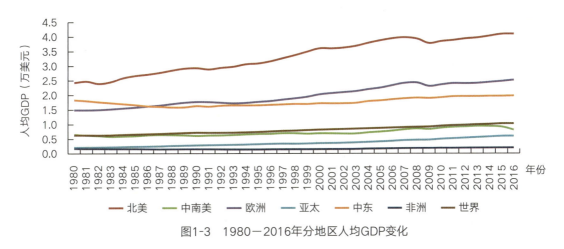

图1-3　1980—2016年分地区人均GDP变化

中国人均 GDP 仍远低于发达国家，印度不足世界平均水平的 1/5。1980—2016 年，中国人均 GDP 增长约 23 倍，从 0.03 万美元增至 0.68 万美元，为世界平均水平的 64.9%，但仍远低于美国（5.24 万美元）、日本（4.73 万美元）等发达国家，也低于巴西（1.08 万美元）、南非（0.75 万美元）等国。2016 年，印度人均 GDP 仅 0.19 万美元，仅约为世界平均水平的 1/5。

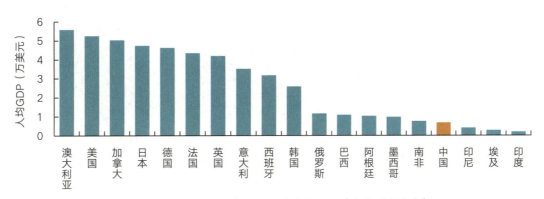

图1-4　2016年主要国家人均GDP（由大到小排序）

注：在现状分析部分，主要国家包括美国、加拿大、墨西哥、巴西、阿根廷、英国、法国、德国、意大利、西班牙、俄罗斯、澳大利亚、中国、印度、日本、韩国、印尼、埃及、南非等。

（三）人口

全球人口持续增长，增速略有放缓，绝大部分增量来自发展中国家。1980－2016 年，全球总人口由 44.3 亿增至 74.3 亿，年均增长 1.4%，其中前二十年年均增长 1.6%，后十六年年均增长 1.2%；OECD 国家人口由 9.8 亿增至 12.7 亿，非 OECD 国家人口由 34.5 亿增至 61.5 亿，非 OECD 国家人口占全球的比重由 77.9% 升至 82.9%，贡献全球增量的 90.2%。

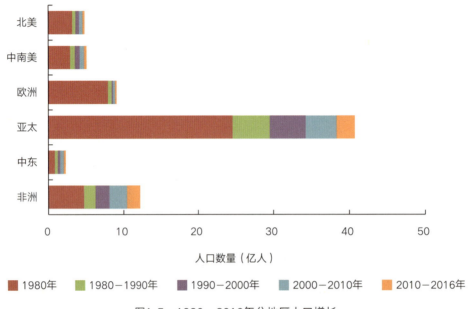

图1-5　1980－2016年分地区人口增长

欧洲地区人口占比降幅较大，非洲地区人口占比上升较多。1980－2016 年，北美人口增长 50% 至 4.9 亿，中南美增长 73% 至 5.1 亿，欧洲仅增长 14% 至 9.0 亿，亚太增长 66% 至 40.7 亿，中东、非洲分别增长 165%、155% 至 2.3 亿、12.3 亿。对比 1980 年、2016 年全球人口分地区结构，亚太占比始终最高，2016 年为 54.9%，下降 0.6 个百分点；北美占比从 7.3% 降至 6.5%；中南美、中东占比分别从 6.7%、2.0% 升至 6.9%、3.1%；下降主要来自欧洲，占比从 17.7% 降至 12.1%；上升主要来自非洲，占比从 10.8% 升至 16.5%。

中国、印度两国人口占全球人口的 1/3 以上。1980－2016 年，中国、印度的人口年均增速分别为 1.0%、1.8%。2016 年，中国人口为 14.0 亿，占全球的 18.9%，相当于欧洲和北美人口之和；印度人口为 13.2 亿，占全球的 17.8%。

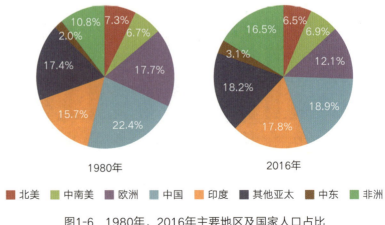

图1-6　1980年、2016年主要地区及国家人口占比

二、能源消费

（一）一次能源消费

1. 分地区

全球能源消费持续增长，OECD 国家能源消费增长趋缓。1980—2016 年，全球一次能源消费由 106 亿吨标准煤增至 205 亿吨标准煤，年均增长 1.9%，较 GDP 年均增速低 1.0 个百分点；OECD 国家一次能源消费年均增长 0.8%，其中 2000—2016 年年均增速仅为 0.1%，分别低于非 OECD 国家 2.1、3.7 个百分点。

亚太地区是全球能源消费增长的引擎。1980—2016 年，亚太地区一次能源消费由 22 亿吨标准煤增至 85 亿吨标准煤，贡献全球增量的 65%，占全球的比重提高 20.8 个百分点至 41.6%；北美、欧洲占比大幅下降，分别从 28.8%、38.3% 降至 18.9%、20.5%。

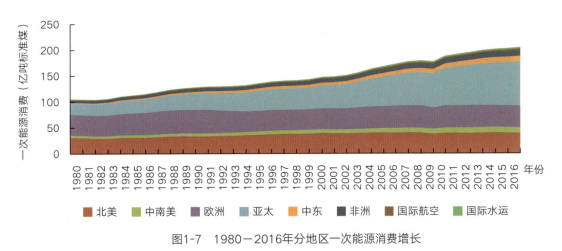

图1-7　1980—2016年分地区一次能源消费增长

部分发达国家能源消费出现负增长。2005 年以来，美国、日本、欧盟等发达国家和地区一次能源消费出现负增长。中国 2000 年后能源消费快速增长，2016 年约 45.7 亿吨标准煤，占全球的比重为 22.3%。印度能源消费持续增长，2016 年为 13.0 亿吨标准煤，占全球的比重为 6.3%。

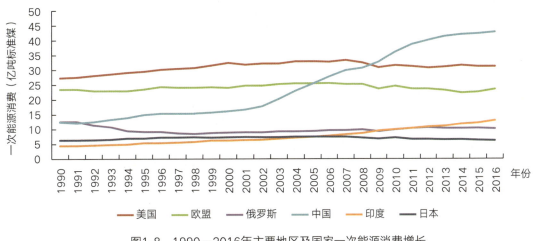

图1-8　1990—2016年主要地区及国家一次能源消费增长

2. 人均能源消费

世界人均能源消费持续增长，OECD 国家和非 OECD 国家人均差距缓慢缩小。 1980－2016年，世界人均能源消费由 2.38 吨标准煤增至 2.76 吨标准煤，年均增长 0.4%；OECD 国家、非 OECD 国家人均能源消费分别由 6.08、1.26 吨标准煤增至 6.14、1.97 吨标准煤，两者差距由 4.82 吨标准煤降至 4.17 吨标准煤。

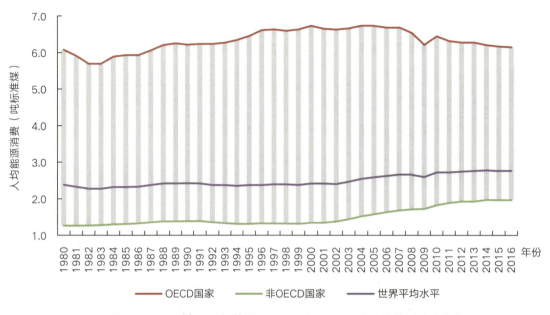

图1-9　1980－2016年世界及OECD/非OECD国家人均能源消费变化

北美地区人均能源消费持续下降，但仍远高于全球其他地区。 1980－2016 年，北美人均能源消费由 9.40 吨标准煤降至 7.96 吨标准煤，年均下降 0.5%；中东和亚太人均能源消费分别由 1.81、0.90 吨标准煤上升至 4.67、2.09 吨标准煤，年均分别增长 2.7%、2.4%，为全球人均能源消费增长最快的地区。

2000 年以来部分发达国家人均能源消费呈下行趋势，中国人均能源消费快速提升。 2000－2016年，美国、欧盟、日本等人均能源消费分别由 11.52、6.49、5.75 吨标准煤降至 9.67、6.30、4.91 吨标准煤；中国人均能源消费从 1.35 吨标准煤增至 3.25 吨标准煤；印度人均能源消费持续平稳增长，由 0.61 吨标准煤增至 0.98 吨标准煤。

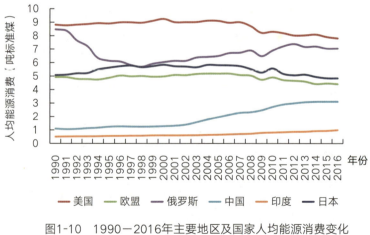

图1-10　1990－2016年主要地区及国家人均能源消费变化

3. 分品种

全球一次能源消费以油气为主。 1980—2016 年，全球油气消费占一次能源消费的比重一直保持在 50% 以上，煤炭消费占比略有上升，非化石能源消费占比由 17.6% 升至 22.1%，其中水能、核能、非水可再生能源占比均有所上升。

图1-11　1980年、2000年、2010年、2016年全球一次能源消费分品种结构变化

不同区域一次能源消费结构差异显著。 2016 年，亚太地区煤炭占一次能源消费的比重接近一半；北美、欧盟油气占比在 60% 左右；中东油气占比超过 90%；非洲非水可再生能源占比接近 50%，主要是传统生物质能消费规模较大。

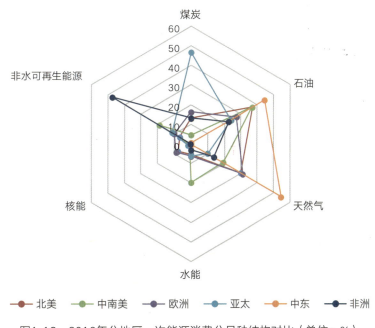

图1-12　2016年分地区一次能源消费分品种结构对比（单位：%）

中国是世界第一大煤炭消费国，带动全球煤炭消费连续两年下降。 在主要国家中，中国、印度、南非煤炭占比较高，2016 年分别为 60.8%、43.6%、66.7%，其中中国是世界第一大煤炭消费国，2013 年已经达峰，步入饱和和减量阶段，拉动全球煤炭消费于 2015 年、2016 年连续两年下降；俄罗斯天然气占比较高，2016 年高达 49.0%；2016 年巴西水能占比为 23.0%，非水可再生能源占比为 27.3%。

4. 能源消费强度

全球能源消费强度普遍下降，发达国家能源效率高于发展中国家。 1980—2016 年，全球能源消费强度由 3.79 吨标准煤 / 万美元降至 2.64 吨标准煤 / 万美元，年均下降 1.0%；OECD 国家、非OECD 国家能源消费强度分别由 2.67、7.78 吨标准煤 / 万美元降至 1.59、4.26 吨标准煤 / 万美元。

北美和欧洲能源消费强度持续下降。 1980—2016 年，北美、欧洲能源消费强度分别由 3.89、3.93 吨标准煤 / 万美元降至 1.94、1.86 吨标准煤 / 万美元，年均分别下降 1.9%、2.0%；亚太能源消费强度总体呈下行趋势，由 4.15 吨标准煤 / 万美元降至 3.51 吨标准煤 / 万美元，年均下降 0.5%。

中国是能源消费强度下降最快的国家。 1980—2016 年，中国能源消费强度由 24.90 吨标准煤 / 万美元降至 4.81 吨标准煤 / 万美元，年均下降 4.5%；英国由 2.28 吨标准煤 / 万美元降至 0.96 吨标准煤 / 万美元，年均下降 2.4%；美国由 3.96 吨标准煤 / 万美元降至 1.84 吨标准煤 / 万美元，年均下降 2.1%；印度由 10.80 吨标准煤 / 万美元降至 5.27 吨标准煤 / 万美元，年均下降 2.0%。2016 年，中国、印度能源消费强度仍高于世界平均水平，分别约为 OECD 国家平均水平的 3、3.3 倍。

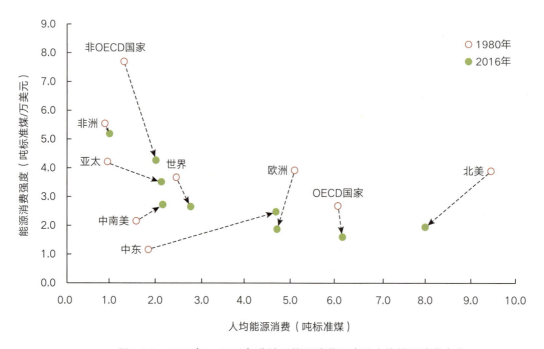

图1-13　1980年、2016年分地区能源消费强度及人均能源消费变化

（二）终端能源消费

1. 分地区

全球终端能源消费增速略低于一次能源消费增速。 1980—2016 年，全球终端能源消费由 77亿吨标准煤增至 136 亿吨标准煤，年均增长 1.6%，较一次能源消费年均增速低 0.3 个百分点，主要是由于化石能源加工转换过程损耗规模不断增长；OECD 国家占全球终端能源消费的比重由54.7% 降至 38.5%，非 OECD 国家占比由 42.0% 升至 57.4%。

亚太先后超越北美和欧洲成为全球终端能源消费最多的地区。1980—2016 年，亚太地区终端能源消费从 17.1 亿吨标准煤增至 54.4 亿吨标准煤，增长 2.2 倍，占全球的比重由 22.2% 升至 40.1%，消费总量分别于 1989 年、1995 年超过欧洲、北美；欧洲、北美终端能源消费近年呈现饱和下降态势，占全球的比重分别从 36.3%、28.5% 降至 20.2%、19.3%。

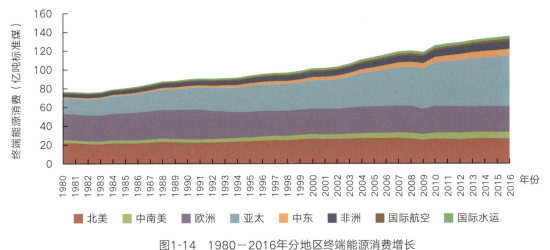

图1-14 1980—2016年分地区终端能源消费增长

中国和印度终端能源消费增速居世界前列。1980—2016 年，中国、印度终端能源消费分别由 7.1 亿、2.5 亿吨标准煤增至 27.7 亿、8.7 亿吨标准煤，年均增速分别为 3.9%、3.5%；美国、日本年均增速分别为 0.4%、0.6%；英国、德国负增长，年均分别下降 0.1%、0.3%。

2. 分品种

石油占终端能源消费的比重下降，电力占比显著提高。1980—2016 年，全球煤炭占终端能源消费的比重先降后升，谷底在 2000 年前后，2016 年约为 10.8%，较 1980 年低 2.3 个百分点；石油占比 45.5% 降至 41.3%；电力占比由 10.9% 升至 18.7%。

图1-15 1980年、2000年、2010年、2016年全球终端能源消费分品种结构变化

中东、北美、欧洲地区终端能源消费以油气为主。1980—2016 年，中东、北美、欧洲石油和天然气占终端能源消费比重一直保持在 60% 以上；亚太地区煤炭占终端能源消费比重高于全球其他地区。OECD 国家油气占终端能源消费的比重一直高于 65%，比非 OECD 国家高约 20 个百分点。

中国煤炭占终端能源消费的比重远高于其他国家。1980—2016 年，中国煤炭占终端能源消费的比重一直保持在 30% 以上，较世界平均水平高约 20 个百分点；除中国外，印度、南非终端能源消费中煤炭的占比也较高，2016 年分别为 17.8%、23.6%；美国、日本、欧盟终端能源消费以油气为主。

3. 分行业

终端消费中交通、工业、居民呈"三足鼎立"局面。1980—2016 年，全球交通、工业和居民合计终端用能占终端能源消费总量的比重维持在 80% 左右，2016 年分别为 28.5%、27.8%、23.4%。其中发达国家工业占终端能源消费的比重下降，发展中国家交通占终端能源消费的比重上升。OECD 国家工业占终端能源消费的比重下降 11.0 个百分点，2016 年为 21.0%；非 OECD 国家交通占终端能源消费的比重上升 7.4 个百分点，2016 年为 20.1%。

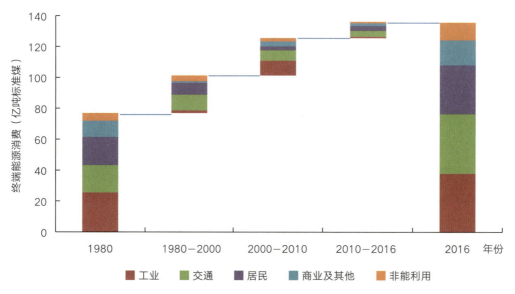

图1-16　1980—2016年全球分部门终端能源消费变化

全球四大高耗能行业能源消费占工业能源消费的比重上升。1980—2015 年，全球四大高耗能行业（钢铁、有色、化工、建材）能源消费占工业能源消费的比重由 40.8% 升至 53.5%；OECD 国家四大高耗能行业能源消费占其工业能源消费的比重由 38.1% 升至 46.2%；非 OECD 国家由 43.9% 升至 56.5%。

图1-17　2015年细分行业用能占工业用能的比重

欧洲、亚太、北美、中东四大高耗能行业能源消费占工业能源消费的比重上升，其中欧洲和亚太高耗能行业能源消费占工业能源消费的比重居全球各地区前列。1980—2015 年，欧洲、亚太、北美、中东四大高耗能行业能源消费占工业能源消费的比重分别由 49.5%、41.3%、22.6%、11.8% 升至 54.6%、46.8%、39.5%、15.3%；中南美、非洲分别由 34.7%、32.0% 降至 34.5%、23.0%。

　　多数主要国家四大高耗能行业能源消费占工业能源消费的比重上升。1980—2015 年，美国、俄罗斯、中国、印度、日本、韩国等国家四大高耗能行业能源消费占工业能源消费的比重上升，其中俄罗斯和韩国四大高耗能行业能源消费占工业能源消费的比重上升约 35 个百分点；巴西、欧盟、南非四大高耗能行业能源消费占工业能源消费的比重下降。

　　中国四大高耗能行业能源消费占工业消费比重远高于世界水平。1980—2015 年，中国四大高耗能行业能源消费占工业能源消费的比重由 60.1% 升至 73.4%，2015 年较世界平均水平高近 20 个百分点。

三、能源供应

1. 分地区

全球能源产量持续增长，非 OECD 国家占比进一步提升。1980－2016 年，全球一次能源生产总量由 105 亿吨标准煤增至 196 亿吨标准煤，年均增长 1.7%。其中，OECD 国家一次能源生产量占全球的比重由 39.9% 降至 29.7%，非 OECD 国家占比由 60.1% 升至 70.3%。

亚太地区贡献全球能源产量增量的一半以上。1980－2016 年，亚太地区一次能源生产量由 18 亿吨标准煤增至 65 亿吨标准煤，占全球一次能源生产总量的比重由 17.0% 增至 33.2%，对全球增长的贡献率达 51.9%；北美、欧洲一次能源生产量占全球的比重持续下降，分别由 25.6%、32.0% 降至 18.1%、21.3%，对全球增长的贡献率分别仅为 9.4%、8.8%。

中国能源产量超过北美地区，是全球能源生产的重要组成部分。1980－2016 年，中国一次能源生产量由 8.9 亿吨标准煤增至 36.3 亿吨标准煤，占全球一次能源生产总量的比重由 8.5% 增至 18.5%，对全球增长的贡献率达 30.1%；2016 年中国一次能源生产量较北美高 0.9 亿吨标准煤，在各地区中仅次于亚太、欧洲。

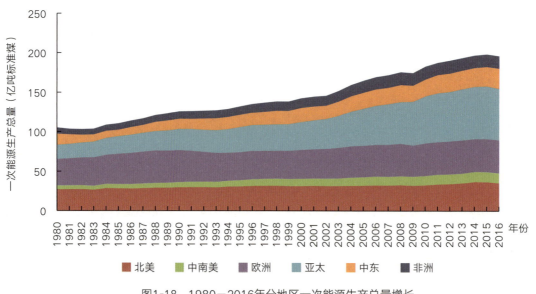

图1-18　1980－2016年分地区一次能源生产总量增长

2. 分品种

煤炭生产量大幅增加，占一次能源总生产量的比重先降后升。1980－2016 年，全球煤炭产量从 26 亿吨标准煤增至 52 亿吨标准煤，年均增长 2.0，对一次能源生产增量贡献率为 28.5%，占一次能源生产总量的比重从 24.4% 增至 26.3%，其中 2000 年曾下降至 22.8%。

石油生产量占比持续下降，仍为第一大能源。1980－2016 年，全球石油产量从 43 亿吨标准煤增至 57 亿吨标准煤，年均增长 0.7%，对一次能源生产增量贡献率为 14.6%，占一次能源生产总量的比重从 41.2% 降至 28.9%，占比仍高于其他能源。

天然气产量占比持续较快提升。 1980—2016 年，全球天然气产量从 18 亿吨标准煤增至 43 亿吨标准煤，年均增长 2.5%，对一次能源生产增量贡献率为 27.4%，占一次能源生产总量的比重从 16.8% 增至 21.7%，提高 4.9 个百分点。

水能生产增速最快，占比始终维持在较低水平。 1980—2016 年，全球水能产量从 2 亿吨标准煤增至 8 亿吨标准煤，年均增长 3.7%，对一次能源生产增量贡献率为 6.8%，占一次能源生产总量的比重仅从 2.2% 增至 4.3%，占比始终较低。

核能生产占比略有提升。 1980—2016 年，全球核能产量从 6 亿吨标准煤增至 13 亿吨标准煤，年均增长 2.3%，对一次能源生产增量贡献率为 7.9%，占一次能源生产总量的比重仅从 5.3% 增至 6.5%，占比增幅较小。

非水可再生能源生产占比主要在 2000 年后提升。 1980—2016 年，全球非水可再生能源产量从 11 亿吨标准煤增至 24 亿吨标准煤，年均增长 2.3%，对一次能源生产增量贡献率为 14.8%，占一次能源生产总量的比重由 10.1% 升至 12.3%，提高 2.2 个百分点，其中 2000—2016 年间提升 1.7 个百分点。

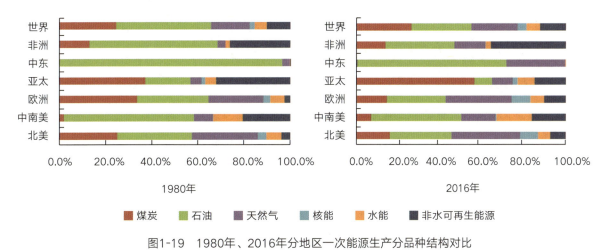

图1-19 1980年、2016年分地区一次能源生产分品种结构对比

3. 资源储量

全球煤炭资源集中在美国、俄罗斯和中国，油气资源集中在中东地区。 2016 年，全球煤炭探明储量 1.1 万亿吨，可采年限约 153 年，美国、中国、俄罗斯煤炭探明储量居世界前三位，合计超过全球的 50%；全球石油、天然气探明储量分别达 2407 亿吨、6589 万亿米^3，可采年限均不足 60 年，中东地区油气储量超过全球的 40%。

亚太地区是全球煤炭生产贸易中心，中东地区是全球油气主要出口地。 全球 60% 以上的煤炭产量、进出口量均来自亚太地区，中国煤炭产量约占全球煤炭产量的一半；中东油气出口量约占全球的 40%，而欧洲、亚太是全球主要油气进口地。

四、电力消费

（一）用电量

1. 分地区

全球电力消费持续增长，非 OECD 国家增长强劲。1980—2016 年，全球电力消费从 7.6 万亿千瓦·时增至 22.9 万亿千瓦·时，年均增长 3.1%，前二十年年均增长 3.2%，后十六年年均增长 3.1%。对比前后两个阶段，OECD 国家年均增速由 2.8% 降至 0.7%，部分国家显现饱和态势；非 OECD 国家年均增速由 3.8% 升至 6.0%，主要是中国等发展中国家电力消费持续快速增长。

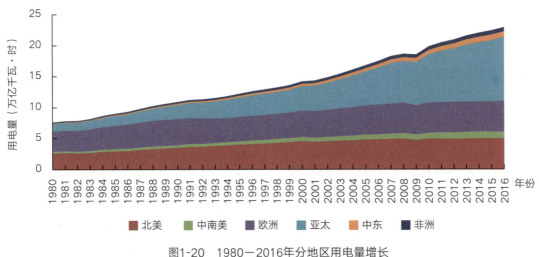

图1-20　1980—2016年分地区用电量增长

全球电力消费重心向亚太地区转移。1980—2016 年，北美、欧洲电力消费占全球的比重分别从 34.3%、42.9% 降至 21.6%、21.8%，年均增速分别仅为 1.8%、1.2%；亚太从 16.1% 增至 45.0%，年均增长 6.1%，对全球电力消费增长的贡献率接近 60%；中南美、中东、非洲 2016 年占比分别为 4.8%、3.8%、3.0%，比重仍较小。

中国、美国电力消费总量属第一梯队，印度、日本、俄罗斯属第二梯队，是全球前五大电力消费国。1980—2016 年，中国电力消费量从 0.3 万亿千瓦·时增至 5.8 万亿千瓦·时，年均增长 8.8%，增速在主要国家中最高；2011 年中国超越美国成为世界第一大电力消费国，2016 年中国电力消费量较美国高 1.7 万亿千瓦·时；印度电力消费量从 0.1 万亿千瓦·时增至 1.2 万亿千瓦·时，年均增长 7.2%，2014 年超越日本成为世界第三大电力消费国。2016

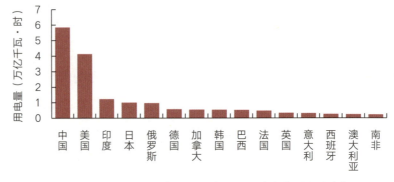

图1-21　2016年主要国家用电量（由大到小排序）

年，中国、美国、印度电力消费量合计约占全球电力消费总量的一半。

2. 分行业

工业用电占比下降，商业、居民用电占比持续提升。 1980—2015年，全球工业用电占终端用电总量的比重总体保持下降趋势，由50.8%降至42.1%，但2000年以来基本在42%上下徘徊，主要受以中国为代表的发展中国家工业化进程拉动；商业用电占比由17.7%升至22.2%，居民用电占比由25.2%升至27.1%，两者的阶段性高点均出现在21世纪初，之后受新兴市场国家工业化影响略有下降；交通用电占比基本维持在2%上下，受交通电气化进程影响近几年微弱提升。

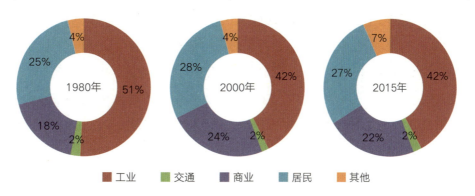

图1-22　1980年、2000年、2015年全球分部门用电结构变化

发达国家分部门用电结构较为均衡，工业、商业、居民用电量基本相当。 2015年，OECD国家工业、商业、居民用电占总用电量的比重分别为31.6%、31.9%、31.1%，结构较为均衡；非OECD国家工业、商业、居民用电占总用电量的比重分别为51.2%、13.8%、23.5%，工业用电"一家独大"的现象比较明显。

除北美、中东地区外，其他地区工业用电占比最大。 2015年，北美居民、商业用电占比均超过工业，分别为35.8%、33.1%、24.5%；亚太、非洲、中南美、欧洲工业用电占比最大，分别为54.9%、41.4%、40.8%、39.1%；中东居民用电占比高达43.3%，商业、工业分别为26.6%、20.0%。

发展中国家工业用电占比较发达国家明显偏高。 2015年，中国工业用电占比为65.9%，较1980年的77.8%大幅下降，但在主要国家中仍处最高水平；南非、俄罗斯、印度、巴西工业用电占比分别为61.3%、45.3%、44.0%、40.0%；发达国家中，韩国工业用电占比高达53.0%，美国工业用电占比仅为21.3%。

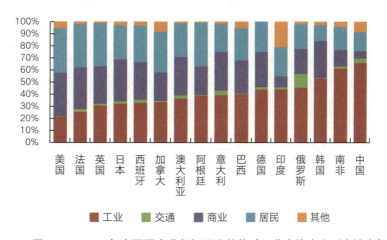

图1-23　2015年主要国家分部门用电结构（工业占比由小到大排序）

3. 人均用电量

全球人均用电持续增长，增速先升后降。1980－2016 年，全球人均用电量从 1722 千瓦·时增至 3085 千瓦·时，年均增长 1.6%；其中 1980－2000 年、2000－2010 年、2010－2016 年年均分别增长 1.7%、2.1%、1.3%；全球人均生活用电量从 1980 年的 434 千瓦·时增至 2016 年的 870 千瓦·时，年均增长 1.9%，前二十年年均增长 2.1%，后十六年年均增长 1.8%，增速逐步放缓。

发达国家人均用电显现饱和态势，近年有所下降；发展中国家人均用电持续较快增长。 1980－2016 年，OECD 国家人均用电量从 5381 千瓦·时增至 8040 千瓦·时，年均增长 1.1%，其中后六年年均下降 0.7%；非 OECD 国家人均用电量从 685 千瓦·时增至 2060 千瓦·时，年均增长 3.1%，显示出经济社会发展对用电增长的有力拉动，但 2016 年非 OECD 国家人均用电量仅为 OECD 国家的 25.6%。同期，OECD 国家人均生活用电量从 1637 千瓦·时增至 2542 千瓦·时，年均增长 1.2%；非 OECD 国家人均生活用电量从 90 千瓦·时增至 513 千瓦·时，年均增长 4.9%，2016 年非 OECD 国家人均生活用电量仅为 OECD 国家的 20.2%。

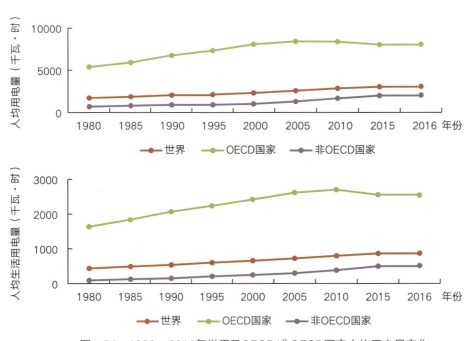

图1-24　1980－2016年世界及OECD/非OECD国家人均用电量变化

北美地区人均用电量遥遥领先，中东、亚太地区人均用电量增速最高。1980－2016 年，北美人均用电量从 8079 千瓦·时增至 10170 千瓦·时，年均增长 0.6%，遥遥领先其他地区；中东、亚太人均用电量分别从 734、500 千瓦·时增至 3782、2531 千瓦·时，年均分别增至 4.7%、4.6%；非洲人均用电量仅从 365 千瓦·时增至 563 千瓦·时，远落后于其他地区。同期，北美人均生活用电量从 2751 千瓦·时增至 3754 千瓦·时，年均增长 0.9%；中东人均生活用电量从 219 千瓦·时增至 1763 千瓦·时，超越欧洲（1539 千瓦·时）仅次于北美；亚太人均生活用电量从 91 千瓦·时增至 529 千瓦·时，仅高于非洲。

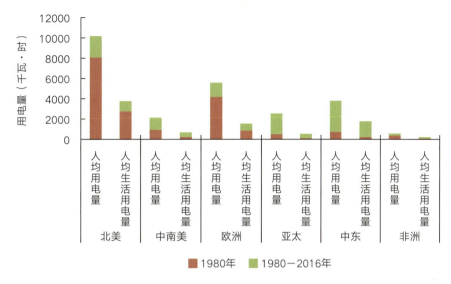

图1-25　1980－2016年分地区人均用电量变化

加拿大、美国人均用电量遥遥领先。在人均用电量方面，发达国家大幅领先，加拿大、美国、韩国超过 10000 千瓦·时，2016 年分别达到 15004、12814、10522 千瓦·时；印度 2016 年仅 926 千瓦·时，仅约为世界平均水平的 30%，在主要国家中处于最低水平。在人均生活用电量方面，2016 年加拿大、美国分别达到 5273、4856 千瓦·时，大幅领先其他国家；印度 2016 年为 237 千瓦·时，仅约为世界平均水平的 27%。

中国人均用电量超过世界平均水平，人均生活用电量仍低于世界平均水平。2016 年，中国人均用电量为 4161 千瓦·时，较世界平均水平高 35%；人均生活用电量为 644 千瓦·时，低于世界平均水平 24%。中国人均用电量及人均生活用电量在主要国家中均处于落后位置。

图1-26　2016年主要国家人均用电量及人均生活用电量（由大到小排序）

4. 电力消费强度

全球电力消费强度趋于稳定，发达国家逐步下降。1980 年以来，全球单位产值电耗长期在 0.29 千瓦·时 / 美元上下波动，近年来基本保持在 0.30 千瓦·时 / 美元。1980—2016 年，OECD 国家电力消费强度从 0.24 千瓦·时 / 美元降至 0.21 千瓦·时 / 美元，保持逐步下降态势，体现出能源利用效率的不断提升；非 OECD 国家电力消费强度起伏波动较大，2010 年以来基本维持在 0.44 千瓦·时 / 美元。

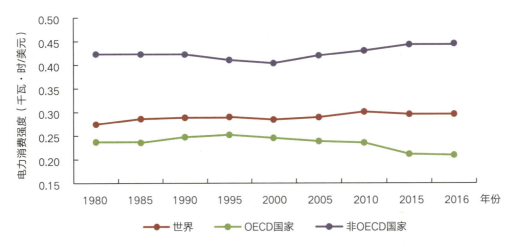

图1-27 1980－2016年世界及OECD/非OECD国家电力消费强度变化

北美、欧洲地区电力消费强度稳步下降，亚太地区电力消费强度大幅上升。1980—2016 年，北美、欧洲电力消费强度分别从 0.33、0.32 千瓦·时 / 美元降至 0.25、0.22 千瓦·时 / 美元，分别下降 0.08、0.10 千瓦·时 / 美元；亚太从 0.23 千瓦·时 / 美元增至 0.42 千瓦·时 / 美元，增长 0.19 千瓦·时 / 美元，增幅最大；中南美、中东、非洲分别从 0.13、0.04、0.24 千瓦·时 / 美元增至 0.27、0.20、0.30 千瓦·时 / 美元，分别增长 0.14、0.16、0.06 千瓦·时 / 美元。

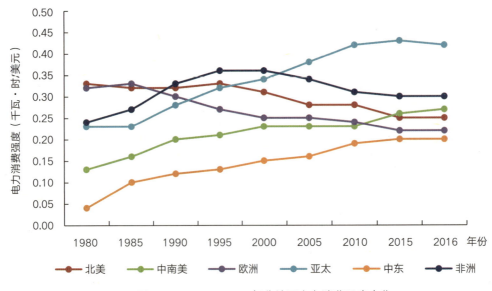

图1-28 1980－2016年分地区电力消费强度变化

金砖国家电力消费强度大幅高于发达国家水平。2016 年，金砖国家中南非、俄罗斯、印度、巴西的电力消费强度分别为 0.86、0.58、0.50、0.23 千瓦·时 / 美元，南非电力消费强度最高；同期，美国、英国、法国、日本电力消费强度仅分别为 0.24、0.12、0.17、0.17 千瓦·时 / 美元，均低于金砖国家；韩国受工业化启动较晚及经济结构偏"重"等影响，1980－2010 年间电力消费强度呈稳步上升态势，近几年才有所下降，2016 年为 0.41 千瓦·时 / 美元。

中国电力消费强度大幅下降，仍远高于发达国家水平。2016 年，中国电力消费强度为 0.61 千瓦·时 / 美元，较改革开放初期下降近 1/4，但仍分别为德国、日本、美国的 4.1、3.7、2.5 倍，在金砖国家中仅低于南非。

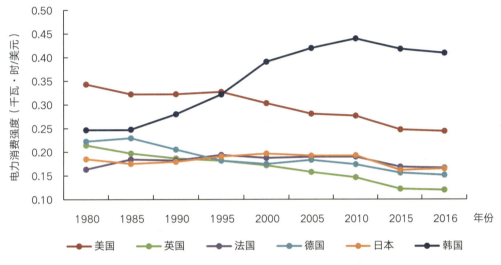

图1-29　1980－2016年部分发达国家电力消费强度变化

图1-30　1980－2016年金砖国家电力消费强度变化

（二）电气化指标

1. 发电能源占一次能源消费比重

发电能源占一次能源消费的比重稳步提升。1980－2016 年，全球发电能源占一次能源消费的比重从 25.4% 增至 39.0%，上升 13.6 个百分点。2016 年，OECD 国家与非 OECD 国家发电能源占一次能源消费的比重分别为 45.0%、37.1%，较 1980 年分别提高 14.2、17.7 个百分点。

北美、亚太、欧洲地区发电能源占比均超 40%。北美、亚太、欧洲发电能源占一次能源消费的比重较高，2016 年分别为 43.7%、41.7%、40.9%，处于第一梯队；中南美次之，为 39.0%；中东、非洲较低，分别为 32.9%、22.0%。

各国发电能源占比均大幅提升。2016 年，日本、法国发电能源占一次能源的比重在主要国家中最高，分别为 52.8%、52.5%，较 1980 年分别提高 16.1、22.8 个百分点。2016 年，阿根廷、俄罗斯发电能源占一次能源的比重在主要国家中最低，分别为 36.4%、32.8%，较 1980 年分别提高 26.3、24.1 个百分点。

中国发电能源占一次能源比重大幅上升，已超过部分发达国家水平。2016 年，中国发电能源占一次能源比重为 43.9%，较 1980 年提高 31.8 个百分点，在主要国家中增幅最大；中国发电能源占比已经超过英国 1.9 个百分点，分别落后美国、加拿大 0.9、0.8 个百分点。

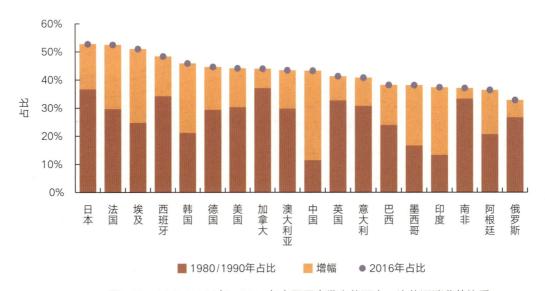

图1-31　1980/1990年、2016年主要国家发电能源占一次能源消费的比重

2. 电能占终端能源消费比重

全球电能占终端能源消费的比重稳步上升。1980－2016 年，全球电能占终端能源消费的比重从 10.9% 增至 18.7%，上升 7.8 个百分点。2016 年，OECD 国家、非 OECD 国家电能占终端能源消费的比重分别为 22.2%、17.6%，较 1980 年分别提高 8.3、9.7 个百分点。

北美、欧洲、亚太地区电能占终端能源消费的比重高于世界平均水平。2016 年，北美、欧洲电能占终端能源消费的比重分别为 21.4%、19.3%，较 1980 年分别提高 8.0、6.9 个百分点；亚太为 20.8%，较 1980 年提高 12.6 个百分点；中南美为 18.3%，略低于世界平均水平；中东、非洲低于世界平均水平较多，分别仅为 15.3%、9.3%。

发达国家电能占终端能源消费的比重普遍较高。2016 年，日本电能占终端能源消费的比重达

28.0%，1980 年便达到当前世界平均水平，与其国内能源资源贫乏、核电占比较高有关；美国、英国、意大利、德国等国虽高于世界平均水平但已低于中国，与其终端天然气消费占比较高有关；南非 1980 年便已达到 18.2%，2016 年升至 24.2%，与其较高的商业、居民用电占比有关；巴西与世界平均水平基本相当；印度、俄罗斯远低于世界平均水平，前者主要是仍存在大量的传统生物质消费，后者主要受终端大量天然气消费影响。

中国电能占终端能源消费比重已达到国际领先水平。2016 年，中国电能占终端能源消费比重达到 22.5%，较 1980 年提高 18.1 个百分点，在主要国家中增幅最大。中国电能占终端能源消费比重成功超过美国、英国、德国等发达国家，分别高 1.1、1.8、2.4 个百分点，较日本仍低 5.5 个百分点。

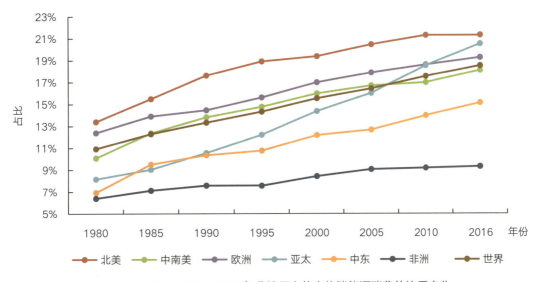

图1-32　1980－2016年分地区电能占终端能源消费的比重变化

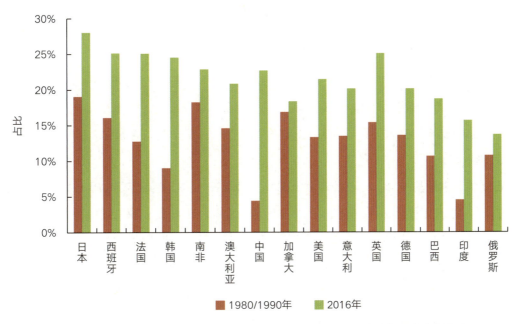

图1-33　1980/1990年、2016年主要国家电能占终端能源消费的比重

五、电力供应

（一）发电装机容量

1. 分地区

全球发电装机容量持续增长。 1980—2016 年，全球发电装机容量从 19.8 亿千瓦增至 65.1 亿千瓦，增长 2.2 倍。2000—2016 年间，OECD 国家发电装机容量从 20.6 亿千瓦增至 29.7 亿千瓦，占全球的比重由 60.3% 降至 45.7%；非 OECD 国家由 13.5 亿千瓦增至 35.4 亿千瓦，增长了 1.6 倍。

全球发电装机容量增长重心向亚太地区转移。 北美、欧洲发电装机容量占全球的比重持续下降，分别从 2000 年的 29.6%、30.9% 降至 2016 年的 21.7%、22.5%；亚太发电装机容量占比从 29.0% 升至 44.6%；中南美、中东、非洲占比变化不大，占比始终较小。

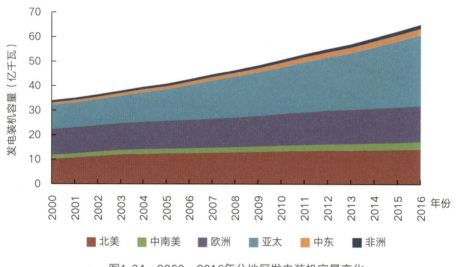

图1-34　2000—2016年分地区发电装机容量变化

中国 2012 年超越美国成为全球发电装机容量第一大国。 2000—2016 年，美国发电装机容量增长了 39.5%，2016 年达 12.0 亿千瓦；德国由 1.2 亿千瓦增至 2.1 亿千瓦，增长了 89%，主要受新能源发电快速增长拉动；中国由 3.3 亿千瓦增至 16.4 亿千瓦，增长 4.0 倍，2012 年超过美国成为世界第一发电装机大国；印度由 1.0 亿千瓦增至 3.3 亿千瓦，增长 2.2 倍。

2. 分品种

非化石能源发电蓬勃发展，化石能源发电规模持续增长，占比有所下降。 全球煤电装机容量从 2000 年的 11.2 亿千瓦增至 2016 年的 20.2 亿千瓦，增幅为 80.6%；油电装机容量从 3.2 亿千瓦降至 2.9 亿千瓦；气电装机容量从 8.0 亿千瓦增至 16.8 亿千瓦，增长了 109%；化石能源发电装机容量从 22.4 亿千瓦增至 39.9 亿千瓦，占全部装机容量的比重从 65.4% 降至 61.4%；水电装机容量从 7.8 亿千瓦增至 12.5 亿千瓦，增长了 60%；核电装机容量从 1.3 亿千瓦增至 3.9 亿千瓦，增长约 2 倍；2016 年风电、太阳能发电、生物质及其他装机容量分别为 4.7 亿、3.0 亿、1.0 亿千瓦，合计占全球发电总装机容量的比重达到 13.4%，较 2000 年提高约 12.0 个百分点。

图1-35　2000－2016年分品种发电装机容量变化

北美、中东地区气电占比较高，亚太地区煤电占比较高，中南美地区水电占比较高，欧洲分品种结构较为均衡。北美气电在21世纪初取代煤电成为第一大电源品种，2016年占比高达40.9%，而煤电占比仅为22.2%，新能源发电占比达10.8%。中南美水电占比长期维持在50%以上，受其他电源品种不同程度扩张影响，2016年已降至51.6%，新能源发电装机占比为11.2%。欧洲发电装机结构较为均衡，2016年煤电、气电、水电、核电、新能源发电装机占比分别为17.5%、27.4%、20.5%、11.2%、20.9%。亚太煤电占比长期维持较高水平，虽然近年有所下降，但2016年仍高达48.5%，主要受燃煤发电成本相对低廉且亚太发展中国家煤炭资源较为丰富影响，新能源发电装机占比为12.7%。中东发电以气电为主，2016年占比约为67.3%，而燃油发电亦有23.2%，远高于其他地区，新能源发电装机占比仅为0.9%。非洲电力发展相对滞后，发电资源开发还不充分，煤电、气电、水电、新能源发电装机占比分别为26.7%、43.0%、19.2%、4.7%。

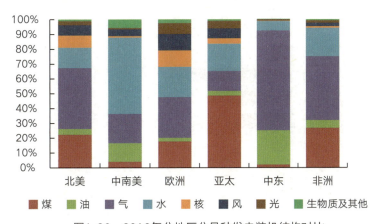

图1-36　2016年分地区分品种发电装机结构对比

金砖国家（除巴西外）化石能源发电占比较高，欧盟多国新能源发电占比较高。2016年，南非、印度、中国煤电装机占比高，分别为76.4%、60.1%、58.3%；俄罗斯、美国、英国、意大利气电占比超过40%，西班牙、韩国、澳大利亚、日本气电占比在30%左右；巴西、加拿大水电占比高，分别为 64.5%、56.0%；法国核电占比高达 48.3%。从新能源发电装机占比看，德国 2016 年占比达 48.2%，远高于其他国家；西班牙、英国、意大利分别为 32.2%、26.7%、26.7%，处于第二梯队。

中国新能源发电装机快速增长，与世界领先水平仍有差距。2016 年，中国新能源发电装机占比达到 14.6%，实现了从无到快速增长的飞跃，与巴西、法国、澳大利亚、印度、日本等国基本相当，较德国、西班牙仍分别低 33.7、17.6 个百分点。2016 年，中国煤电装机占比为 58.3%，远高于世界平均水平（31%），主要国家中仅次于南非（76.4%）、印度（60.1%）。

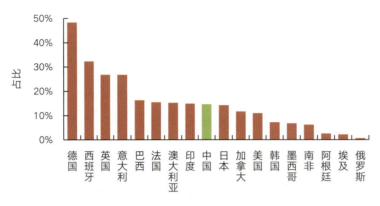

图1-37　2016年主要国家新能源发电装机占比

（二）发电量

全球发电量持续增长，煤电、气电、非化石能源发电量约各占增量部分的 1/3。1980－2016 年，全球发电量从 8.3 万亿千瓦·时增至 24.7 万亿千瓦·时，增长约 2 倍。2000－2016 年间，煤电发电量由 6.1 万亿千瓦·时增至 9.5 万亿千瓦·时，贡献全部增量的 35%；气电发电量由 2.9 万亿千瓦·时增至 5.9 万亿千瓦·时，贡献率约 31%；非化石能源发电量贡献增量的 32% 左右，其中水电约为 14%，风电约为 10%，太阳能发电约为 4%，生物质及其他发电约为 4%。

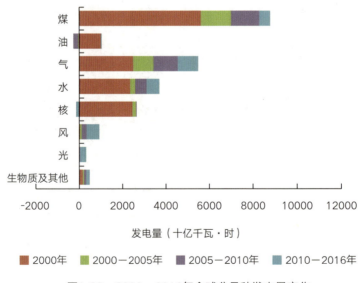

图1-38　2000－2016年全球分品种发电量变化

气电、新能源发电量占比上升，其余发电技术占比均下降。煤电发电量占总发电量的比重先升后降，2016 年为 38.7%；油电、水电、核电占比持续下降，2016 年分别为 3.2%、16.7%、10.1%；气电占比稳步上升，从 2000 年的 18.8% 增至 2016 年的 24.0%；新能源发电占比由 1.2% 增至 7.2%，较发电装机占比低 6.2 个百分点。

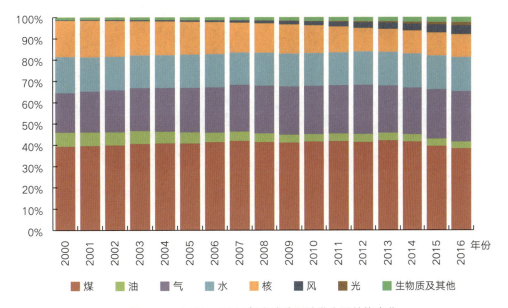

图1-39　2000－2016年全球分品种发电量结构变化

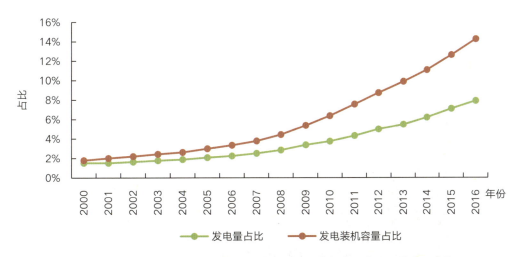

图1-40　2000－2016年全球新能源发电装机容量占比及发电量占比

发达国家发电结构清洁低碳程度高于发展中国家。2016 年，OECD 国家化石能源发电量占比为 57.8%，较非 OECD 国家的 72.1% 低 14.3 个百分点，其中 OECD 国家煤电占比为 26.9%，低于非 OECD 国家（47.6%）20.7 个百分点，OECD 国家气电占比为 28.8%，高于非 OECD 国家（20.4%）8.4 个百分点；OECD 国家核电占比远高于非 OECD 国家，两者分别为 17.8%、4.3%。在新能源发电量占比方面，OECD 国家为 10.9%，而非 OECD 国家仅为 4.5%。

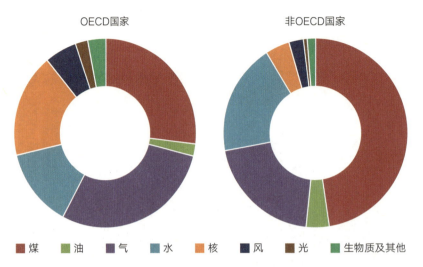

图1-41 2016年OECD国家/非OECD国家发电量分品种结构对比

德国新能源发电量占比在主要国家中最高。2016 年，德国、西班牙、英国、意大利新能源发电量占比明显高于其他国家，均超过 20%，其中前三个国家风电贡献较高，占总发电量的比重分别为 12.9%、18.5%、12.1%，意大利风电、太阳能发电占比分别为 6.4%、8.3%；俄罗斯新能源发电量占比几乎为零。

中国新能源发电量占比仍相对较低。2016 年，中国新能源发电量占比仅 6.3%，在主要国家中仍处于相对落后位置。比领先的德国、西班牙分别低约 21.7、19.7 个百分点，与加拿大、法国、印度等国水平相当。

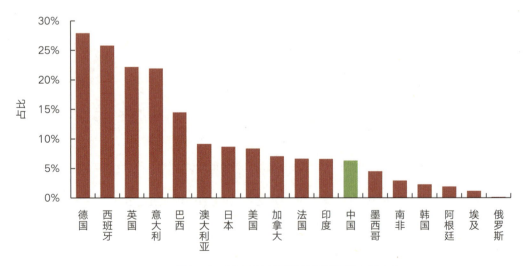

图1-42 2016年主要国家新能源发电量占比

六、碳排放

1. 分地区

全球能源相关碳排放近年增长放缓，部分发达国家已经达峰。 1980－2016 年，全球化石能源消费产生的二氧化碳排放由 187 亿吨增至 341 亿吨，年均增长 1.7%，低于一次能源消费增速 0.2 个百分点；2000－2010 年间增长较快，年均增长 2.7%，主要受以中国为代表的发展中国家快速增长拉动，在此期间部分发达国家碳排放达峰；2010－2016 年增长明显放缓，年均增长 1.1%。

亚太地区碳排放大幅增长。 1980－2016 年，亚太地区碳排放由 35 亿吨增至 162 亿吨，增长 3.6 倍，占全球的比重由 18.8% 升至 47.4%；北美、欧洲近年呈现稳步下降态势，2016 年分别为 61.5 亿、62.0 亿吨；中南美近年在 13 亿吨上下波动，2016 年为 1980 年的 2.2 倍；中东、非洲分别增长 5.3、1.8 倍，2016 年分别为 19.5 亿、12.1 亿吨。

2016 年中国、美国、欧盟碳排放合计约占全球的一半。 1980－2016 年，美国、日本碳排放年均分别增长 0.2%、0.6%；英国、法国、德国碳排放逐步下降；中国、印度年均分别增长 5.3%、6.1%。2016 年，中国、美国、欧盟能源相关碳排放分别为 95.1 亿、51.1 亿、33.5 亿吨，合计占全球的比重约 53%。

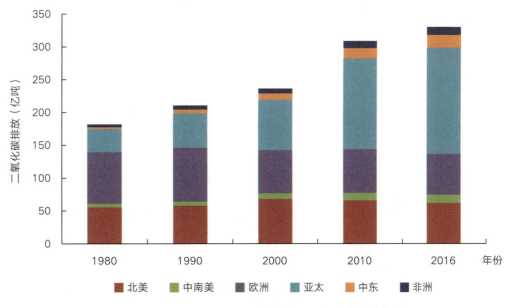

图1-43　1980－2016年分地区二氧化碳排放变化

2. 人均碳排放

全球人均二氧化碳排放增加，发达国家人均二氧化碳排放下降但仍显著高于发展中国家。 1980－2016 年，全球人均二氧化碳排放由 4.2 吨增至 4.6 吨，年均增长 0.2%；OECD 国家人均二氧化碳排放自 2005 年开始逐步下降，但 2016 年仍高达 9.6 吨，为非 OECD 国家（3.4 吨）的 2.8 倍。

北美和欧洲地区人均二氧化碳排放逐步下降，亚太和中东地区人均二氧化碳排放较快增长。
1980－2016 年，北美、欧洲人均二氧化碳排放分别由 16.97、10.03 吨降至 12.65、6.90 吨，
年均分别下降 0.8%、1.0%；亚太、中东人均二氧化碳排放分别由 1.43、3.48 吨增至 3.98、8.36
吨，年均分别增长 2.9%、2.5%。

发达国家人均碳排放远高于发展中国家。美国、加拿大、澳大利亚人均碳排放水平较高，
2016 年均约 16 吨；韩国、俄罗斯、日本、德国、欧盟、南非高于中国的 6.8 吨；西班牙、英
国、意大利、法国等高于世界平均水平但低于中国，在 4.6~6.0 吨之间；印度人均碳排放仅为 1.7
吨，约为世界平均水平的 37.0%。中国人均碳排放在主要国家中处于中等水平，2016 年约为 6.8
吨，较美国、加拿大、澳大利亚分别低约 9.1、9.1、9.0 吨。

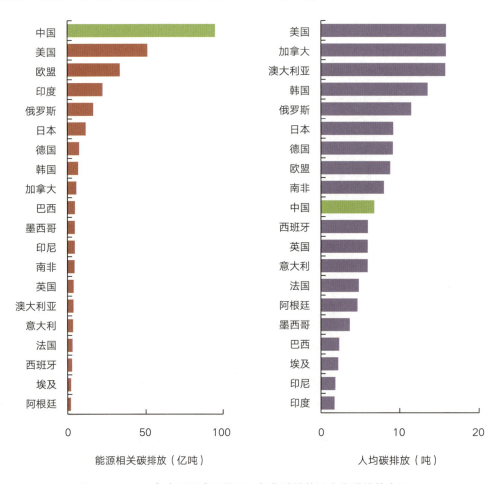

图1-44　2016年主要国家及地区二氧化碳排放及人均碳排放水平

3. 碳排放强度

全球二氧化碳排放强度下降，发展中国家碳强度仍明显高于发达国家。1980－2016 年，全球
二氧化碳排放强度由 6.7 吨／万美元降至 4.4 吨／万美元，降幅为 34.6%；OECD 国家由 5.0 吨／
万美元降至 2.5 吨／万美元，降幅为 50.2%；非 OECD 国家由 12.7 吨／美元降至 7.3 吨／美元，
降幅为 42.4%。2016 年，非 OECD 国家二氧化碳排放强度约为 OECD 国家的 3 倍。

北美、欧洲、非洲地区碳排放强度下降。1980—2016 年，北美、欧洲碳排放强度持续下降，年均分别下降 2.3%、2.8%，非洲碳排放强度呈波动下降趋势，年均下降 0.3%；亚太碳排放强度先升后降，2016 年的碳排放强度水平与 1980 年相当；中东、中南美碳排放强度上升，1980—2016 年年均分别增长 2.4%、0.4%。

发展中国家碳排放强度普遍高于发达国家。1980—2016 年，主要国家碳排放强度普遍大幅下降，其中美国、英国、法国、德国、日本 2016 年碳排放强度分别为 3.0、1.4、1.1、2.0、1.9 吨 / 万美元，分别较 1980 年下降 59%、48%、65%、63%、39%；南非、俄罗斯、印度 2016 年碳排放强度分别为 10.7、10.0、9.1 吨 / 万美元，远高于发达国家水平，南非、印度较 1980 年分别下降 10%、7%，俄罗斯较 1990 年下降 40%。

中国碳排放强度降幅巨大，但仍处于世界较高水平。1980—2016 年，中国碳排放强度由 43.2 吨 / 万美元降至 10.0 吨 / 万美元，降幅达 77%，在主要国家中降幅最大，但仍分别为法国、英国、美国、日本的 9.0、7.0、5.2、3.3 倍，与俄罗斯、南非水平相当。

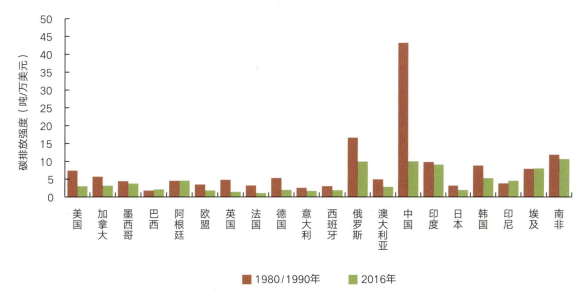

图1-45　1980/1990年与2016年主要国家及地区碳排放强度对比

第二部分
全球能源发展展望

综合考虑经济社会发展、技术进步、政策激励等影响因素，对 2050 年全球能源发展进行展望。主要考虑如下：全球人口增长放缓，预计 2050 年全球人口达到 97.6 亿人；全球经济平稳较快增长，预计 2050 年全球 GDP 约 201 万亿美元，年均增长 2.8%；数字化、智能制造、新能源发电、能源开发、储能、新动力汽车、CCUS 等技术进一步研发，大规模推广利用；自主减排目标、新能源推广、能效提升、交通电气化等政策持续激励，助力加快能源转型。

一次能源需求与碳排放：

自主减排情景：全球能源发展偏离"惯性增长"轨道，2050 年全球一次能源需求增至约 260 亿吨标准煤，较展望初期（2016 年）增长约 27%，与国际主流机构的展望结果大体相近；全球能源相关碳排放在 2035 年前后达峰，峰值约 396 亿吨，之后平缓下降，2050 年约 366 亿吨，在 2035−2040 年间便把可将全球平均温升控制在 2℃以内的"碳预算"用尽。

高能效情景：展望期内能源效率提升、终端能源替代、电力清洁转型的潜力尽量释放，2035 年前全球能源需求平缓增长，之后保持高位，2050 年约 230 亿吨标准煤；全球能源相关碳排放在 2025 年后持续下行，2050 年约 263 亿吨，"碳预算"用尽的时间亦在 2040−2045 年间，依然无法实现全球应对气候变化的既定目标。

2℃情景： 能源转型更快推进，可再生能源实现对化石能源的更大力度替代；电气化达到更高水平，全球一次能源需求在展望期内很快进入峰值平台期，2035 年左右开始稳步下降，2050 年约 190 亿吨标准煤，较展望初期下降约 7%；全球能源相关碳排放提前快速下降，但仍需依赖碳捕捉、利用与封存技术（CCUS）减少绝对碳排放量，才能有望将至 2050 年的累计排放控制在"碳预算"以内，2050 年约 99 亿吨。

一次能源结构： 在高能效情景下，煤炭需求已经处于平台波动期，2025 年后持续下行，峰值约 56 亿吨标准煤，2050 年煤炭占全球一次能源需求的比重降至 15%；石油需求 2030 年左右达峰，峰值约 68 亿吨标准煤，主要受交通电气化影响，占比平缓降至 2050 年的 26%；天然气需求 2035 年后进入平台期，约 51 亿吨标准煤，占比基本持平，2050 年约 22%；非化石能源占比大幅提升，2050 年约 37%，较展望初期提高约 15 个百分点。在自主减排情景下，煤炭、石油需求达峰时间分别为 2030 年、2040 年左右，天然气需求持续增长，2050 年非化石能源占比约 30%。在 2℃情景下，煤炭、天然气需求在展望初期很快下降，石油需求在 2020—2025 年达峰，2050 年非化石能源占比约 58%。

终端能源需求：在高能效情景下，全球终端能源需求 2040 年进入平台期，2050 年约 167 亿吨标准煤，较展望初期增长约 25%；在自主减排情景下，全球终端能源需求持续增长，2050 年约 188 亿吨标准煤，较展望初期增长约 40%；在 2℃情景下，全球终端能源需求在 2035 年左右达峰，峰值约 151 亿吨标准煤，2050 年降至约 140 亿吨标准煤，较展望初期增长约 5%。

终端电气化水平：在高能效情景下，2050 年全球电能占终端能源需求的比重约 40%，大幅高出同类机构 2040 年约 24%、2050 年约 27% 的预期。在自主减排情景下，2050 年全球电能占终端能源需求的比重约 34%，增幅约 15 个百分点，约为 1980—2016 年间增幅的 2 倍。在 2℃情景下，2050 年全球电能占终端能源需求的比重约 51%。

电力需求与供应：在高能效情景下，2050 年全球电力需求约 61 万亿千瓦·时，全球发电装机约 246 亿千瓦。在自主减排情景下，全球电力需求增长 1.6 倍至 2050 年的约 57 万亿千瓦·时，全球发电装机约 223 亿千瓦。在 2℃情景下，2050 年全球电力需求约 65 万亿千瓦·时，全球发电装机约 293 亿千瓦。与国际主流机构对比，国网能源研究院对 2050 年全球终端电力需求的预期要高出至少 20%，主要是对中长期电气化水平提升给予了乐观展望。

发电清洁化水平：在高能效情景下，电力清洁转型加快，2050 年可再生能源发电占总发电量的比重约 63%，对总发电量增量的贡献率约 84%。在自主减排情景下，2050 年可再生能源发电占比约 57%，较展望初期高约 33 个百分点，对总发电量增量的贡献率约 77%。在 2℃情景下，2050 年可再生能源发电占比约 87%，全部发电增量均由可再生能源提供，而化石能源发电占比降至 8% 左右。

　　新能源发展及电气化进程助力能源结构调整。在高能效情景下，2050 年非水可再生能源需求规模约 60 亿吨标准煤，占比一次能源需求的比重约 26%，相当于替代化石能源约 31 亿吨标准煤。在自主减排、2℃情景下，2050 年非水可再生能源需求分别约为 53 亿、88 亿吨标准煤，分别相当于替代化石能源约 19 亿、67 亿吨标准煤。在高能效情景下，电气化水平提升约带来 30 万亿千瓦·时的电力需求增长，是 2016 年全球总用电量的 1.3 倍；在自主减排、2℃情景下，电气化水平提升分别约带来 26 万亿、37 万亿千瓦·时的电力需求增长。

一、关键影响因素

人口增长、经济发展是能源电力需求增长的原动力，而技术进步、政策激励、能源价格、碳排放约束等对能源电力需求的规模和结构产生重要影响。对中长期能源电力需求的关键影响因素进行分析，研判其走势变化，为模型构建、情景展望提供基础的边界条件。

（一）人口增长

全球人口增长明显放缓，亚太、非洲地区是增长的主要区域。 展望中长期，全球人口有望保持平稳增长；受经济条件改善、生活水平提升、医疗技术进步等因素拉动，亚太、非洲地区人口增长较快，是全球人口增长的主要动力。综合联合国、世界银行及其他机构展望结果，预计世界人口在2050年达到97.6亿，较2016年增长近1/3，2016—2050年间年均增长0.8%。分地区看，亚太、非洲人口2050年分别增至48.9亿、23.3亿，对全球增长的贡献率分别为36%、47%；北美、中南美、中东人口略有增长，对全球人口增长贡献率分别为5.5%、5.5%、5.3%；欧洲人口微弱增长，对全球增长的贡献率仅为1%。从主要国家[1]和地区看，2050年美国人口约4亿，较2016年增长约1/4；欧盟人口略有下降，2050年约5亿；中国人口在2035—2040年间达峰，峰值接近14.5亿，2050年约14.0亿；印度2030年前超过中国成为世界人口第一大国，2050年约17亿。

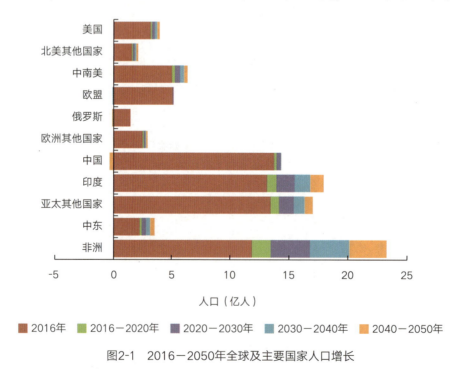

图2-1　2016—2050年全球及主要国家人口增长

---

[1] 在发展展望及专题研究部分，主要国家包括美国、巴西、英国、法国、德国、俄罗斯、中国、印度、日本、韩国、南非等。

表 2-1　主要地区和国家人口增长情况　　　　　　　　　　　　　　　　　单位：亿

地区 / 国家	2020	2030	2040	2050	年均增速	增幅	贡献率
北美	5.0	5.4	5.8	6.1	0.7%	28%	5.5%
美国	3.3	3.6	3.8	4.0	0.6%	24%	3.2%
北美其他国家	1.6	1.8	2.0	2.1	0.9%	35%	2.3%
中南美	5.3	5.7	6.1	6.4	0.7%	27%	5.5%
巴西	2.2	2.3	2.4	2.5	0.5%	18%	1.6%
中南美其他国家	3.1	3.4	3.7	3.9	0.8%	32%	3.9%
欧洲	9.2	9.3	9.4	9.3	0.1%	3%	1.0%
欧盟	5.1	5.1	5.1	5.0	0.0%	-1%	-0.3%
英国	0.7	0.7	0.7	0.7	0.1%	2%	0.1%
法国	0.7	0.7	0.7	0.7	0.0%	-1%	0.0%
德国	0.8	0.8	0.8	0.8	0.0%	-1%	0.0%
俄罗斯	1.4	1.4	1.4	1.4	-0.1%	-3%	-0.2%
欧洲其他国家	2.6	2.8	2.8	2.9	0.4%	14%	1.5%
亚太	42.0	45.1	47.5	48.9	0.6%	22%	35.7%
中国	13.9	14.3	14.3	14.0	0.1%	2%	1.1%
印度	13.9	15.1	16.2	17.0	0.7%	30%	16.6%
日本	1.3	1.2	1.2	1.1	-0.4%	-12%	-0.6%
韩国	0.5	0.5	0.5	0.5	0.0%	-1%	0.0%
亚太其他国家	12.4	13.7	14.6	15.4	0.8%	32%	15.4%
中东	2.5	2.8	3.2	3.6	1.3%	57%	5.3%
非洲	13.4	16.8	20.1	23.3	1.9%	96%	47.0%
南非	0.6	0.6	0.6	0.7	0.5%	19%	0.4%
非洲其他国家	12.9	16.2	19.5	22.6	2.0%	100%	46.5%
全球	77.3	85.1	92.0	97.6	0.8%	33%	100.0%

（二）经济发展

全球经济平稳较快增长。近几年，全球经济逐步走出 2008 年国际金融危机阴影，投资、制造、贸易等步入新一轮上升周期；虽受地缘政治、恐怖主义、贸易保护等因素影响，经济增长可能出现短期波动，但中长期全球经济仍将保持平稳增长。展望中长期，综合考虑人口增长、效率提高、技术进步等供给侧因素影响，预计发达国家经济维持平稳增长，发展中国家经济保持较快增长，成为未来全球经济增长的主要引擎。参考联合国、世界银行及其他机构展望结果，预计全球 GDP 在 2050 年约 201 万亿美元（2010 年美元价，下同），较 2016 年增长约 1.6 倍，展望期内年均增长 2.8%，较 1980－2016 年年均增速小幅放缓。分地区看，北美经济总量翻番，2016－2050 年年均增长 2.0%，对全球增长的贡献率为 15%；中南美 2016－2050 年年均增长 3.0%，对全球增长的贡献率约 7%；欧洲经济总量增长近八成；亚太经济发展基础良好，政治局势稳定，增长潜力巨大，对全球经济增长的贡献率高达56%；中东地区资源丰富，经济增长潜力较大，2016－2050年年均增长3.4%，对全球增长贡献率约4%；非洲地区经济发展基础薄，潜力大，2016－2050年年均增长3.8%，但对全球增长的贡献率仅为5%。主要国家中，中国经济年均增长4.7%，对全球增长的贡献率接近30%，按2010年美元价计算将在2030年前超过美国成为世界第一大经济体；印度增速更快，年均6.5%，对全球增长的贡献率为15%，按2010年美元价计算2050年约21万亿美元，略低于中国2030年规模。

中国引领全球经济增长，增速高于全球水平。党的十九大报告提出中国新时代"两步走"战略，完整勾画了我国社会主义现代化建设的时间表、路线图。乡村振兴战略深入推进，促进乡村经济发展，释放乡村用能活力；区域协调发展战略全面实施，以点带面，拉动经济全面协调发展；《中国制造2025》助力加强制造业创新，促进产业转型升级。预计2050年中国GDP接近45万亿美元，年均增长约4.7%，其中2020－2035年、2035－2050年年均分别增长5.8%、3.0%，持续引领全球经济增长。

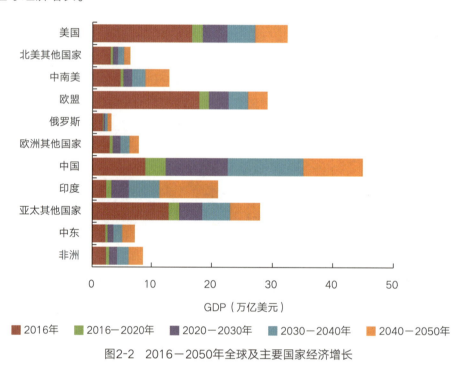

图2-2　2016－2050年全球及主要国家经济增长

表2-2　主要地区和国家GDP增长情况　　　　　　　　　　　　　　　　　单位：万亿美元

地区/国家	2020	2030	2040	2050	年均增速	增幅	贡献率
北美	21.8	26.7	32.3	38.6	2.0%	97%	15.1%
美国	18.4	22.4	27.1	32.4	1.9%	95%	12.6%
北美其他国家	3.4	4.2	5.2	6.2	2.1%	107%	2.6%
中南美	5.1	6.5	8.9	12.9	3.0%	179%	6.6%
巴西	2.5	3.1	4.3	6.5	3.0%	181%	3.4%
中南美其他国家	2.6	3.4	4.5	6.3	3.0%	178%	3.2%

地区/国家	2020	2030	2040	2050	年均增速	增幅	贡献率
欧洲	24.7	29.4	34.6	40.0	1.7%	78%	13.9%
欧盟	19.5	22.7	26.0	29.1	1.4%	63%	8.9%
英国	2.9	3.3	3.6	3.8	1.0%	42%	0.9%
法国	2.9	3.3	3.6	3.9	0.9%	39%	0.9%
德国	4.0	4.6	5.2	5.8	1.3%	57%	1.7%
俄罗斯	1.8	2.1	2.5	3.1	1.7%	81%	1.1%
欧洲其他国家	3.4	4.6	6.1	7.7	2.9%	171%	3.9%
亚太	30.0	47.1	69.4	93.9	4.0%	291%	55.6%
中国	12.3	22.6	35.1	44.9	4.7%	404%	28.6%
印度	3.2	6.0	11.3	21.0	6.5%	815%	14.9%
日本	6.3	6.7	7.2	7.6	0.7%	27%	1.3%
韩国	1.5	1.9	2.3	2.7	2.1%	110%	1.1%
亚太其他国家	6.8	9.8	13.5	17.7	3.4%	217%	9.7%
中东	2.6	3.5	5.0	7.1	3.4%	222%	3.9%
非洲	2.8	4.1	6.0	8.5	3.8%	270%	5.0%
南非	0.5	0.6	0.9	1.4	3.6%	244%	0.8%
非洲其他国家	2.4	3.6	5.2	7.1	3.9%	276%	4.1%
全球	87.0	117.4	156.0	201.0	2.8%	167%	100.0%

全球人均 GDP 翻番。 综合人口、经济增长预期，2050 年全球人均 GDP 约 2 万美元，较展望初期翻番。主要地区和国家中，美国人均 GDP 有望突破 8 万美元，较展望初期提高约 60%；欧盟人均 GDP 接近 6 万美元，较展望初期提高约 65%；中国人均 GDP 有望增长约 4 倍，在 2025—2030 年间超过俄罗斯，2050 年约 3.2 万美元，但仍未达到美国、欧洲、日本等发达国家和地区展望初期水平；印度 2050 年人均 GDP 约 1.2 万美元，较展望初期增长 6 倍，约相当于中国 2025 年水平。

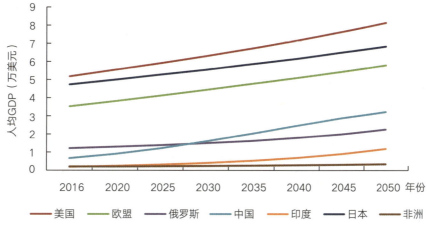

图2-3　2016—2050年主要国家及地区人均GDP增长

（三）技术进步 [1]

技术进步是促进能源转型、提高能源利用效率的重要支撑。 预计未来数字化技术、能源开发技术、发电技术、输电技术、终端能源利用技术、智能化技术、储能技术、环保技术等将在促进能源转型、提高能源利用效率方面发挥重要作用。

数字化技术影响能源生产、加工、利用全产业链。 在未来能源系统中，大数据、云计算、物联网、人工智能、VR/AR、超级计算机等数字化技术将带来广泛而深刻的变革。2025 年前，数字化影响集中在供给侧，主要是生产者利用数字技术优化生产和减少浪费；2025 年后，数字化影响集中在需求侧，主要是消费者以智能表计、互联网络为依托，利用智能监控系统来最小化能源需求。

能源开发技术进步大幅提高能源的可利用规模与种类。 首先，受页岩气压裂、地震勘探等技术创新驱动，化石能源可采储规模进一步挖掘，预计 2050 年世界油气可采储量有望达到 7.3 万亿桶油当量，约为至 2050 年全球累计需求的 3 倍以上。其次，太阳能、风能、生物质能、地热能、海洋能、潮汐能、氢能等多种能源开发利用技术进一步完善，实现多能互补。

发电技术进步提高发电效率及新能源利用规模。 超超临界火力发电、热电联产、热电冷三联产等技术进一步提高发电能源利用效率；新能源发电技术进一步成熟，实现精准预测、灵活控制、灵活调度，可利用规模持续增加，发电成本持续下降；屋顶光伏、光伏路灯等分布式发电技术、微电网技术因地制宜大范围推广，助力清洁能源消纳；储能技术更加成熟，平滑新能源出力及能源系统波动性能力更强。

以电网为平台的新一代能源系统提高能源转换效率。 可实现大容量、远距离输电的特高压技术进一步提高资源大范围配置能力；柔性交流、柔性直流输电技术、智能化控制技术进一步增加电网安全稳定性及灵活性。依托坚强、稳定、灵活、高效电网平台，多种能源开发协调互补、协同高效，提高能源综合开发利用效率。

能效提升技术进步可大幅减少能源需求。 据测算，通过技术可行、经济高效的流程优化，2050 年全球工业能源需求有望减少 10%~20%；钢铁行业节能潜力巨大，若用天然气替代焦炭并大力推广电炉钢技术，2050 年炼钢能源需求有望减少约 50%。若所有能源技术均实现理论效率，全球能源消费最大可减少 85%；若全球普遍实现当前最高能源利用效率，全球能源消费最大可减少 40%。

终端用能技术向清洁化、电气化转变。 电能具有清洁低碳、终端利用效率更高的优点。未来工业电驱动、电动矿山采选设备将在工业部门推广应用，交通部门包括铁路电气化、港口岸电、新能源汽车（纯电动汽车、燃料电池汽车等），居民 / 商业领域包括电采暖 / 制冷、智能家居、家庭电气化等电能替代技术，还包括基于多能互补的综合能源利用技术等，将有力推动终端用能清洁化、电气化。

环保技术发展助力实现温升控制，应对气候变化。 碳捕捉、利用与封存技术（CCUS）助力未来降低 CO_2 排放，实现 CO_2 负排放；烟气除尘、脱硫脱硝等技术将有力减小化石能源发电、驱动设备污染物排放；甲烷泄漏防治技术、VOCs 废气处理技术也将发挥重要作用。

---

❶ 主要参考英国石油公司《技术展望 2018》。

（四）政策激励 ❶

能源低碳转型需要碳价政策的有力支撑。《巴黎协定》是 2020 年后全球共同应对气候变化的行动安排，要实现 2℃ 温升控制目标，2050 年全球 CO_2 排放量需较当前下降 70% 左右 ❷。在碳捕捉、利用与封存技术（CCUS）的迅速成熟与广泛利用、电动或混动汽车的普遍推广、电采暖 / 热泵等技术大量应用的前提下，仅依靠技术创新或可艰难实现如此大幅的排放下降。但要加快减排进程，必须依赖强力的政策支持，主要是有力的碳价政策。其中，欧盟拥有全球最大的碳排放交易体系（EU-ETS），墨西哥自 2013 年开始征收碳税，日本自 2008 年试行碳交易体系（J-VETS），中国 2017 年启动全国碳排放权交易市场。

通用标准、能源管理、能效审计在工业领域严格执行。多国通过加快标准制定、加强管理审计等方式提高工业能效。例如，欧盟对电动机、电泵、风扇、压缩机等工业设备实施通用设计指导标准，对大型企业实施强制且定期的能源审计，鼓励小型企业自行开展能源审计；美国在工业 / 商业锅炉、生产用热领域实施更为严格的碳排放限制，要求工业领域优化流程、更新设施，推广能效星级项目；日本大型企业面临强制能源管理要求，小型企业可获得政府免费提供的能源审计。

强制性或自愿性的能效标识在建筑领域普遍推开。发展中国家普遍开始通过实施能效标准或推行能效标识来提高建筑能效。例如，巴西实施家用电器及公共设备能效标识计划，对公共照明采取强制性措施，对白炽灯实施禁售举措；中国计划 2020 年城市新建建筑能效水平较 2015 年提高 20%；印度对空调、电灯、电视、冰箱实行强制性的能效标准与标识计划，要求 2020 年前禁售白炽灯。

促进可再生能源发展政策加快低碳转型。各国普遍大力支持可再生能源发展，助力能源结构向清洁低碳转型。如美国在部分州执行可再生能源配额制及绿色电力证书制度；欧盟计划 2030 年可再生能源占比至少达 27%，2020 年可再生能源占交通能源需求的比重达到 10%；日本计划 2030 年可再生能源发电占比达到 22%~24%；印度计划 2022 年可再生能源发电装机达到 1.75 亿千瓦；中国计划 2020 年、2030 年非化石能源占一次能源比重分别达到 15%、20%，致力于建设清洁低碳、安全高效的现代能源体系。

多国政府大力支持交通电气化 ❸。近年，在有力政策支持和电池成本快速下降的双重驱动下，全球电动汽车保有量迅猛增长，2017 年底已超过 300 万辆；中国电动汽车销量高速增长，2017 年接近 58 万辆，计划 2020 年电动汽车保有量达到 500 万辆，2025 年电动汽车销售量达到 500 万辆。美国计划 2025 年电动汽车在 8 个州的拥有量达到 500 万辆；英国、法国、挪威、荷兰等发达国家制定了明确的汽车和柴油车淘汰时间表；日本计划 2030 年新型汽车（清洁柴油、混动、插混、纯电、燃料）销售占比达到 50%~70%。

---

❶ 主要参考 IEA 分国别能源政策库。

❷ IPCC 第五次评估报告。

❸ 参考彭博新能源财经《长期电动汽车展望 2017》。

（五）能源价格

煤炭价格维持低位，原油价格不确定性巨大，天然气价格全球趋同。中国是全球最大的煤炭消费国和进口国，受中国供给侧结构性改革影响，近两年国际煤炭价格稳中有升；但考虑多国控煤、减煤政策导致未来需求疲软，预计国际煤炭价格长期保持低位运行。近年国际石油上游投资虽有所回升但仍未达历史高位，经济复苏带动需求增长或推高短期油价；国际原油市场对金融、政治、战争、天灾等影响极其敏感，中长期原油价格的不确定性巨大，50~150 美元／桶的区间均有可能。伴随液化产能、运输能力、收储容量的快速提升，国际天然气市场最终走向全球统一市场，亚太、欧盟、美国天然气价格趋同；受北美非常规页岩气影响，北美天然气价格仍将长期低于亚太、欧盟。

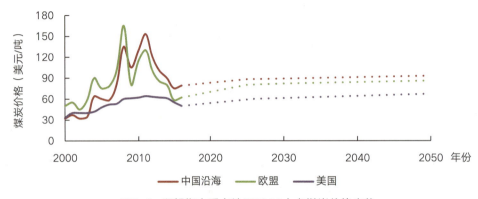

图2-4 展望期内重点地区6000大卡煤炭价格走势

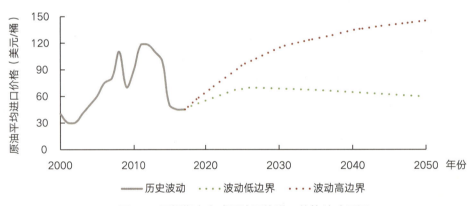

图2-5 展望期内全球原油平均进口价格波动区间

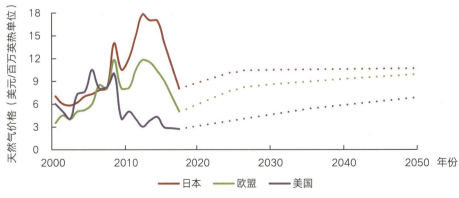

图2-6 展望期内重点地区天然气价格走势

新能源发电在 2025 年前后获得经济成本优势。 在传统发电技术方面，化石能源发电短期内在燃料价格方面仍然存在一定优势，但受环境治理、排放约束等因素影响，度电成本面临普遍上行压力；水电受资源条件、开发成本、移民安置、生态保护等因素影响，预计未来发电成本有所上升；核电受能源资源、技术扩散、市场兼容等复杂因素影响，未来发电成本存在一定不确定性。在新能源发电方面，近年全球风力发电装机每翻一番平均成本下降 19%；光伏发电装机每翻一番平均成本下降 23%；预计陆上风电、太阳能光伏发电将在 2020 年获得与常规火电相当的经济可比性；海上风电、太阳能光热发电将在 2025 年获得与常规火电相当的经济可比性。

二、情景设计

当前，世界能源发展面临多重挑战，既要满足不断增长的能源需求，又要降低环境污染、减少生态破坏。面向未来，世界能源发展在挑战中寻求突破，能效水平的不断提升可在一定程度上减缓需求增长速度，能源技术的进步创新可降低清洁转型成本、保障能源供给安全，低碳能源的蓬勃发展为应对全球气候挑战提供了有力武器，"再电气化"成为新一轮能源革命的根本路径。

本书综合考虑能源政策取向、气候环境约束、能源利用效率、新能源发展、电气化进程等多方面因素，在经济发展、人口增长、技术进步及能源政策预期的基础上，面向 2050 年设计了自主减排、高能效、2℃三个情景。自主减排情景的主要考虑是各国兑现《巴黎协定》自主减排承诺，2030 年后减排政策保持连续性；高能效情景的主要考虑是在自主减排情景基础上，进一步提升能效水平，加快电气化步伐和能源清洁转型；2℃情景的主要考虑是以实现全球 2℃温升控制目标为约束，电气化达到更高水平，能源转型更快推进，可再生能源实现对化石能源的更大力度替代。

（一）自主减排情景

能源政策取向：各国已经公布的清洁能源发展规划均按期实现，弃煤 / 减煤、弃核 / 弱核、支持新能源发展等能源政策切实落地，风电、太阳能发电等新能源逐步成为电力供应主体，传统生物质能大量退出。

表 2-3　截至 2018 年 6 月主要国家公布的清洁电力发展目标

国家	清洁电力目标	年份
巴西	小水电、风电、太阳能发电、生物质能发电装机合计超过 174 吉瓦	2024
英国	清洁发电量达到 117 太瓦·时	2020
法国	风电 22 吉瓦，太阳能发电 18 吉瓦	2023
	水电 26 吉瓦	2030
德国	占总发电量的比重达到 80%	2050
中国	水电 380 吉瓦，光伏发电 110 吉瓦，风电 210 吉瓦	2020
印度	风电 60 吉瓦，光伏发电 120 吉瓦，生物质能发电 10 吉瓦	2022
	风电 100 吉瓦，光伏发电 180 吉瓦，生物质能发电 17 吉瓦	2027
日本	占总发电量的比重达到 22%~24%	2030
韩国	占总发电量的比重达到 20%	2030

气候环境约束：各国已经公布的《巴黎协定》自主减排承诺均在目标年当年或之前兑现，2030 年后的减排政策保持连续性；碳捕捉、利用与封存技术（CCUS）的商业应用规模有限，2050 年封存能力约为当年理论排放量的 5%。

表 2-4　《巴黎协定》概述及主要国家自主贡献

《巴黎协定》概述	
核心目标	较工业化前水平，将 2100 年全球平均温升控制在 2℃以内，并继续努力将温升控制在 1.5℃以内

《巴黎协定》概述	
实现路径	尽快达到全球温室气体排放峰值，并采用现有最佳技术进行快速削减，以便在 21 世纪下半叶实现温室气体"净零平衡"
评估过程	缔约方大会定期评估自主贡献执行情况以及长期目标的集体进展（称为"全球评估"），缔约方每五年更新一次国家自主贡献

主要国家（地区）自主贡献					
国家（地区）	目标类型	目标部门 / 气体	减排水平	基准年份	目标年份
美国	自基年排放减少	温室气体排放	26%~28%	2005	2025
巴西	自基年排放减少	温室气体排放	37%	2005	2025
欧盟	自基年排放减少	温室气体排放	40%	1990	2030
俄罗斯	自基年排放减少	温室气体排放	25%~30%	1990	2030
中国	自基年 GDP 排放强度降低	CO_2 排放	60%~65%	2005	2030
印度	自基年 GDP 排放强度降低	温室气体排放	33%~35%	2005	2030
日本	自基年排放减少	温室气体排放	26%	2013	2030

注　美国已宣布退出《巴黎协定》。

能源利用效率：能源消费强度持续下降，年均降幅略高于 2010 年以来平均水平（1.5%）；终端能源结构加快调整，电气化提升速度明显高于 1980－2016 年的平均水平；发展中国家冶炼、焦化、炼油等加工转换效率向发达国家水平靠近，全球燃煤、燃油、燃气发电平均效率年均提升 0.1 个百分点。

（二）高能效情景

能源政策取向：终端能源结构加快调整，电气化提升速度大幅高出 1980－2016 年的平均水平，交通领域电气化作出巨大贡献；化石能源发电大量退出，电力需求增长主要由可再生能源发电满足。

表 2-5　主要国家的电动汽车发展目标

国家	政策目标或发展规划
英国	到 2040 年，逐步淘汰汽油和柴油车销售
法国	到 2040 年，逐步淘汰汽油和柴油车销售
中国	到 2020 年，500 万辆电动汽车上路行驶 到 2025 年，电动汽车销量占汽车总销量的 20% 宣布有意全面淘汰汽油和柴油汽车销售，时间表正在研究
印度	宣布有意 2030 年前，实现在售车辆的全面电气化

气候环境约束：各国已经公布的温室气体减排承诺均在目标年当年或之前实现，减排力度严于自主减排情景，但不以碳排放为强制约束；碳捕捉、利用与封存技术（CCUS）取得一定技术突破，商业应用持续扩大，2050 年封存能力约为当年理论排放量的 10%。

能源利用效率：能源消费强度快速下降，年均降幅高出 2010 年以来平均水平约 1 个百分点；全球冶炼、焦化、炼油等加工转换效率达到当前发达国家水平，全球燃煤、燃油、燃气发电平均效率年均提升 0.2 个百分点；强制性能效政策普遍实施，能效服务成为有较高价值、被广泛认可、大规模交易的商品。

表 2-6 分部门能效提升举措

部门	举措
工业	高耗能新增产能采用高效技术，对旧产量进行大规模替代； 鼓励部署能源管理系统，实现对能源消费的实时监控以及对能效机会的有效发现； ISO50001 能源管理标准从欧美向其他地区扩展
交通	轻型汽车油耗标准趋严，不达标车辆即遭淘汰； 强制燃油效率政策向重型汽车覆盖； 电动汽车电池能量密度快速提升，经济续航里程 2020 年突破 600 千米
建筑	保暖隔热强制性标准加快推广，促进制冷 / 采暖效率普遍提升； 家用电器（主要是电视、空调、冰箱）、建筑照明等标准在产品生产环节严格执行，能效普及计划持续实施； 物联设备广泛部署，智慧家居实现用能管理、需求响应等多种功能
企业	在企业能源采购中普遍实行清洁能源配额制； 强制要求能源企业向用户提供能效产品或节能方案

（三）2℃情景

能源政策取向：能源转型步伐更快推进，可再生能源实现对化石能源发电的更大力度替代，而化石能源消费主要为非能利用；终端能源消费实现更高程度电气化，仅在部分工业生产、航空 / 航运、非能利用等无法替代环节使用化石能源。

气候环境约束：以实现 2℃ 温升控制目标（66% 的概率）为强制约束，将展望期内全球能源相关累计碳排放控制在 8000 亿吨以内；碳捕捉、利用与封存技术（CCUS）获得有力政策支持、大规模商业应用，2050 年封存能力约为当年理论排放量的 35%。

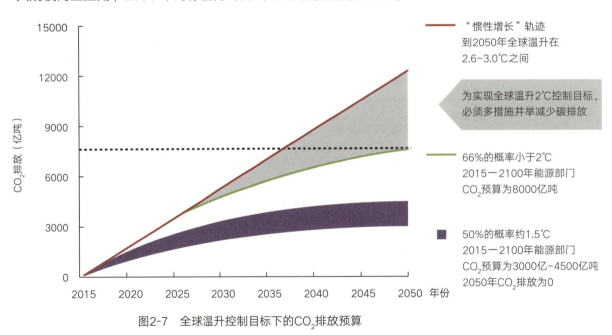

图2-7 全球温升控制目标下的 CO_2 排放预算

能源利用效率：能源消费强度持续下降，年均降幅约为 2010 年以来平均水平的 2 倍；全球燃煤、燃油、燃气发电平均效率年均提升 0.3 个百分点。

三、主要展望结果

（一）一次能源

1. 总量

全球一次能源需求小幅增长，增速明显低于 1980－2016 年平均水平。 展望中长期，全球经济平稳增长、人口规模不断扩张带动能源服务需求持续提升，但受技术进步、利用效率、政策走向、排放约束等因素影响，能源需求增长有不同的发展路径。自主减排、高能效、2℃三个情景的主要展望结果如下：

● 自主减排情景：能源转型与节能减排的政策成效初步显现，全球能源发展偏离"惯性增长"轨道，2050 年全球一次能源需求增至约 260 亿吨标准煤，较展望初期（2016 年）增长约 27%，与国际主流机构的展望结果大体相近。

● 高能效情景：展望期内能源效率提升、终端能源替代、电力清洁转型的潜力尽量释放，2035 年前全球能源需求平缓增长，之后保持高位，2050 年约 230 亿吨标准煤，较展望初期增长约 12%，经济社会发展与能源需求增长进一步脱钩。

● 2℃情景：能源转型更快推进，可再生能源实现对化石能源的更大力度替代，电气化达到更高水平，全球一次能源需求在展望期内很快进入峰值平台期，2035 年左右开始稳步下降，2050 年约 190 亿吨标准煤，较展望初期下降约 7%。

表 2-7　不同情景 2050 年关键指标展望结果

指标	单位	自主减排情景	高能效情景	2℃情景
一次能源需求	亿吨标准煤	260	230	190
非化石能源占一次能源的比重	%	30	37	58
终端能源需求	亿吨标准煤	188	167	140
电力需求	万亿千瓦·时	57	61	65
电能占终端能源需求的比重	%	34	40	51
发电装机	亿千瓦	223	246	293
非化石能源装机占比	%	73	79	95
新能源装机占比	%	61	68	88
非化石能源发电量占比	%	63	69	92
新能源发电量占比	%	46	53	78
能源相关碳排放	亿吨	366	263	99

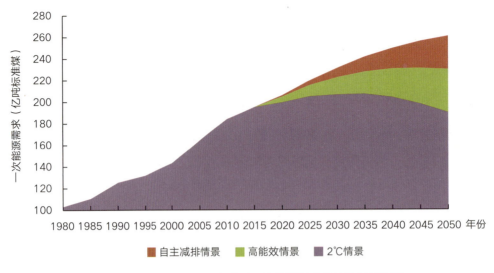

图2-8　1980－2050年全球一次能源需求分情景展望结果

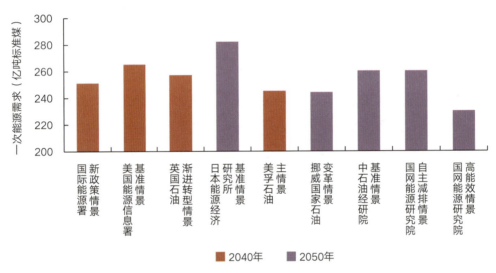

图2-9　国际主流机构2040/2050年全球一次能源需求展望对比

2. 分品种

一次能源结构趋向清洁低碳，非化石能源占比达到 30% 以上。在高能效情景下，煤炭需求目前已经处于平台波动期，2025 年后持续下行，峰值约 56 亿吨标准煤，占全球一次能源需求的比重较快下降，2050 年约 15%；石油需求在 2030 年左右达峰，峰值约 68 亿吨标准煤，占比平缓下降，2050 年约 26%；天然气需求 2035 年后进入平台期，约 51 亿吨标准煤，占比基本持平，2050 年约 22%；非化石能源占比大幅提升，2050 年约 37%，较展望初期提高约 15 个百分点。在自主减排情景下，煤炭、石油需求分别在 2030 年、2040 年左右达峰，峰值分别约 60亿、75 亿吨标准煤，2050 年占全球一次能源需求的比重分别降至约 17%、29%；天然气需求持续增长，2050 年约 62 亿吨标准煤，占比平缓上升，2050 年约 24%；2050 年非化石能源占比约30%。在 2℃情景下，煤炭、天然气需求在展望初期很快下降，石油需求在 2020－2035 年间达峰；2050 年非化石能源占比约 58%，较高能效情景进一步提高。

表 2-8　分情景一次能源需求的分品种对比　　　　　　　　　　单位：亿吨标准煤

类别	自主减排情景			高能效情景			2℃情景		
	2025	2035	2050	2025	2035	2050	2025	2035	2050
煤	60	58	45	56	50	35	52	41	19
油	70	75	74	67	68	60	64	60	42
气	50	57	62	47	51	50	43	36	20
水	6	7	8	6	7	8	6	7	7
核	11	13	17	11	13	17	12	15	15
其他	19	28	53	22	33	60	26	47	88
合计	216	238	260	211	223	230	205	205	190

非水可再生能源实现对化石能源的大规模替代。 在高能效情景下，2050 年非水可再生能源需求规模约 60 亿吨标准煤，占一次能源需求的比重约 26%，相当于替代化石能源约 31 亿吨标准煤。在自主减排情景下，2050 年非水可再生能源需求约 53 亿吨标准煤，占比约 21%，相当于替代化石能源约 19 亿标准煤。在 2℃情景下，2050 年非水可再生能源需求约 88 亿吨标准煤，占比约 46%，相当于替代化石能源约 67 亿标准煤。

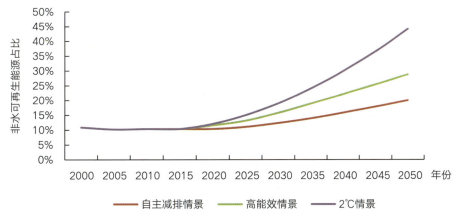

图2-10　2000－2050年非水可再生能源占比分情景对比

3. 分地区

全球能源需求增长主要来源于亚太地区，贡献率高达 70%。 在高能效情景下，亚太一次能源需求增至 2050 年的约 105 亿吨标准煤，约贡献展望期内全球一次能源需求增量的 70%，占比增至约 46%；非洲、中东、中南美 2050 年一次能源需求分别约为 19 亿、19 亿、13 亿吨标准煤，贡献率分别约为 23%、25%、10%，占比分别增至约 8%、8%、6%；欧洲、北美一次能源需求分别降至 2050 年的约 33 亿、33 亿吨标准煤，贡献率均为负，占比分别降至约 15%、14%。

多数发达国家能源需求持续下降，发展中国家保持一定增长。 在高能效情景下，美国一次能源需求 2050 年降至约 26 亿标准煤，较展望初期下降近两成；英国、法国、德国、日本一次能源需求降幅均超过 30%；俄罗斯降幅超过 10%；韩国一次能源需求在 2025—2030 年间达峰，之后平缓下降；印度进入能源需求增长快车道，2050 年约 29 亿吨标准煤，增长约 1.4 倍；巴西一次能源需求增长近四成，2050 年近 6 亿吨标准煤；南非一次能源需求平缓增长，展望期内增长约两成。

中国一次能源需求在 2035 年前后达峰。在高能效情景下，中国一次能源需求在 2035 年前后达峰，之后加速下降，2050 年约 46 亿吨标准煤。

表 2-9　分地区一次能源需求变化（高能效情景）　　　　单位：亿吨标准煤

地区 / 国家	2000	2016	2025	2035	2050	2016—2050	
						变化量	年均增速（%）
北美	39	39	36	36	33	-6	-0.4
美国	33	31	30	29	26	-5	-0.5
中南美	8	11	10	11	13	2	0.9
巴西	3	4	4	5	6	2	0.9
欧洲	40	42	37	36	33	-9	-0.5
欧盟	25	24	20	18	15	-9	-1.1
英国	3	3	2	2	2	-1	-1.2
法国	4	4	3	3	3	-1	-0.9
德国	5	5	4	3	3	-2	-1.3
俄罗斯	9	10	10	9	9	-1	-0.4
亚太	45	85	94	103	105	20	0.8
中国	17	46	51	53	46	1	0.1
印度	6	13	15	21	29	16	2.5
日本	7	6	5	5	4	-2	-1.2
韩国	3	4	4	4	3	-1	-0.5
中东	5	11	13	16	19	8	1.8
非洲	7	12	13	14	19	7	1.6
南非	2	2	2	2	2	0	0.5
航空航运	4	5	6	7	7	2	0.7
世界	148	205	211	223	230	25	0.5

（二）终端能源

1. 总量

全球终端能源需求持续增长，较展望初期提高 5%~40%。在高能效情景下，全球终端能源需求 2040 年进入平台期，2050 年约 167 亿吨标准煤，较展望初期增长约 25%；在自主减排情景下，全球终端能源需求持续增长，2050 年约 188 亿吨标准煤，较展望初期增长约 40%；在 2℃情景下，全球终端能源需求在 2035 年左右达峰，峰值约 151 亿吨标准煤，2050 年降至约 140 亿吨标准煤，较展望初期增长约 5%。

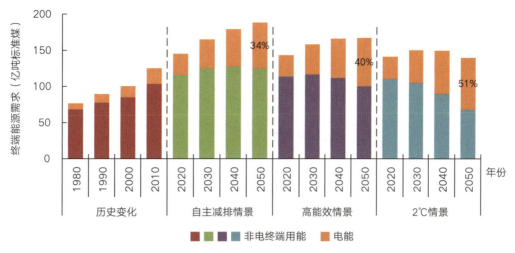

图2-11　1980—2050年全球终端能源需求及电能占比分情景对比

2. 分品种

终端结构稳步调整，电能占比稳步提升。在高能效情景下，煤、油、气等化石能源占终端能源需求的比重持续下降，2050年分别为6%、32%、12%，较展望初期分别下降约5、9、3个百分点；电气化进程明显加快，从展望初期的不足20%升至2050年的约40%，增幅超过20个百分点；热及其他的占比持续下降，2050年约为9.3%，较展望初期下降约5个百分点。

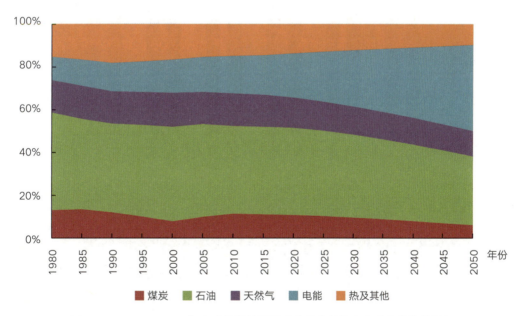

图2-12　1980—2050年全球终端能源需求分品种结构变化（高能效情景）

电气化水平大幅提升，增幅为1980—2016年间增幅的2倍以上。在高能效情景下，2050年全球电能占终端能源需求的比重约40%，大幅高出同类机构2040年约24%、2050年约27%的预期。在自主减排情景下，2050年全球电能占终端能源需求的比重约34%，增幅约15个百分点，约为1980—2016年间增幅的2倍。在2℃情景下，2050年全球电能占终端能源需求的比重约51%。

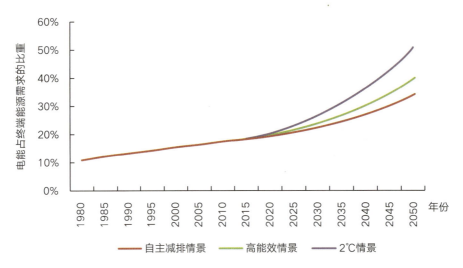

图2-13　1980－2050年全球电能占终端能源需求的比重分情景对比

欧美地区电气化水平最高，非洲地区电气化大幅提升。在高能效情景下，2050年北美、欧洲电气化水平分别约47%、46%，处于全球较高水平；亚太、中东、中南美电气化水平分别约43%、39%、38%，与全球平均水平（40%）基本相当；非洲电气化水平提升近22个百分点至31%左右，热及其他占终端能源需求的比重下降约20个百分点。

图2-14　2016/2050年各区域终端能源需求分品种结构（高能效情景）

各国电气化水平普遍提升，印度处于相对较低水平。在高能效情景下，2050年法国、德国、日本等国终端电气化水平有望超过55%，处于第一梯队；中国约48%，略高于美国的47%；韩国、南非、俄罗斯的电气化水平分别约45%、42%、41%；印度电气化水平虽延续多年趋势持续快速提升，但2050年的38%仍相对较低。在自主减排情景下，2050年中国终端电气化水平约41%；印度电气化水平仅29%，在主要国家中处于最低水平。

中国电气化水平高于世界平均水平，但与主要发达国家还有差距。在高能效、自主减排情景下，中国电气化水平分别约48%、41%，较全球平均水平（40%、34%）分别高约8、7个百分点；2℃情景下，2050年中国终端电气化水平约57%，已属很高水平，进一步提升存在较大难度；全球平均水平（51%）的提升主要得益于亚太、中南美、非洲等发展中国家电气化水平的大幅提升。

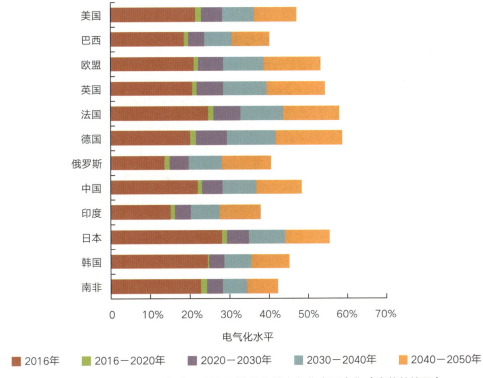

图2-15　2016－2050年主要国家及地区终端电气化水平变化（高能效情景）

各部门电气化水平普遍提升，交通电气化潜力巨大。 在高能效情景下，2050年工业、交通部门用电占其终端用能总量的比重（电气化水平）分别约为50%、21%，较展望初期大幅提升；居民、商业电气化水平分别约为55%、73%。在自主减排情景下，2050年工业电气化水平约为43%，交通电气化水平约为13%，居民、商业电气化水平分别约为49%、67%。在2℃情景下，工业、居民、商业电气化水平较高能效情景进一步大幅提升，2050年分别约为60%、70%、80%；交通电气化水平达到35%，大幅减少交通用油对实现气候变化目标作出重要贡献。

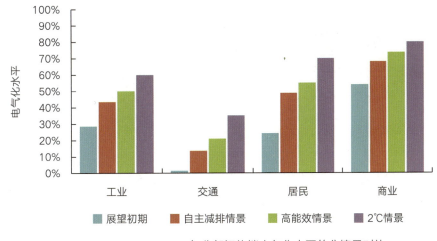

图2-16　2050年分部门终端电气化水平的分情景对比

（三）电力需求与供应

1.总量

全球电力需求持续增长，远高于能源需求增幅。在高能效情景下，2050 年全球电力需求约 61 万亿千瓦·时，全球发电装机约 246 亿千瓦。在自主减排情景下，全球电力需求增长 1.6 倍至 2050 年的约 57 万亿千瓦·时，全球发电装机约 223 亿千瓦。在 2℃情景下，2050 年全球电力需求约 65 万亿千瓦·时，全球发电装机约 293 亿千瓦。与国际主流机构对比，国网能源研究院对 2050 年全球终端电力需求的预期要高出至少 20%，主要是对中长期电气化水平提升给予了乐观展望，2050 年电气化水平达到 34% 以上，而国际能源署、日本能源经济研究所对 2040 年的展望分别仅 23%、24%，挪威国家石油公司对 2050 年的展望仅 27%。

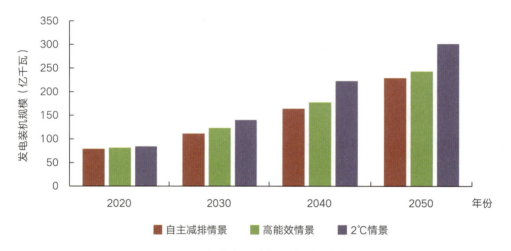

图2-17　展望期内全球发电装机规模分情景对比

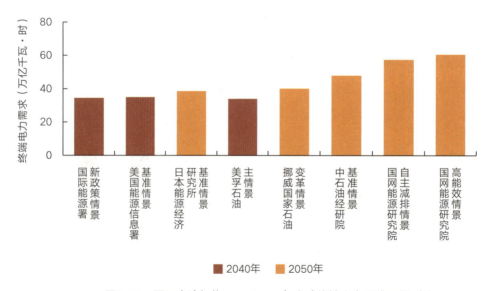

图2-18　国际主流机构2040/2050年全球终端电力需求展望对比

电气化进程有力拉动电力需求增长。在高能效情景下，电气化水平提升约带来 30 万亿千瓦·时的电力需求增长，是 2016 年全球总用电量的 1.3 倍；在自主减排情景下，电气化水平提升约带来 26 万亿千瓦·时的电力需求增长，是 2016 年全球总用电量的 1.1 倍；在 2℃情景下，电气化水平提升约带来 37 万亿千瓦·时的电力需求增长，是 2016 年全球总用电量的 1.6 倍。

2. 分地区

全球电力需求增长的主动力为亚太地区。在高能效情景下，亚太终端电力需求 2050 年增至约 28 万亿千瓦·时，约贡献展望期内全球终端电力需求增量的 48%，占比增至约 46%；非洲、中东、中南美 2050 年终端电力需求分别增至 4.4 万亿、4.4 万亿、3.4 万亿千瓦·时，贡献率分别为 10%、9%、6%，占比分别增至 7%、7%、6%；欧洲、北美 2050 年终端电力需求分别增至 10.2 万亿、10.0 万亿千瓦·时，贡献率分别为 14%、13%，占比分别降至约 17%、17%。

各国电力需求普遍增长，发展中国家增幅更大。在高能效情景下，美国终端电力需求 2050 年增至约 8.0 万亿千瓦·时，增长约 90%；2050 年英国、法国、德国终端电力需求分别为 0.6 万亿、0.8 万亿、1.1 万亿千瓦·时；俄罗斯终端电力需求增至约 2.5 万亿千瓦·时，增长约 1.7 倍；日本终端电力需求平缓增长，2050 年约 1.3 万亿千瓦·时，增幅约 30%；韩国终端电力需求 2050 年约 0.9 万亿千瓦·时，增长约七成；印度终端电力需求持续快速增长，2050 年约 7.0 万亿千瓦·时，增长约 5.2 倍；巴西终端电力需求增长超 2 倍，2050 年约 1.7 万亿千瓦·时；南非终端电力需求增长相对平缓，展望期内增长近 1.5 倍，2050 年约 0.6 万亿千瓦·时。

中国终端电力需求持续较快增长。在高能效情景下，中国电力需求持续较快增长，2035 年突破 10 万亿千瓦·时，2050 年约 14 万亿千瓦·时，展望期内年均增长 2.7%。

表 2-10　分地区终端电力需求变化（高能效情景）　　　　单位：万亿千瓦·时

地区 / 国家	2000	2016	2025	2035	2050	2016－2050	
						变化量	年均增速（%）
北美	4.6	4.9	5.8	7.3	10.0	5.1	2.0
美国	3.9	4.1	4.8	5.9	8.0	3.8	1.9
中南美	0.7	1.1	1.4	1.9	3.4	2.3	3.3
巴西	0.3	0.5	0.7	0.9	1.7	1.2	3.4
欧洲	4.3	5.0	5.7	7.2	10.2	5.2	2.1
欧盟	2.8	2.9	3.3	4.0	5.5	2.5	1.7
英国	0.4	0.3	0.3	0.4	0.6	0.3	1.7
法国	0.4	0.5	0.5	0.6	0.8	0.3	1.5
德国	0.5	0.6	0.7	0.8	1.1	0.6	2.0
俄罗斯	0.8	1.0	1.2	1.7	2.5	1.6	2.8
亚太	3.9	10.3	13.6	18.7	28.0	17.7	3.0
中国	1.3	5.8	7.9	10.4	14.0	8.1	2.7
印度	0.4	1.2	2.0	3.4	7.0	5.7	5.3

地区／国家	2000	2016	2025	2035	2050	2016－2050	
						变化量	年均增速（%）
日本	1.1	1.0	1.0	1.1	1.3	0.3	0.8
韩国	0.3	0.5	0.6	0.7	0.9	0.4	1.6
中东	0.3	0.9	1.4	2.3	4.4	3.5	4.6
非洲	0.4	0.7	1.1	2.0	4.4	3.8	5.6
南非	0.2	0.2	0.3	0.4	0.6	0.3	2.6
世界	14.2	22.9	29.1	39.4	60.5	37.6	2.9

全球发电装机增长的约一半来自亚太地区。在高能效情景下，亚太发电装机 2050 年增至约 113 亿千瓦，约贡献展望期内全球发电装机增量的 47%；欧洲、北美发电装机 2050 年分别增至 43 亿、41 亿千瓦，贡献率分别为 16%、15%；非洲、中东、中南美 2050 年发电装机分别增至 18 亿、16 亿、14 亿千瓦，贡献率分别为 9%、7%、6%。

各国发电装机普遍大幅增长。在高能效情景下，美国发电装机 2050 年增至约 32 亿千瓦，增长约 2 倍；2050 年英国、法国、德国发电装机分别约为 2 亿、4 亿、6 亿千瓦；俄罗斯发电装机增至约 12 亿千瓦，增长约 3.6 倍；日本发电装机平缓增长，2050 年约 5 亿千瓦，增幅约 40%；韩国发电装机 2050 年约 4 亿千瓦，增长约 2.6 倍；印度 2050 年发电装机约 29 亿千瓦，增长约 8 倍，是仅次于中国、美国之后的全球第三大发电装机国；巴西发电装机增长约 3 倍，2050 年约 6 亿千瓦。

中国发电装机持续较快增长。在高能效情景下，中国发电装机持续较快增长，2050 年达 56 亿千瓦，较展望初期增长 2.5 倍。

表 2-11　分地区发电装机变化（高能效情景）　　　　　单位：亿千瓦

地区／国家	2000	2016	2025	2035	2050	2016－2050	
						变化量	年均增速（%）
北美	10	14	20	27	41	27	3.2
美国	9	12	16	22	32	20	3.0
中南美	2	3	4	7	14	11	4.4
巴西	1	2	2	3	6	5	4.2
欧洲	11	15	20	28	43	29	3.3
欧盟	6	10	12	15	22	12	2.4
英国	1	1	1	2	2	2	3.1
法国	1	1	2	3	4	3	3.3
德国	1	2	3	4	6	4	3.3
俄罗斯	2	3	4	7	12	9	4.6
亚太	10	29	44	69	113	85	4.1
中国	3	16	24	37	56	40	3.7
印度	1	3	7	13	29	26	6.7
日本	3	3	4	4	5	1	1.0

地区/国家	2000	2016	2025	2035	2050	2016-2050 变化量	2016-2050 年均增速（%）
韩国	0	1	2	3	4	3	3.8
中东	1	3	4	8	16	14	5.5
非洲	1	2	3	7	18	16	7.1
南非	0	1	1	1	2	1	3.9
世界	34	65	96	146	246	181	4.0

3. 分品种

全球发电结构向清洁低碳不断迈进。在高能效情景下，化石能源发电量占总发电量的比重由展望初期的约 2/3 降至 2050 年的约 1/3，其中燃煤发电占比从展望初期的约 40% 降至 2050 年的约 12%，燃油发电在绝大部分地区逐步退出历史舞台，燃气发电占比持续降至 2050 年的约 17%；非化石能源发电对化石能源发电形成有力替代，2030-2035 年间占比超过 50%，2050 年接近 70%。在自主减排情景下，化石能源发电量占总发电量的比重由展望初期的约 2/3 降至 2050 年的约 2/5，2050 年燃煤、燃气发电量占比分别约 15%、20%；非化石能源发电量占比在 2035 年前后超过 50%，2050 年超过 60%。在 2℃情景下，化石能源发电量占比 2050 年进一步降至不足总发电量的 10%，非化石能源发电量占比超过 90%。

表 2-12　分情景全球发电量分品种结构　　　　　　　　　　　　　单位：%

类别	自主减排情景 2025	自主减排情景 2035	自主减排情景 2050	高能效情景 2025	高能效情景 2035	高能效情景 2050	2℃情景 2025	2℃情景 2035	2℃情景 2050
煤	35	27	15	32	23	12	30	18	5
油	3	2	2	3	2	2	2	1	0
气	24	23	20	23	21	17	19	11	3
水	16	14	11	15	13	10	15	13	6
核	9	8	7	9	8	6	10	9	6
风	8	13	21	10	16	25	13	21	38
光	3	9	21	5	14	26	8	24	37
生物质及其他	3	3	4	2	3	3	3	4	4

可再生能源发电大幅增长，占总发电量的比重在 55% 以上，贡献发电量增长的 70% 以上。

在高能效情景下，电力清洁转型加快，2050 年可再生能源发电占总发电量的比重约 63%，对总发电量增量的贡献率约 84%。在自主减排情景下，2050 年可再生能源发电占比约 57%，较展望初期高约 33 个百分点，对总发电量增量的贡献率约 77%。在 2℃情景下，2050 年可再生能源发电占比约 87%，全部发电增量均由可再生能源提供，而化石能源发电占比降至 8% 左右。

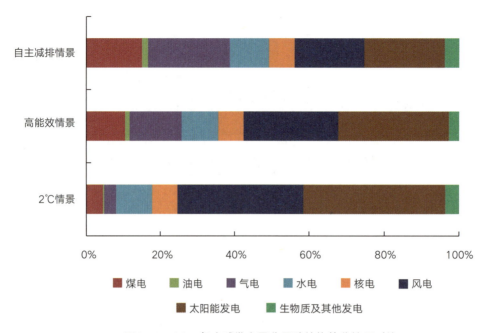

图2-19　2050年全球发电量分品种结构的分情景对比

（四）碳排放

全球能源相关碳排放在展望期内达峰下行。在高能效情景下，全球能源相关碳排放在 2025 年后持续下行，2050 年约 263 亿吨，"碳预算"用尽的时间在 2040－2045 年间，无法实现全球应对气候变化的既定目标。在自主减排情景下，全球能源相关碳排放在 2035 年前后达峰，峰值约 396 亿吨，之后平缓下行，2050 年约 366 亿吨，在 2035－2040 年间便把可将全球平均温升控制在 2℃以内的"碳预算"用尽。在 2℃情景下，全球能源相关碳排放提前快速下降，但仍需依赖碳捕捉、利用与封存技术（CCUS）减少绝对碳排放量，才能有望将至 2050 年的累计排放控制在"碳预算"以内，2050 年约 99 亿吨。

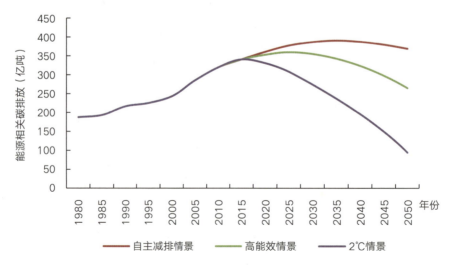

图2-20　1980－2050年全球能源相关碳排放分情景展望结果

燃煤碳排放约在 2025 年后开始下降，燃油碳排放约在 2030 年后开始下降，燃气碳排放约在 2035 年进入平台期。 在高能效情景下，燃煤碳排放约在 2025 年后开始下降，峰值约 150 亿吨，占总排放的比重由展望初期的约 45% 降至 2050 年的约 30%；燃油碳排放在 2030 年后开始下降，峰值约 140 亿吨，但占总排放比重由 36% 持续增长至 40%；燃气碳排放 2035 年进入峰值平台期，约 80 亿吨，占比持续上升，2050 年约 31%。与高能效情景相比，自主减排情景下燃煤碳排放达峰时间推迟至 2030 年左右，燃油碳排放达峰时间推迟至 2040 年左右，燃气碳排放持续增长。

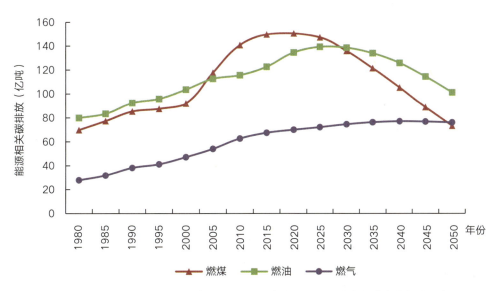

图2-21　1980－2050年全球能源相关碳排放分品种变化（高能效情景）

交通运输、化石燃料发电、非能利用是全球碳排放增长的重点领域。 在高能效情景下，受用能结构深度调整影响，工业生产相关的碳排放 2030 年前处于波动平台期，之后持续下降，2050 年约 37 亿吨，较展望初期下降约 30%；受交通电气化快速推进影响，交通运输相关的碳排放在 2035 年左右达峰，峰值约 92 亿吨，2050 年降至约 81 亿吨，与展望初期基本相当；因化石能源发电大规模安装碳封存装置，以及发电用能中清洁能源比例不断提高，发电相关的碳排放在 2025 年左右达峰，峰值约 111 亿吨，之后稳步下降，2050 年约 88 亿吨，较展望初期下降近两成；其他加工转换环节碳排放大幅下降，降幅约 55%；居民、商业、其他相关碳排放均不同程度下降，降幅分别为 33%、40%、33%；受化工产品需求持续增长，非能利用相关碳排放达峰时间在 2025－2030 年间，2050 年较展望初期下降约 1/4。

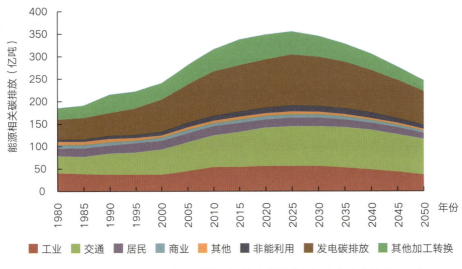

图2-22　1980—2050年全球能源相关碳排放分部门变化（高能效情景）

北美、欧洲、亚太地区碳排放不同程度下降。在高能效情景下，北美、欧洲能源相关碳排放持续下降，其中美国下降近六成，欧盟下降近七成；亚太能源相关碳排放先升后降，峰值出现在2025年左右，约187亿吨，之后平缓下降，2050年较峰值下降约1/3，其中中国在2025年前实现碳排放达峰，较自主减排承诺提前5年，峰值约108亿吨，2050年降至约51亿吨，而印度能源相关碳排放持续增长，2035—2040年间超越美国成为世界碳排放第二大国，2050年约37亿吨，日本、韩国能源相关碳排放分别下降约65%、45%；非洲2050年能源相关碳排放约23亿吨，增长约85%；中南美能源相关碳排放略低于展望初期水平；中东能源相关碳排放增长约1/3，2050年约25亿吨。

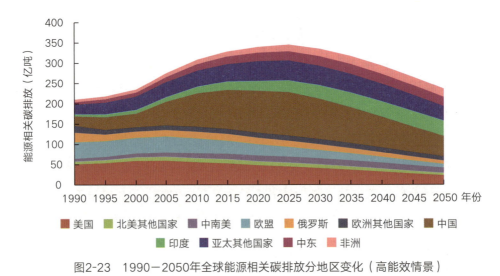

图2-23　1990—2050年全球能源相关碳排放分地区变化（高能效情景）

（五）能源经济指标

1. 人均能源电力需求

人均能源需求有所下降，人均电力需求持续增长。在高能效情景下，2050年全球人均能源需求约 2.4 吨标准煤，较展望初期下降约 10%；全球人均电力需求持续增长，2050 年约 6260 千瓦·时，较展望初期翻番。在自主减排情景下，全球人均能源需求基本稳定，保持在 2.7 吨标准煤的水平；2050 年全球人均电力需求约 5900 千瓦·时，较展望初期增长近九成。在 2℃情景下，2050 年人均能源需求约 2.0 吨标准煤，人均用电需求约 6700 千瓦·时。

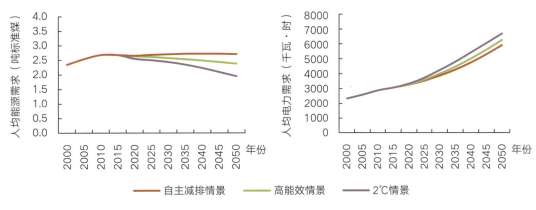

图2-24　人均能源需求、人均电力需求的分情景对比

发达国家人均能源需求普遍下降，新兴市场国家人均能源需求普遍上升。在高能效情景下，北美、欧洲人均能源需求较自主减排情景进一步下降，其中美国、欧盟降幅接近 1/3，2050 年分别为 6.4、3.6 吨标准煤，俄罗斯降幅约 10%，2050 年为 6.4 吨标准煤；亚太人均能源需求增长明显放缓，仅增长 10%，其中中国人均能源需求在 2030 年左右达峰，峰值约 3.7 吨标准煤，之后平缓下降，2050 年约 3.3 吨标准煤，约为全球平均水平的 1.4 倍，印度人均能源需求增长约 80%，2050 年约为 1.7 吨标准煤，约为全球平均水平的 70%，日本、韩国分别下降约 26%、16%，2050 年分别约为 3.6、6.5 吨标准煤。

图2-25　2016/2050年主要国家及地区人均能源需求对比（高能效情景）

各国人均用电量普遍上涨，亚太地区仍略低于全球平均水平。在高能效情景下，区域及国家层面的人均用电量普遍上涨。2050 年，北美约为全球平均水平的 2.6 倍，美国人均水平由 1.3 万千瓦·时增至 2.0 万千瓦·时；欧洲约为全球平均水平的 1.7 倍，其中欧盟国家平均水平约 1.1

万千瓦·时，英国、法国、德国 2050 年人均用电量分别约 0.9 万、1.2 万、1.4 万千瓦·时；亚太 2050 年约为全球平均水平的 90%，其中中国人均约 1 万千瓦·时，略低于欧盟国家平均水平，印度人均约 4100 千瓦·时，约为全球平均水平的 2/3，日本、韩国人均分别约 1.2 万、1.8 万千瓦·时；中南美和非洲人均用电量较低，中南美人均约 5300 千瓦·时，约为全球平均水平的 85%，非洲人均约 1900 千瓦·时，仅约为全球平均水平的 30%。

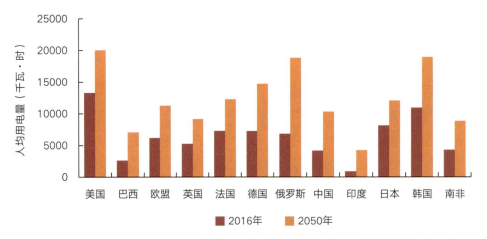

图2-26　2016/2050年主要国家及地区人均用电量对比（高能效情景）

2. 能源电力消费强度

能源消费强度不断下降，电力消费强度总体稳定。在高能效情景下，2050 年全球能源消费强度约 1.1 吨标准煤 / 万美元，较展望初期下降约 55%；全球电力消费强度约 3000 千瓦·时 / 万美元。在自主减排情景下，全球能源消费强度持续降至 2050 年的约 1.3 吨标准煤 / 万美元，展望期内降幅约 50%；全球电力消费强度虽有波动但总体稳定，2050 年约 2800 千瓦·时 / 万美元。在 2℃情景下，2050 年全球能源消费强度约 0.9 吨标准煤 / 万美元，全球电力消费强度约 3200 千瓦·时 / 万美元。

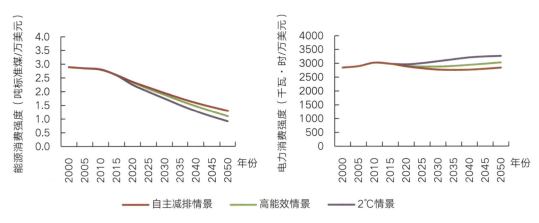

图2-27　能源消费强度、电力消费强度的分情景对比

3. 能源电力碳强度

能源消费碳强度稳步下降，电力生产碳强度降幅更大。 在高能效情景下，全球能源消费碳强度稳步下降，2050年约1.3吨/吨标准煤，较展望初期下降约30%；2050年全球电力生产碳强度约162克/（千瓦·时），较展望初期下降近六成。在自主减排情景下，2050年全球能源消费碳强度约1.4吨/吨标准煤，较展望初期下降约20%；2050全球电力生产碳强度约205克/（千瓦·时），较展望初期降幅超过50%。在2℃情景下，2050年全球能源消费碳强度约0.9吨/吨标准煤，较展望初期下降近五成；全球电力生产碳强度约42克/（千瓦·时），较展望初期下降超九成。

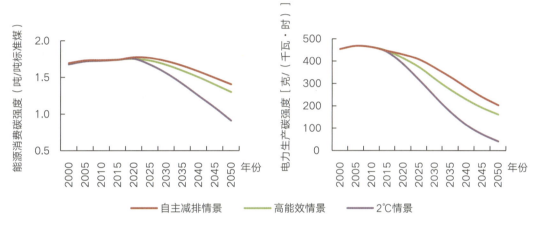

图2-28　能源消费碳强度、电力生产碳强度的分情景对比

四、分品种展望

（一）一次能源

1. 分品种

煤炭在未来十年内率先达峰。在高能效情景下，全球煤炭需求目前已经处于平台波动期，2025 年后持续下行，峰值约 56 亿吨标准煤，2050 年较展望初期下降约 40%，主要受欧洲多国弃煤减煤、中国持续减量调控等因素综合影响；占一次能源需求的比重较快下降，2050 年约15%。在自主减排情景下，全球煤炭需求在 2025 年左右达峰，峰值约 60 亿吨标准煤，2050 年较展望初期下降约 20%，主要是印度等发展中国家尚对煤炭有一定依赖。但无论哪种情景，煤炭均是最早达峰的化石能源。在 2℃情景下，全球煤炭需求在展望初期迅即下行。

石油达峰时间受交通电气化影响较大。在高能效情景下，石油需求在 2030 年左右达峰，峰值约 68 亿吨标准煤，主要是交通电气化进程迅速推进，2050 年需求规模略低于展望初期；占一次能源需求的比重平缓下降，2050 年约 26%。在自主减排情景下，石油需求在 2040 年左右达峰，峰值约 75 亿吨标准煤，2050 年较展望期内增长约 20%，主要是发展中国家交通运输和原料利用需求较快增长，短期内仍然无法轻易替代，增长主要来源于亚太、非洲等地区，欧美石油需求均出现不同程度的下降。在 2℃情景下，石油需求在 2020－2025 年间达峰，主要由更大力度的交通电气化进程决定。

天然气达峰时间最晚，主要是发电利用、居民消费潜力巨大。在高能效情景下，天然气在2035 年后进入平台期，约 51 亿吨标准煤，2050 年较展望初期增长约 10%，主要是新能源发电在发电侧的竞争力不断增强以及电能在消费侧对天然气形成有力替代；占比基本持平，2050 年约22%。在自主减排情景下，天然气需求持续增长，2050 年约 62 亿吨标准煤，展望期内增幅超过50%，对一次能源需求增长的贡献率为 30%，主要受非常规天然气资源的丰富储量及较低开发成本推动，液化天然气贸易规模快速攀升带动了各部门天然气利用普遍增长。在 2℃情景下，全球天然气需求在展望初期立即下行。

非水可再生能源持续增长，是满足能源需求增量的主力。在高能效情景下，展望期内非水可再生能源增长约 2 倍，年均增长 3.2%，对一次能源需求增长的贡献率为 114%，是满足全球一次能源需求增量的主力。在自主减排情景下，展望期内非水可再生能源增长约 1.7 倍，年均增长2.8%，对一次能源需求增长的贡献率为 51%。

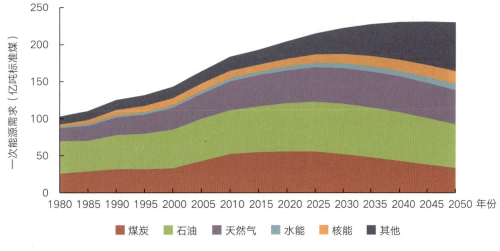

图2-29　1980－2050年全球一次能源需求分品种变化（高能效情景）

图2-30　1980－2050年全球一次能源需求分品种结构（高能效情景）

2. 分地区

　　发达国家能源转型进程较快，而巴西、印度、南非等国转型步伐较慢。在高能效情景下，北美、欧洲、亚太 2050 年非水可再生能源占一次能源需求的比重与全球平均水平相差不大；中南美、非洲明显偏高，主要受传统生物质能规模较大影响；中东最低，主要受廉价而丰富的油气资源影响。对比主要国家，2050 年美国一次能源需求中石油占比降至 25%，天然气占比降至 28%，非水可再生能源占比约 26%；欧盟化石能源占比下降近 30 个百分点，非水可再生能源占比迅猛提升，2050 年约 42%；日本实现核能振兴，2050 年核能占比约 14%，非水可再生能源占比升至 18% 左右；韩国化石能源占比依旧维持在 70% 以上，核能占比的下降被非水可再生能源替代；巴西、印度、南非等国化石能源占比不同程度下降，传统生物质能逐步被现代可再生能源替代。

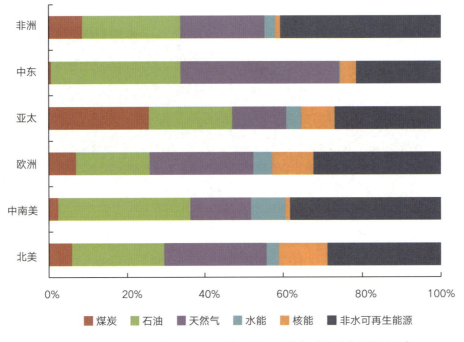

图2-31　2050年分地区一次能源分品种结构对比（高能效情景）

中国实现 2050 年非化石能源占比超过一半的国家目标。在高能效情景下，中国逐渐摆脱对煤炭的绝对依赖，其占比稳步降至 2050 年的 27%；石油占比略有下降，2050 年约 16%；天然气占比稳步提升，2050 年约为 12%；水能占比小幅增长，2050 年约 5%；核能、非水可再生能源占比大幅提高，2050 年分别约 12%、28%。按发电煤耗法计算，2050 年非化石能源占一次能源需求的比重约 64%，远高于 50% 的国家目标。在自主减排情景下，2050 年煤炭占比约 29%，石油占比约 18%，与展望初期基本相当，天然气占比 15%，水能、核能、非水可再生能源占比分别约 4%、10%、24%；按发电煤耗法计算，2050 年非化石能源占比约 58%。

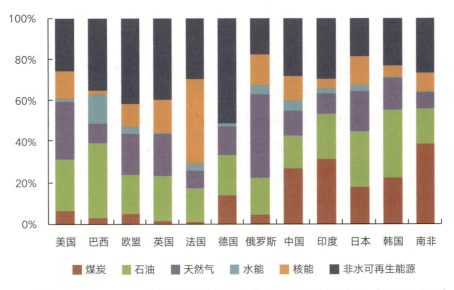

图2-32　2016/2050年主要国家及地区一次能源分品种结构对比（高能效情景）

（二）电力生产

1. 发电量

非化石能源发电占比大幅提升，2030—2035 年间超过 50%。 在高能效情景下，全球发电量 2050 年增至约 69 万亿千瓦·时，其中化石能源发电量占总发电量的比重由展望初期的约 2/3 降至 2050 年的约 1/3；在减排降污目标导引下，更多国家做出弃煤或减煤的行动计划，燃煤发电占比从展望初期的约 40% 降至 2050 年的约 12%；燃油发电在绝大部分地区逐步退出历史舞台，其占比从 3.5% 降至 1.6%；燃气发电占比持续下降，2050 年约 17%；非化石能源发电对化石能源发电形成有力替代，2030—2035 年间占比超过 50%，2050 年接近 70%。在自主减排情景下，化石能源发电量占总发电量的比重由展望初期的约 2/3 降至 2050 年的约 2/5；2050 年燃煤、燃气发电量占比分别约 15%、20%；非化石能源发电占比在 2035 年前后超过 50%，2050 年超过 60%。

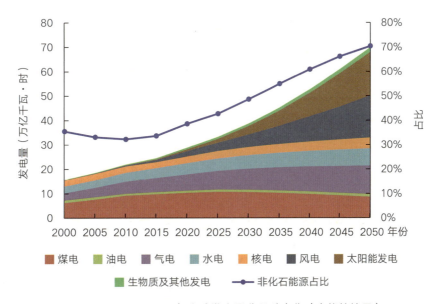

图2-33 2000—2050年全球发电量分品种变化（高能效情景）

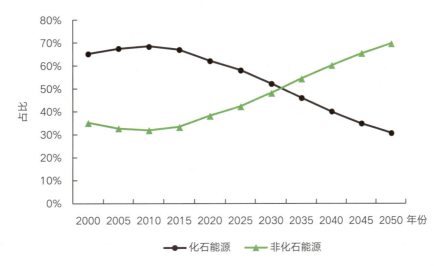

图2-34 2000—2050年化石能源/非化石能源发电量占比变化（高能效情景）

中东、俄罗斯等油气资源富集地区可再生能源发电占比相对较低。在高能效情景下，2050年北美、亚太可再生能源发电占总发电量的比重分别约64%、63%，与全球平均水平（63%）基本相当。中国、印度等国尽可能充分利用可再生能源满足迅速增长的电力需求，其可再生能源发电量占比有望分别达到69%、64%，其中印度对太阳能发电的倚重程度要高于中国。中南美可再生能源发电占比维持全球领先地位，巴西2050年约88%，较展望初期进一步提升。欧洲可再生能源占比稳健增长，2050年约65%，其中英国、法国、德国、俄罗斯分别约78%、67%、85%、57%，俄罗斯的较低水平受到可再生能源资源条件及开发难度的限制。中东可再生能源发电量占比较快上升，2050年约43%，但在各地区中仍处于最低水平。非洲可再生能源发电量占比平稳增长，2050年约59%，其中南非约53%，转型步伐相对较慢。

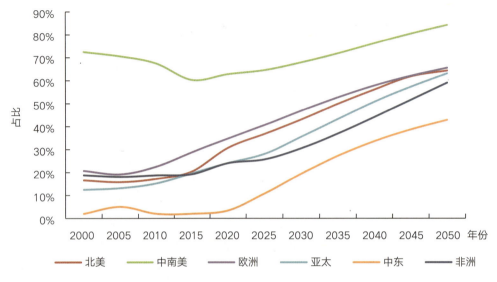

图2-35　2000－2050年分地区可再生能源发电量占比变化（高能效情景）

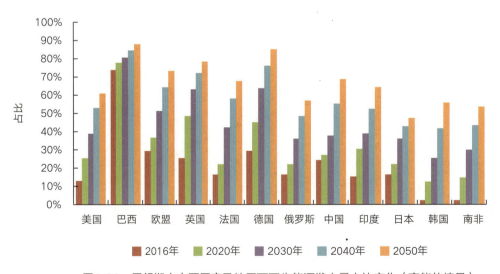

图2-36　展望期内主要国家及地区可再生能源发电量占比变化（高能效情景）

2050 年中国可再生能源发电量占比超过 60%。 在高能效情景下，中国 2050 年总发电量约 14.7 万亿千瓦·时，展望期内年均增长 2.8%。其中，煤电发电量约在 2025 年达峰，占总电量的比重由展望初期的约 2/3 降至 2050 年的 15%，燃气发电占比平稳增至 2050 年的 6%，水电占比缓降至 2050 年的 13%，核电增至 2050 年的 10%，可再生能源发电占比约 69%。

2. 发电装机

全球发电装机持续快速增长，可再生能源发电成为主力电源。 在高能效情景下，全球发电装机增长约 3 倍至 246 亿千瓦，年均增速为 4.0%。其中，化石能源发电装机占总装机的比重从展望初期的约 60% 降至 2050 年的 21%，燃煤发电占比从约 31% 降至约 8%，燃气发电占比从约 25% 降至约 12%；可再生能源发电装机 2050 年增至约 187 亿千瓦，占全球总装机的比重在 2025－2030 年间超过 50%，2050 年超过 75%。在自主减排情景下，2050 年可再生能源发电装机增至约 157 亿千瓦，占全球总装机的比重在 2030－2035 年间超过 50%，2050 年超过 70%。

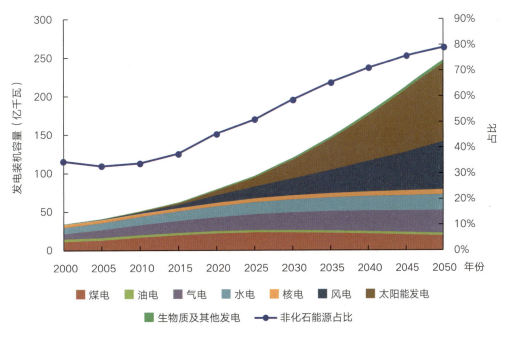

图2-37 2000－2050年全球发电装机分品种变化（高能效情景）

全球发电装机增长的约一半来自于亚太地区。 在高能效情景下，北美发电装机增长约 1.9 倍，对全球增长的贡献率约 15%，其中美国增长约 1.7 倍至 32 亿千瓦；中南美增长约 3.4 倍，对全球增长的贡献率约 6%；欧洲对全球增长的贡献率为 16%，其中欧盟装机增长 1.3 倍至 22 亿千瓦；亚太是全球发电装机增长的主力，增长约 3.0 倍至 2050 年的约 113 亿千瓦，对全球增长的贡献率约 47%；中国增长 2.5 倍至 56 亿千瓦，牢牢占据世界发电装机第一大国地位；印度增长约 8 倍至 2050 年的约 29 亿千瓦，装机增量持续扩大，2050 年装机规模仅次于中国、美国之后，位居世界第三；中东、非洲装机分别增至 16 亿、18 亿千瓦，对全球增长的贡献率分别为 7%、9%。

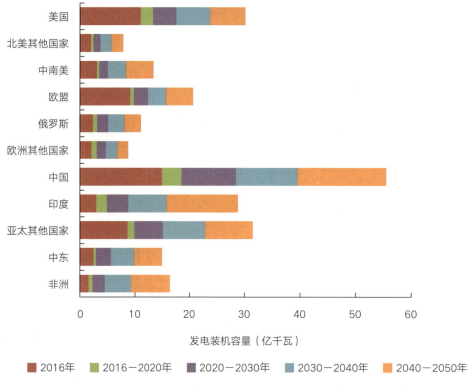

图2-38　2016－2050年全球发电装机分地区变化（高能效情景）

图例：2016年　2016－2020年　2020－2030年　2030－2040年　2040－2050年

2050 年中国新能源发电装机占比达到 65% 以上。 在高能效情景下，2050 年中国发电装机规模达 56 亿千瓦，较展望初期增长 2.5 倍。其中，2050 年煤电装机约 6.5 亿千瓦，气电装机约 2.5 亿千瓦，水电、核电分别约 5.4 亿、2.2 亿千瓦，新能源发电装机约 39 亿千瓦，占总发电装机的比重约为 70%。在自主减排情景下，2050 年中国发电装机约 53 亿千瓦，其中 2050 年煤电、气电装机分别约 7.2 亿、3.9 亿千瓦，水电、核电与高能效情景基本相当，新能源发电装机约 35 亿千瓦，占总发电装机的比重约为 65%。

3. 分品种装机

全球煤电装机达峰下行，北美、欧盟、中国等煤电大幅减少。 在高能效情景下，全球煤电装机在 2025 年左右达峰，峰值约 23 亿千瓦，之后平缓下降，2050 年约为 19 亿千瓦。其中，北美因廉价天然气丰富，欧盟因生态环保趋严，出现了明显的减煤倾向，2050 年煤电装机规模分别仅为当前水平的 41%、34% 左右；中国煤电装机在 2025 年左右达峰，峰值约 12.2 亿千瓦，此后大幅下降，2050 年约 6.5 亿千瓦；印度煤电装机持续增长，2050 年约 5 亿千瓦；中南美、中东煤炭资源匮乏，出现不同程度下降；2050 年非洲煤电装机约 0.6 亿千瓦，较展望初期增长约 40%，为满足快速增长的用电需求提供重要基础。在自主减排情景下，全球煤电装机 2050 年约

21 亿千瓦；中国煤电装机在 2025—2030 年间达峰，峰值约 12.5 亿千瓦，2050 年约 7.2 亿千瓦；印度 2050 年煤电装机约 6 亿千瓦。

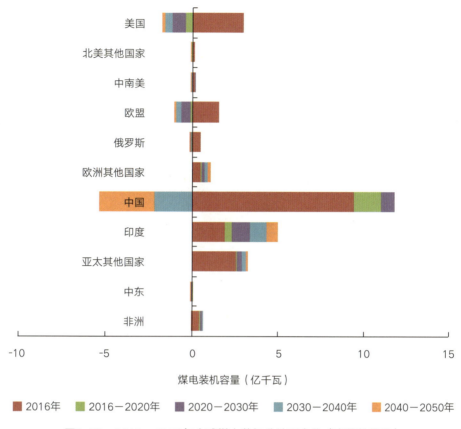

图2-39 2016—2050年全球煤电装机分地区变化（高能效情景）

全球燃油发电装机持续下降。在高能效情景下，全球燃油发电装机略有增长，2050 年约 3.2 亿千瓦，其中中东、非洲的合计增量约 5000 万千瓦，为保障电力供应、提高电力普及作出重要贡献；中南美基本持平；北美、欧洲、亚太燃油发电装机均出现大幅下降，分别约为展望初期的 46%、33%、77%。

全球燃气发电装机普遍增长。在高能效情景下，全球燃气发电装机增长 85% 至 30 亿千瓦，其中北美、中南美、欧洲、亚太、中东、非洲对增长的贡献率分别为 11%、3%、12%、30%、22%、22%。美国燃气发电装机增长约 22%，2050 年约 6.3 亿千瓦；欧洲燃气发电持续增长，2050 年约 5.7 亿千瓦；亚太燃气发电装机增至约 7.8 亿千瓦，其中中国、印度 2050 年分别约 2.5 亿、0.7 亿千瓦，分别贡献全球增长的 13%、3%；中东、非洲分别增长约 1.7、4 倍，2050 年分别约 4.8 亿、3.7 亿千瓦。

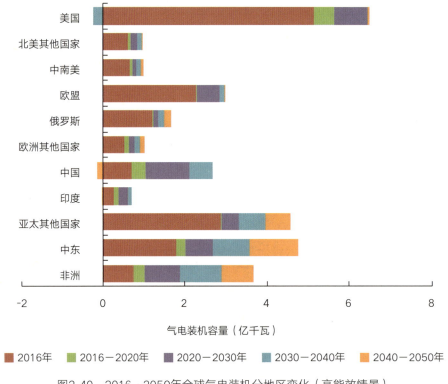

图2-40 2016－2050年全球气电装机分地区变化（高能效情景）

图例：
- 2016年
- 2016－2020年
- 2020－2030年
- 2030－2040年
- 2040－2050年

横轴：气电装机容量（亿千瓦）

纵轴类别：美国、北美其他国家、中南美、欧盟、俄罗斯、欧洲其他国家、中国、印度、亚太其他国家、中东、非洲

全球水电增长的最大来源是中国。 在高能效情景下，全球水电装机增长约 2/3 至 20 亿千瓦，其中亚太约贡献增量的 57%。预计 2050 年中国水电装机约 5.4 亿千瓦，贡献全球增量的 27%；印度水电装机约 1.5 亿千瓦，贡献全球增量的 13%；其他亚太地区装机约 2.9 亿千瓦，贡献全球增量的 17%。2050 年中南美水电增至 2.6 亿千瓦，贡献全球增量的 13%，其中巴西增至 1.7 亿千瓦，贡献全球增量的 10%。欧洲约贡献全球增量的 14%，但增量主要来自于俄罗斯（6%）及非欧盟以外的欧洲其他地区（6%）。非洲水电资源开发力度加大，展望期内增长近 2.4 倍至 1.1 亿千瓦，贡献全球增量的 10%。

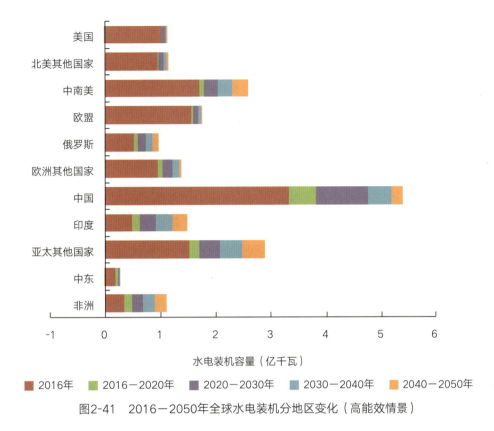

图2-41　2016－2050年全球水电装机分地区变化（高能效情景）

全球核电装机增长主要在中国和印度，欧盟出现明显下降。在高能效情景下，全球核电装机增长约 2/3 至 2050 年的 6.4 亿千瓦左右。中国将核电装备视为"中国制造"的拳头产品，保持对核电研发的持续投入与核电设施的持续建设，预计 2050 年中国核电装机增至 2.2 亿千瓦；印度核电装机增至 5300 万千瓦，贡献全球增量的 19%，是满足印度快速增长用电需求的又一重要力量；其他亚太地区核电装机持续减少，主要是日本、韩国等减少对退役核电的补充，2050 年分别约为展望初期水平的 65%、28%。北美核电装机保持平缓增长，其中美国 2050 年约 1.1 亿千瓦，较展望初期增长约 14%。以德国、法国为代表的欧洲多国提出了明确的弃核或减核政策，2050 年欧盟核电装机总规模较展望初期降幅超过 40%。

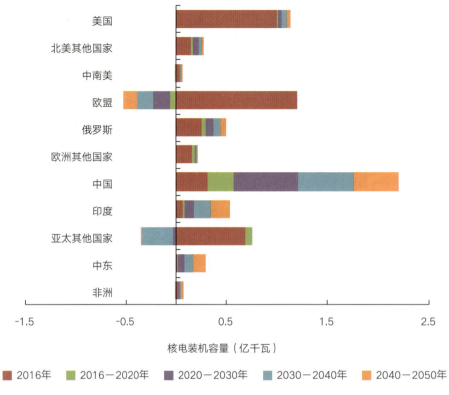

核电装机容量（亿千瓦）

■ 2016年　■ 2016－2020年　■ 2020－2030年　■ 2030－2040年　■ 2040－2050年

图2-42　2016－2050年全球核电装机分地区变化（高能效情景）

全球新能源发电装机占比大幅提升。在高能效情景下，2050年全球风电装机规模约61亿千瓦，约占2050年全球发电总装机的25%；2050年全球太阳能发电装机规模约102亿千瓦，约占2050年全球发电总装机的41%；2050年全球生物质及其他发电装机规模约4亿千瓦，约占2050年全球发电总装机的1.6%；三者合计占比提升超过55个百分点。

五、分部门展望

全球终端能源需求分部门结构变化不大，但电力需求分部门结构变化显著。以欧美为代表的发达国家能效持续提升带动各部门能源需求普遍下降，以中国为代表的发展中国家经济发展的重心不断向以商业服务和居民消费转移，以印度为代表的经济后发国家工业化进程稳步推进，三股趋势共同作用导致全球终端能源需求分部门结构变化不大。从终端能源需求看，高能效情景下2050年全球工业用能约47亿吨标准煤，占全球终端能源需求的比重较展望初期下降约1个百分点；交通用能约49亿吨标准煤，占全球的比重上升约0.7个百分点，主要受出行需求快速增长拉动；居民用能约38亿吨标准煤，占全球的比重上升约0.8个百分点，主要受生活水平持续提升拉动；商业、其他、非能利用分别约13亿、6亿、15亿吨标准煤，占全球的比重变化不大，与展望初期基本相当。从终端电力需求看，2050年工业用电约21.0万亿千瓦·时，占全球终端电力需求的比重较展望初期下降约7个百分点，2050年约35%；交通电气化发展势头强劲，交通用电约9.5万亿千瓦·时，占全球的比重升至16%，增幅约14个百分点；居民用电18.6万亿千瓦·时，占全球的比重提升约4个百分点，2050年约31%，主要是全球无电人口大规模减少、现代家用电器拥有率迅速提升；商业用电约8.4万亿千瓦·时，占全球的比重有所下降，降幅超过8个百分点。

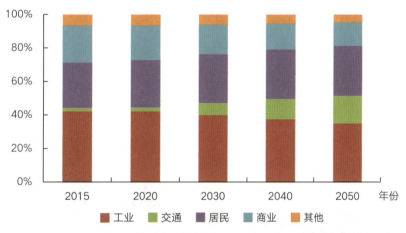

图2-43 展望期内终端电力需求分部门结构变化（高能效情景）

分地区经济结构调整带动分部门用能结构明显变化。在高能效情景下，北美工业、居民、商业用能占其终端用能总量的比重略有上升，交通用能占比下降，主要是燃油效率政策约束趋紧、电气化进程加速推进；中南美工业用能占比下降而交通用能占比上升，主要是出行需求较快增长；受交通领域严格的能效政策引导，欧洲交通用能占比下降超过3个百分点；受居民收入增加、生活水平提升影响，亚太交通用能占比提升接近4个百分点，居民用能占比提升约1个百分点，而下降主要来自于工业部门，降幅约5个百分点；中东地区油气出口从以原油为主向以油品为主过渡，非能利用占比大幅提升而工业用能占比下降，升幅与降幅基本相当；非洲居民消费用能占比降幅超过10个百分点，增长主要来自于工业、交通、商业，增幅分别约2、8、1个百分点。

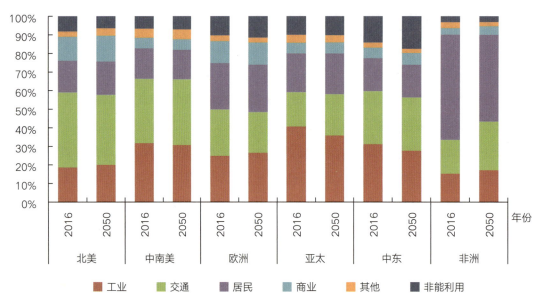

图2-44 2016/2050年终端能源需求分地区分部门结构对比（高能效情景）

（一）工业部门

经济全球化背景下，国际分工动态调整，产能转移梯次推进，世界整体工业化进程稳步向前，带动全球工业部门能源电力需求持续增长。在高能效情景下，展望期内全球工业用能需求增长20%至2050年的约47亿吨标准煤，年均增长0.5%，贡献总增量的24%；全球工业用电需求增长1.2倍至2050年的约21.0万亿千瓦·时，年均增长2.3%，贡献总增量的30%。

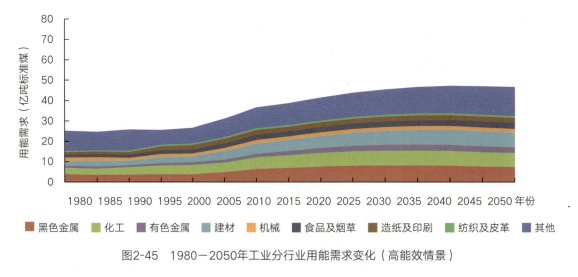

图2-45 1980－2050年工业分行业用能需求变化（高能效情景）

工业用电占比大幅提升，用煤占比持续下降。在高能效情景下，工业用能中煤炭的比重在展望期内持续下降，2050年约17%，较展望初期下降近13个百分点；石油、天然气占比略有下降，2050年分别约9%、16%；电能占比从展望初期的27%提升至2050年的50%，增幅约23个百分点，延续自2010年以来的快速提升态势。

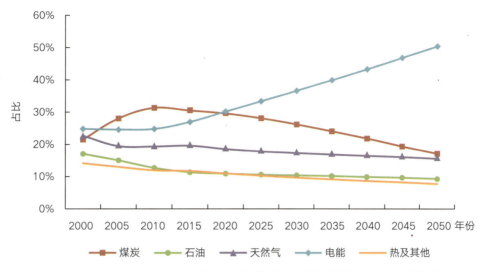

图2-46　2000－2050年全球工业部门终端用能分品种结构变化（高能效情景）

全球工业电气化水平普遍大幅提升。在高能效情景下，展望期内各地区工业电气化水平较展望初期普遍大幅提升，北美、欧洲分别约51%、52%；亚太约49%，略低于全球平均水平。对比主要国家，2050年韩国、德国、法国等工业电气化水平有望超过60%，与其工业自动化、信息化水平较高有关；中国工业电气化水平约54%；印度受经济发展阶段及增长不确定性影响，工业电气化水平或在40%左右，在主要国家中处于较低水平。

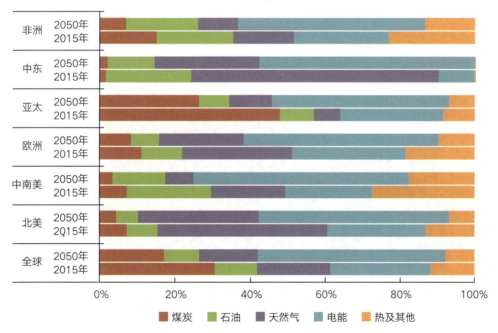

图2-47　2015/2050年分地区工业用能分品种结构对比（高能效情景）

中国工业电气化水平大幅提升，煤炭占比明显下降。中国工业化、信息化、自动化与智能化稳步推进，高能效情景下2050年工业电气化水平约54%，在主要国家中处于较高水平；用煤占比由展望初期的55%降至2050年的25%；用气占比由4%升至2050年的12%。在自主减排情景下，2050年用电、用煤、用气比重分别为46%、30%、12%。

图2-48　2015/2050年主要国家及地区工业电气化水平对比（高能效情景）

（二）交通部门

经济社会发展、生活水平提升是拉动出行需求增长的主要动力；受成本下降、政策支持以及自动驾驶、共享汽车等新技术新模式蓬勃发展的共同影响，电气化是未来交通发展的重大趋势。在高能效情景下，展望期内全球交通用能需求增长 28% 至 2050 年的约 49 亿吨标准煤，年均增长 0.7%，贡献总增量的 32%；全球交通用电需求增长近 20 倍至 9.5 万亿千瓦·时，年均增长 9.0%，贡献总增量的 24%。

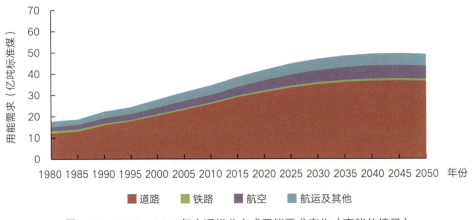

图2-49　1980－2050年交通细分方式用能需求变化（高能效情景）

交通电气化水平大幅度提升，主要由道路和铁路交通方式拉动。在全球层面，交通用电占其终端用能总量的比重（交通电气化水平）从展望初期的约 1% 升至 2050 年的约 21%，大幅提升约 20 个百分点；交通用油比重从展望初期的 92% 降至 2050 年的约 73%，降幅主要被电力替代；交通用气比重小幅提升约 1 个百分点至 4.5% 左右，增长主要来自于燃气汽车及燃气轮船，但受资源、政策、技术、成本等多重因素限制，未来发展规模较小。分交通方式看，道路交通电气化水平由几乎为零升至 26% 左右，铁路交通电气化水平由 39% 左右升至 81% 左右，航空、航运等交通方式电气化水平提升有限，2050 年分别为 3%、4%。

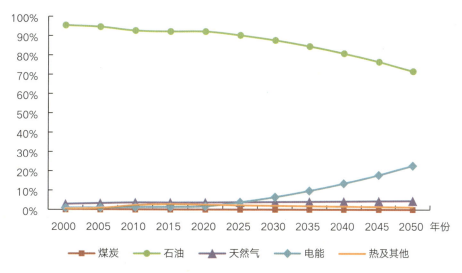

图2-50　2000—2050年全球交通部门终端用能分品种结构变化（高能效情景）

交通电气化水平普遍提升。分地区看，北美、欧洲最高，分别约为 29%、31%；亚太、中东次之，分别为 25%、25%，其中中东主要受丰富而廉价的油气资源牵制；中南美、非洲交通电气化水平分别约 16%、15%。对比主要国家，2050 年日本交通电气化水平有望达到 41%；欧盟交通电气化水平达到 40%，其中英国、法国、德国约为 45%，与其雄厚的汽车工业基础及严格的燃料效率标准有关；中国交通电气化水平约为 35%；美国、俄罗斯交通电气化水平 2050 年分别约为 29%、29%，与丰富油气资源有关；南非、巴西的交通电气化支持政策尚不明朗，2050 年电气化水平在主要国家中处于较低水平。

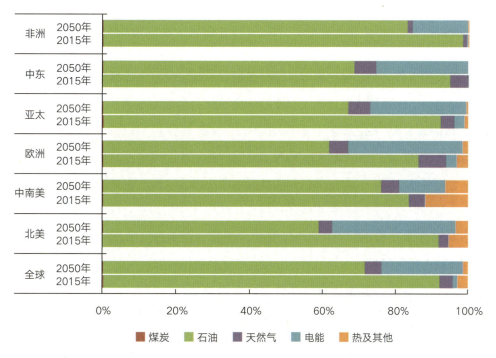

图2-51　2015/2050年分地区交通用能分品种结构对比（高能效情景）

中国交通电气化水平将处世界较高水平。中国政府谋求通过交通电动化实现汽车工业的"弯道超车"，同时减少尾气排放以助力污染治理，其勃勃雄心与宏大实践有望推动交通电气化水平至23%~32%，处于世界较高水平。交通用气主要用在公共汽车、出租车、货运卡车等，占交通用能的比重略有增长，在两情景下2050年均为8%左右。

图2-52 2015/2050年主要国家及地区交通电气化水平对比（高能效情景）

电动汽车用电需求随道路交通电气化水平迅速提升。2025年左右电动汽车的经济性将超越传统燃油车，并逐步实现对传统燃油车从"增量替代"到"存量替代"的转变。在高能效情景下，预计2050年全球电动汽车保有量有望接近13亿辆，占汽车总保有量的约一半，远高于自主减排情景预期水平（2050年约8亿辆，占比约1/3）；预计2050年全球电动汽车用电需求约8.5万亿千瓦·时，占当年全球用电需求的14%左右。

（三）建筑部门

受无电人口规模大幅减少、现代家用电器普及推广、传统生物质能减量消费等因素影响，居民电气化水平大幅提升。在高能效情景下，展望期内全球居民用能需求增长29%至2050年的约38亿吨标准煤，年均增长0.7%，贡献总增量的26%；全球居民用电需求增长2倍至18.6万亿千瓦·时，年均增长3.3%，贡献总增量的33%。分品种看，居民用电占其终端用能总量的比重（居民电气化水平）有望从23%升至约55%；热及其他占比迅速下降，主要是传统生物质能大量被现代能源所取代。分地区看，除非洲外其他各区居民电气化水平均超过全球平均水平；非洲2050年居民电气化水平约31%，较展望初期的5%有巨大提升，但传统生物质等非现代能源仍在取暖、做饭、制热等领域占据一定份额。

在能效标准强制执行、便捷需求日益提高、智能设备广泛互联等因素的带动下，商业电气化水平进一步提升。在高能效情景下，展望期内全球商业用能需求增长18%至2050年的约13亿吨标准煤，年均增长0.5%，贡献总增量的6%；全球商业用电需求增长0.7倍至8.4万亿千瓦·时，年均增长1.5%，贡献总增量的9%；电能占全球商业用能需求的比重（商业电气化水平）有望从51%提升至约73%，其他能源品种占比均出现不同程度下降，各洲普遍出现大幅提升。

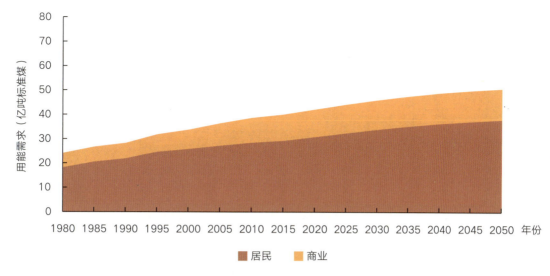

图2-53　1980－2050年居民、商业用能需求变化（高能效情景）

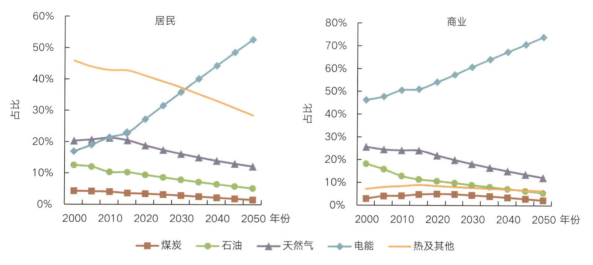

图2-54　2000－2050年居民、商业终端用能分品种结构变化（高能效情景）

居民电气化水平普遍处于 60%~80% 区间，中国接近 70%。 从居民电气化水平看，主要国家普遍大幅提升，多在 60%~80% 范围内；中国城市化进程稳步推进，居民电气化水平有望接近 70%，主要是现代电器规模推广、智能家居蓬勃发展；印度居民电气化水平较低，约 55%，主要受电力普及程度、电网供应能力等多方面因素影响。

图2-55　2015/2050年主要国家及地区居民电气化水平对比（高能效情景）

商业电气化水平普遍处于 70%~80% 区间，中国约 75%。从商业电气化水平看，巴西商业电气化水平最高，从展望初期的 92% 进一步提升至 2050 年的 95%，处于绝对领先地位；多数主要国家处于 70%~80% 范围内；中国约 75%，商业仍是中国电气化水平最高的部门；印度较低，约 60%。

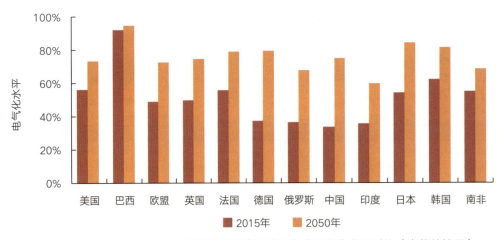

图2-56　2015/2050年主要国家及地区商业电气化水平对比（高能效情景）

（四）非能利用

经济发展与人口增长对塑料制品、化工原料的需求稳步增加，带动非能利用规模持续增长。在高能效情景下，展望期内全球非能利用能源需求增长 27% 至 2050 年的约 15 亿吨标准煤，贡献总增量的 10%。其中，原料利用增长约 34%，2050 年约 11 亿吨标准煤，包括润滑油、沥青等，主要是目前技术条件下其用能需求还难以被其他能源替代；其他非能利用能源需求仅增长约 11%。

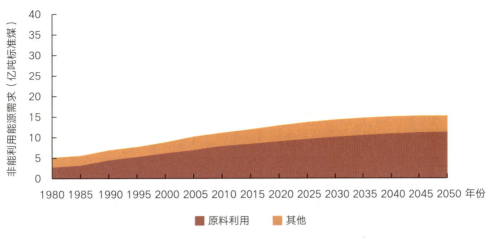

图2-57　1980－2050年非能利用能源需求变化（高能效情景）

天然气在非能利用能源需求中的比重普遍提升，而煤炭占比基本稳定。受化学合成技术的进步以及天然气资源的低成本开采推动，天然气在非能利用能源需求中的比重有所提升，从展望初期的约 19% 提升至 2050 年的约 27%；石油占比降至约 66%，较展望初期下降近 8 个百分点，原油直接制化工产品受到低价天然气资源的冲击；煤炭占比基本稳定，保持在 7% 左右。

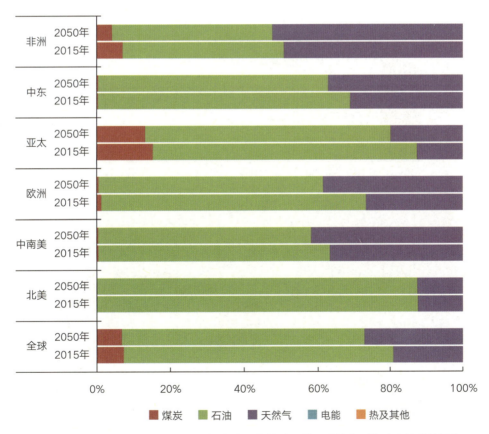

图2-58　2015/2050年分地区非能利用分品种结构对比（高能效情景）

六、分地区展望

全球能源电力需求增长主要来源于亚太地区。 在高能效情景下，展望期内亚太约贡献全球一次能源需求增量的 70%，约贡献全球终端电力需求增量的 48%；非洲、中东、中南美对全球一次能源需求增量的贡献率分别为 23%、25%、10%，对全球终端电力需求增量的贡献率分别约 10%、9%、6%；欧洲、北美对全球一次能源需求增量的贡献率为负，对电力需求增量的贡献率分别为14%、13%。

亚太、中南美、非洲等发展中国家聚集地区的能源电力需求占比较快提升，北美、欧洲等发达国家聚集地区的能源电力需求占比稳步下降。 在高能效情景下，亚太占全球一次能源需求的比重增至 2050 年的约 46%；中南美占比小幅增长，2050 年约 6%；中东、非洲占比 2050 年分别约8%、8%，增幅约 2 个百分点；欧洲、北美占比大幅下降，2050 年分别约 15%、14%。从终端电力需求看，亚太占全球终端电力需求的比重增至 2050 年的约 46%；北美、欧洲占比分别降至2050 年的约 17%、17%；非洲、中东、中南美占比小幅上升，2050 年分别约 7%、7%、6%。

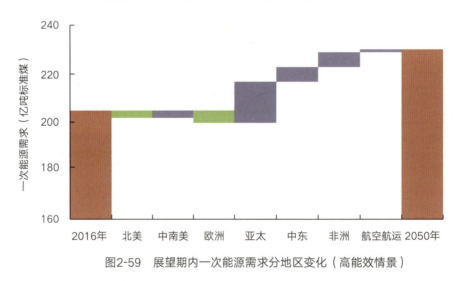

图2-59　展望期内一次能源需求分地区变化（高能效情景）

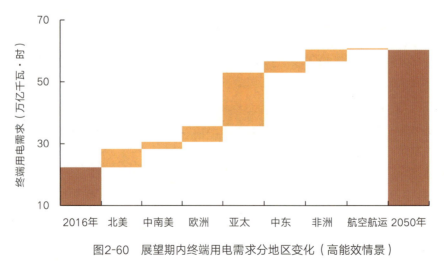

图2-60　展望期内终端用电需求分地区变化（高能效情景）

（一）北美

北美地区能源需求持续平缓下降，能源转型带动 CO_2 排放大幅下降。 在高能效情景下，北美一次能源需求在展望期内持续平缓下降，2050 年约为 33 亿吨标准煤，其中可再生能源占比由 8% 升至 29%；终端能源需求绝对规模较展望初期小幅下降，其中终端电能占比升至 47%，较展望初期提高约 26 个百分点；终端电力需求增至 10.0 万亿千瓦·时，年均增速为 2.0%；发电装机规模增至约 41 亿千瓦，增长约 2.0 倍，年均增长 3.1%，其中非化石能源发电装机占比由 32% 增至 78%；能源消费产生的 CO_2 排放由展望初期的约 63 亿吨降至 2050 年的约 28 亿吨，降幅为 55%，年均下降 2.3%。

美国一次与终端能源需求均呈平稳下降态势，CO_2 排放下降近六成。 在高能效情景下，美国一次能源需求在展望期内平缓下降，由展望初期的 31 亿吨标准煤降至 2050 年的约 26 亿吨标准煤，年均下降 0.5%，其中可再生能源占比由 7% 升至 27%；终端能源需求同样负增长，年均下降 0.4%，绝对规模较展望初期下降约 12%，其中终端电能占比升至 47%，较展望初期提高约 25 个百分点；终端电力需求增至 8.0 万亿千瓦·时，年均增速为 1.9%；发电装机规模增至约 32 亿千瓦，增长约 1.8 倍，年均增长 3.0%，其中非化石能源发电装机占比由 27% 增至 76%；能源消费产生的 CO_2 排放由展望初期的约 52 亿吨降至 2050 年的约 22 亿吨，降幅约 58%，年均下降 2.4%。

（二）中南美

中南美地区能源需求平稳增长，非化石能源发电装机占比近一步提升，CO_2 排放与展望初期水平基本相当。 在高能效情景下，中南美一次能源需求平稳增长，展望期内增至约 13 亿吨标准煤，年均增长 0.5%；终端能源需求年均增长 1.1%，绝对规模较展望初期增长约 47%，其中终端电能占比升至 38%，较展望初期提高约 20 个百分点；终端电力需求增长 2.1 倍至 3.4 万亿千瓦·时，年均增速为 3.3%；发电装机规模增至 14.5 亿千瓦，增长约 3.7 倍，年均增长 4.5%，其中非化石能源发电装机占比由 63% 增至 90%；能源消费产生的 CO_2 排放先升后降，峰值出现在 2030—2035 年间，约 14.5 亿吨，之后平缓下降，2050 年约 13.0 亿吨，与展望初期水平基本相当。

巴西能源需求增长约四成，CO_2 排放达峰下行。 在高能效情景下，巴西一次能源需求在展望期内平稳增长，由展望初期的 4.3 亿吨标准煤增至 2050 年的 5.8 亿吨标准煤，年均增长 0.9%；终端能源需求年均增长 1.2%，绝对规模较展望初期增长约 50%，其中终端电能占比升至 40%，较展望初期提高约 21 个百分点；终端电力需求增长约 2.3 倍至 1.7 万亿千瓦·时，年均增速为 3.4%；发电装机规模增至 6.1 亿千瓦，增长约 3.4 倍，年均增长 4.3%，其中非化石能源发电装机占比由 81% 增至 93%；能源消费产生的 CO_2 排放在

2030－2035 年间达峰，峰值约 5.5 亿吨，之后平缓下降，2050 年约 5.0 亿吨。

（三）欧洲

欧洲能源需求平缓下降，能源清洁转型带动 CO_2 排放大幅下降。 在高能效情景下，受经济发展水平与能源利用效率的"双提升"影响，欧洲一次能源需求平缓下降，展望期内由40 亿吨标准煤降至 33 亿吨标准煤，降幅约 18%，年均下降 0.5%；终端能源需求年均下降0.5%，降幅约 15%，其中终端电能占比升至 46%，较展望初期提高约 27 个百分点；终端电力需求增至 10.2 万亿千瓦·时，年均增速为 2.1%；发电装机规模增至 43 亿千瓦，增长约 2.0 倍，年均增长 3.2%，其中非化石能源发电装机占比由 51% 增至 82%；能源消费产生的 CO_2 排放由展望初期的约 62 亿吨降至 2050 年的约 30 亿吨，降幅为 51%，年均下降2.0%。

欧盟能源需求较快下降，CO_2 排放降幅更大。 在高能效情景下，欧盟一次能源需求在展望期内持续下降，由展望初期的 23 亿吨标准煤降至 2050 年的 15 亿吨标准煤，降幅约1/3，年均下降 1.1%；终端能源需求年均下降 1.0%，降幅约 30%，其中终端电能占比升至53%，较展望初期提高约 32 个百分点；终端电力需求增长 80% 至 5.5 万亿千瓦·时，年均增速为 1.7%；发电装机规模增至 22.0 亿千瓦，增幅约 1.3 倍，年均增长 2.4%，其中非化石能源发电装机占比由 56% 增至 84%；能源消费产生的 CO_2 排放由展望初期的约 33 亿吨降至 2050 年的约 10 亿吨，降幅超过 70%，年均下降 3.3%。

英国燃煤发电 2025 年前全部退役，展望期内能源相关 CO_2 排放降幅约 75%。 在高能效情景下，英国一次能源需求在展望期内持续下降，由展望初期的 2.6 亿吨标准煤降至 2050 年的 1.7 亿吨标准煤，降幅超过 1/3，年均下降 1.2%；终端能源需求年均下降1.1%，其中终端电能占比升至 54%，较展望初期提高约 33 个百分点；终端电力需求增长约75% 至 0.6 万亿千瓦·时，年均增速为 1.7%；发电装机规模增至 2.4 亿千瓦，增幅约 1.7倍，年均增长 2.9%，其中非化石能源发电装机占比由 39% 增至 94%，燃煤发电在 2025 年后全部退役；能源消费产生的 CO_2 排放由展望初期的约 4.0 亿吨降至 2050 年的约 1.1 亿吨，降幅为 75%，年均下降 3.7%。

法国对核电的依赖有所下降，发电量占比由当前的约 3/4 降至 2030 年的约 1/2、2050 年的约 1/3。 在高能效情景下，法国一次能源需求在展望期内持续下降，由展望初期的 3.5 亿吨标准煤降至 2050 年的 2.5 亿吨标准煤，降幅约 30%，年均下降 0.9%；终端能源需求年均下降 1.0%，降幅约 30%，其中终端电能占比升至 58%，较展望初期提高约 33 个百分点；终端电力需求增长约 2/3 至 0.8 万亿千瓦·时，年均增速为 1.5%；发电装机规模增至4.0 亿千瓦，增幅约 2 倍，年均增长 3.0%，其中非化石能源发电装机占比由 83% 增至 98%；对核电的依赖度有所下降，核能发电占总发电量的比重由展望初期的约 3/4 降至 2030 年的约

1/2、2050 年的约 1/3；能源消费产生的 CO_2 排放由展望初期的约 3.0 亿吨降至 2050 年的约 0.9 亿吨，降幅为 69%，年均下降 3.3%。

德国 2050 年电力需求突破 1 万亿千瓦·时，核电退役留下的空缺全部由新能源发电弥补。 在高能效情景下，德国一次能源需求在展望期内持续下降，由展望初期的 4.4 亿吨标准煤降至 2050 年的 2.7 亿吨标准煤，降幅约 40%，年均下降 1.3%；终端能源需求年均下降 1.1%，降幅约 30%，其中终端电能占比升至 59%，较展望初期提高约 38 个百分点；终端电力需求增至 1.1 万亿千瓦·时，年均增速为 2.0%；发电装机规模增至 6.2 亿千瓦，增幅约 2.1 倍，年均增长 3.3%，其中非化石能源发电装机占比由 58% 增至 91%；德国所有核电在 2030 年前全部退役；能源消费产生的 CO_2 排放由展望初期的约 7.4 亿吨降至 2050 年的约 2.1 亿吨，降幅为 71%，年均下降 3.5%。

俄罗斯能源需求平缓下降，非化石能源发电装机占比大幅提升，CO_2 排放下降约一半。 在高能效情景下，俄罗斯一次能源需求在展望期内平缓下降，2050 年约 8.9 亿吨标准煤，年均下降 0.4%；终端能源需求降至约 5.9 亿吨标准煤，年均下降 0.3%，其中终端电能占比升至 41%，较展望初期提高约 27 个百分点；终端电力需求增至 2.5 万亿千瓦·时，年均增速为 2.8%；发电装机规模增至 11.9 亿千瓦，增幅约 3.7 倍，年均增长 4.5%，其中非化石能源发电装机占比由 30% 增至 83%；能源消费产生的 CO_2 排放由展望初期的约 17 亿吨降至 2050 年的约 9 亿吨，降幅为 49%，年均下降 1.9%。

（四）亚太

亚太地区是全球能源电力需求增长的重要贡献者，CO_2 排放增幅低于能源需求增幅。 在高能效情景下，亚太一次能源需求平稳增长，展望期内增至约 105 亿吨标准煤，年均增长 0.8%；终端能源需求年均增长 0.9%，绝对规模较展望初期增长约 37%，其中终端电能占比升至 43%，较展望初期提高约 22 个百分点；终端电力需求增长约 1.8 倍至 28.0 万亿千瓦·时，年均增速为 3.0%；发电装机规模增至 113 亿千瓦，增长约 3.2 倍，年均增长 4.2%，其中非化石能源发电装机占比由 34% 增至 80%；能源消费产生的 CO_2 排放"先升后降"，峰值在 2025 年左右，约 188 亿吨，之后平缓下降，2050 年约为 128 亿吨，较峰值水平下降约 1/3。

中国能源需求在展望期内达峰下行，提早实现 CO_2 排放达峰国际承诺，为全球减排作出巨大贡献。 在高能效情景下，中国一次能源需求约在 2030—2035 年间达峰，峰值约 53 亿吨标准煤，此后有所下降，2050 年约为 46 亿吨标准煤，展望期内年均增长 0.1%；终端能源需求年均增长 0.4%，绝对规模较展望初期增长约 14%，其中终端电能占比升至 48%，较展望初期提高约 26 个百分点；终端电力需求增长 1.5 倍至 14 万亿千瓦·时，年均增速为 2.7%；发电装机规模增至约 56 亿千瓦，增长约 2.5 倍，年均增长 3.7%，其中非化石能源发电装机占比由 35% 增至 83%；能源消费产生的 CO_2 排放在 2025 年前达峰，较自主减排承诺提前 5 年，峰值约 107 亿吨，此后持续下降，2050 年约 51 亿吨，较峰值规模下降超过 50%，展望期内年均下降 1.8%。

印度进入能源需求增长快车道，CO_2 排放增长慢于能源需求增长。 在高能效情景下，印度一次能源需求在展望期内保持高速增长，由展望初期的 12 亿吨标准煤增至 2050 年的约 29 亿吨标准煤，年均增长 2.5%；终端能源需求年均增长 2.6%，绝对规模较展望初期增长 1.5 倍，其中终端电能占比升至 38%，较展望初期提高近 23 个百分点；终端电力需求增长 5.2 倍至 7.0 万亿千瓦·时，年均增速为 5.3%；发电装机规模增至 29 亿千瓦，增长约 8.6 倍，年均增长 6.7%，其中非化石能源发电装机占比由 29% 增至 80%；能源消费产生的 CO_2 排放由展望初期的约 21 亿吨增至 2050 年的约 37 亿吨，增长约 72%，年均增长 1.6%。

日本能源需求与 CO_2 排放持续萎缩，需求减少约 1/3，排放减少约 2/3。 在高能效情景下，日本一次能源需求在展望期内平稳下降，由展望初期的 6.1 亿吨标准煤降至 2050 年的约 4.0 亿吨标准煤，年均下降 1.2%；终端能源需求年均下降 1.2%，绝对规模较展望初期下降 35%，其中终端电能占比升至 56%，较展望初期提高近 27 个百分点；终端电力需求增至 1.3 万亿千瓦·时，年均增速为 0.8%；发电装机规模增至 4.5 亿千瓦，增幅约 42%，年均增长 1.0%，其中非化石能源发电装机占比由 40% 增至 76%；能源消费产生的 CO_2 排放由展望初期的约 11.9 亿吨降至 2050 年的约 4.1 亿吨，降幅约 2/3，年均下降 3.0%。

韩国能源需求与 CO_2 排放在 2025−2030 年间达峰，排放降幅高于需求降幅。在高能效情景下，韩国一次能源需求在 2025−2030 年间达峰，峰值约为 4.1 亿吨标准煤，此后平缓下降，2050 年约为 3.3 亿吨标准煤，年均下降 0.5%；终端能源需求峰值为 2.7 亿吨标准煤，2050 年略低于展望初期水平，其中终端电能占比升至 45%，较展望初期提高近 20 个百分点；终端电力需求增长 0.7 倍至 0.9 万亿千瓦·时，年均增速为 1.6%；发电装机规模增至 3.8 亿千瓦，增长约 2.8 倍，年均增长 3.9%，其中非化石能源发电装机占比由 35% 增至 78%；能源消费产生的 CO_2 排放在 2025−2030 年间达峰，峰值约 6.8 亿吨，2050 年降至约 3.6 亿吨，较峰值下降约 45%。

（五）中东

中东地区能源需求增长约八成，CO_2 排放增长约 1/3。在高能效情景下，中东一次能源需求较快增长，展望期内增长 80% 至 19 亿吨标准煤，年均增长 1.8%；终端能源需求年均增长 1.8%，其中终端电能占比升至 39%，较展望初期提高近 24 个百分点；终端电力需求增长 3.8 倍至 4.4 万亿千瓦·时，年均增速为 4.6%；发电装机规模增至约 16 亿千瓦，增长 5.3 倍，年均增长 5.4%，其中非化石能源发电装机占比由 7% 增至 63%；能源消费产生的 CO_2 排放在 2040 年前后达峰，峰值约 26 亿吨，之后平缓下降至 2050 年的约 25 亿吨。

（六）非洲

非洲能源需求较快增长，CO_2 排放增幅略低于能源需求增幅。在高能效情景下，非洲一次能源需求较快增长，2050 年约为 19 亿吨标准煤，年均增长 1.6%；终端能源需求年均增长 2.1%，绝对规模较展望初期翻番，其中终端电能占比升至 31%，较展望初期提高约 21 个百分点；终端电力需求增长 5.6 倍至 4.4 万亿千瓦·时，年均增速为 5.6%；发电装机规模增至约 18 亿千瓦，增长约 10 倍，年均增长 7.1%，其中非化石能源发电装机占比由 24% 增至 73%；能源消费产生的 CO_2 排放由展望初期的约 12 亿吨增至 2050 年的约 23 亿吨，增长约 86%。

南非能源需求增长平缓增长，CO_2 排放下降约 1/3。在高能效情景下，南非一次能源需求在展望期内平缓增长，由展望初期的 2.0 亿吨标准煤增至 2050 年的 2.4 亿吨标准煤，年均增长 0.5%；终端能源需求年均增长 0.8%，绝对规模较展望初期增长约 1/3，其中终端电能占比升至 42%，较展望初期提高近 20 个百分点；终端电力需求增长 1.5 倍至 0.6 万亿千瓦·时，年均增速为 2.6%；发电装机规模增至 2 亿千瓦，年均增长 3.9%，其中非化石能源发电装机占比由 12% 增至 72%；能源消费产生的 CO_2 排放由展望初期的约 4.7 亿吨降至 2050 年的约 3.3 亿吨，降幅约 1/3。

第三部分
专题研究

专题一　新能源发展

世界范围内新能源保持快速发展。截至 2017 年底，全球新能源发电装机达 10.3 亿千瓦，2008－2017 年年均增长 20.4%，占全球发电总装机的比重从 4.1% 提高至 15.2%；全球新能源发电投资年均增长 6.1%，其中风电、太阳能发电投资是化石燃料发电投资的 1.7 倍；新能源发电技术不断进步，大功率、高效率成为技术方向；新能源发电成本不断下降，已经初具竞争性。

世界多国制定支持政策推动新能源发展。世界各国纷纷提出新能源发展战略目标，并制定相应支持政策，涵盖税收优惠、固定上网电价机制、可再生能源配额制等，以及通过提高灵活调节电源占比、建设跨国互联传输通道、完善配套市场机制等措施，促进新能源消纳。

中国新能源进入规模化发展新阶段。中国风光发电装机容量均居全球第一，增速远高于全球平均增速，发电量逼近低碳化拐点；实行风电、光伏项目竞争性配置，加强新能源规模管控和加快补贴退坡，促进产业健康发展；围绕电网建设、调度运行、市场交易等方面开展了一系列工作，推动新能源消纳形势逐步好转。

新能源发电规模持续快速增长。 在自主减排、高能效、2℃情景下，2050 年全球新能源发电量分别达到 30 万亿、36 万亿、55 万亿千瓦·时，占总发电量的比重分别为 46%、53%、78%；2050 年新能源发电装机分别为 137 亿、167 亿、257 亿千瓦，占全球发电总装机的比重分别为 61%、68%、88%。

亚太地区是全球新能源增长的主要贡献者。 高能效情景下，展望期内全球新增新能源发电量、发电装机分别为 35 万亿千瓦·时、159 亿千瓦，亚太地区贡献率分别高达 48%、46%，北美地区贡献率分别为 16%、17%，欧洲地区贡献率分别为 15%、17%，中南美、中东、非洲地区合计贡献率分别为 21%、20%。

太阳能发电成为第一大发电品种。 高能效情景下，2050 年太阳能发电量为 18 万亿千瓦·时，约占总发电量的 26%，太阳能发电装机为 102 亿千瓦，约占总发电装机的 41%；2050 年风电发电量为 17 万亿千瓦·时，约占总发电量的 25%，风电发电装机为 61 亿千瓦，约占总发电装机的 25%。

一、全球新能源发展现状

（一）全球新能源发展现状分析

全球新能源❶发电装机增长迅猛，占比大幅提升。2008—2017年，全球新能源发电装机年均增长率为20.4%。其中，风电、太阳能发电装机合计年均增长率为24.3%，比火电高21个百分点。截至2017年底，全球新能源装机达10.3亿千瓦，占总装机的比重由2008年的4.1%提高至15.2%。其中，风电装机5.1亿千瓦，太阳能发电装机3.9亿千瓦，合计9.0亿千瓦，占总装机的比重由2008年的2.8%提高至13.4%❷。

全球新能源发电装机主要集中在亚太、欧洲和北美地区。截至2017年，亚太、欧洲和北美累计新能源装机容量分别达到4.7亿、3.3亿、1.7亿千瓦，分别占全球新能源装机容量的45%、33%、17%，合计约占全球的95%。

新能源发展呈现大国领跑特征。2017年底，中国、美国、德国、印度、日本的新能源发电合计装机容量6.8亿千瓦，占全球的66%；中国、美国、德国、印度、西班牙风电装机容量分别为16406万、8754万、5588万、3288万、2299万千瓦，合计占全球风电总装机容量的71%；中国、日本、美国、德国、意大利太阳能发电装机容量分别为13065万、4860万、4289万、4240万、1970万千瓦，合计占全球太阳能发电总装机容量的73%。

图3-1　2008—2017年全球新能源发电装机容量变化

---

❶　新能源包括风能、太阳能、生物质能、地热能、海洋能等非水可再生能源。

❷　数据来源：Global Data；IRENA：Renewable Capacity Statistics 2018.

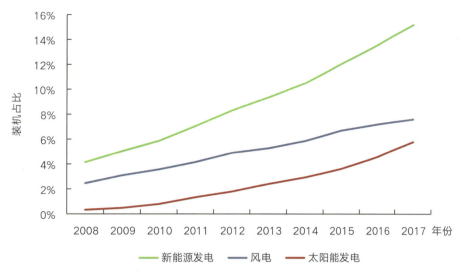

图3-2　2008－2017年全球新能源装机占比逐年变化

图3-3　2008－2017年全球新能源装机分地区变化

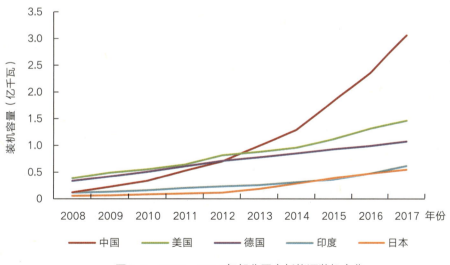

图3-4　2008－2017年部分国家新能源装机变化

新能源发电投资规模和增速远超化石能源。2008－2017年，全球新能源发电投资快速增长，年均增长6.1%；其中风电、光伏发电投资年均增长率分别为5.8%、15.3%；化石燃料发电投资呈下降趋势，年均下降1.3%。2008－2017年，全球新能源发电总投资2.5万亿美元；其中风电、太阳能发电投资合计为2.3万亿美元，是化石燃料发电投资1.4万亿美元的1.7倍❶。

图3-5　2008－2017年全球及中国可再生能源投资

新能源发电技术不断进步，大功率、高效率成为技术方向。陆上风电单机容量和轮毂高度持续增大，机组平均功率由20世纪末的750千瓦提升至2.5兆瓦，海上风电10兆瓦大功率风机正在研发。产业化单晶硅电池转换效率达到20%~23%，产业化多晶硅电池转换效率达到18.8%~19.3%。

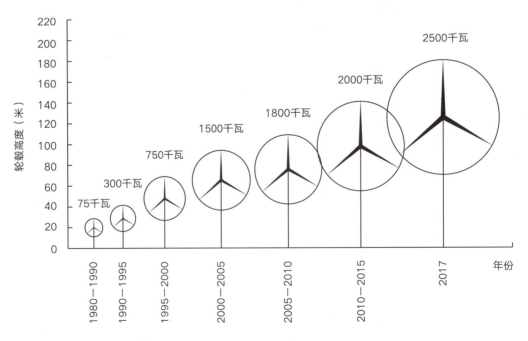

图3-6　全球陆上风电机组单机容量和轮毂高度变化情况

---

❶　数据来源：UNEP：Global Trends in Renewable Energy Investment 2018；IEA：World Energy Invest 2017.

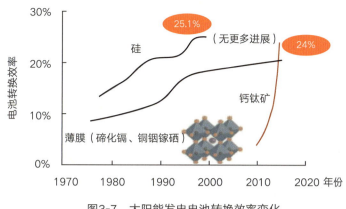

图3-7 太阳能发电电池转换效率变化

受技术进步、关键设备价格下降、项目开发经验成熟等因素驱动，全球风电和光伏发电成本持续下降。 与常规发电技术相比，陆上风电和光伏发电成本已经初具竞争性，但海上风电、光热发电等成本仍然较高。2017 年全球陆上风电平均度电成本为 0.06 美元 /（千瓦·时）[0.4053 元 /（千瓦·时）]，比 2010 年下降 25.0%；全球光伏发电平均度电成本为 0.10 美元 /（千瓦·时）[0.6755 元 /（千瓦·时）]，比 2010 年下降 72.2%；全球海上风电平均度电成本为 0.14 美元 /（千瓦·时）[0.9457 元 /（千瓦·时）]；全球光热发电平均度电成本为 0.22 美元 /（千瓦·时）[1.4861 元 /（千瓦·时）]。海上风电和光热发电平均成本均高于陆上风电和光伏发电，且高于传统能源发电成本 ❶。

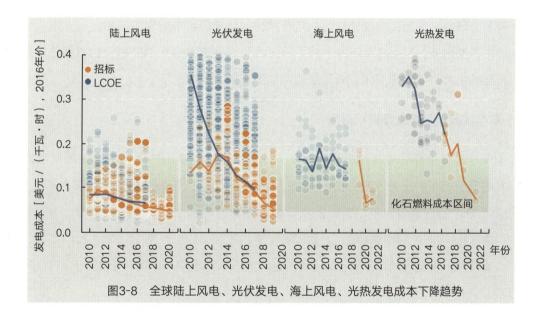

图3-8 全球陆上风电、光伏发电、海上风电、光热发电成本下降趋势

各国普遍采取固定上网电价机制和市场溢价机制政策，推动新能源发展。 由于能源转型要求、政策框架、市场模式等方面差异，不同国家的新能源支持政策存在差别。目前多数国家采用了两种及以上电价政策，其中固定上网电价机制（FIT）和市场溢价机制（FIP）为主流。从政策发展

---

❶ 数据来源：IRENA: Renewable Power Generation Costs in 2017.

趋势上来看，推动新能源参与市场是各国新能源支持政策的发展趋势。德国 2014 年在《可再生能源法 2014》中引入可再生能源市场溢价机制；2017 年，在《可再生能源法 2017》中全面引入可再生能源发电招标制度，正式结束基于固定上网电价的政府定价机制。英国在 2013 年《能源法 2013》中正式引入差价合约，取代可再生能源义务制。

表 3-1　部分国家和地区新能源支持政策

地区／国家	1998	1999	2000	2001	2002	2003—2011	2012	2013	2014—2017
西班牙	FIT/FIP								
德国			FIT						FIP
意大利					RPS		FIP		
英国					RO			CfD	
美国加州				RPS					
日本				RPS		FIT			
韩国			FIT			RPS			
澳大利亚				RPS					

注　FIT：固定上网电价制 (Feed-in-Tariff)；FIP：市场溢价制 (Feed-in-Premium)；RPS：可再生能源配额制 (Renewables Portfolio Standard)；RO：可再生能源义务制 (Renewables Obligation)；CfD：差价合约 (Contract for Difference)。

　　总体来看，随着全球范围内能源转型的持续推进，新能源发电规模不断扩大，发电投资不断增加，发电技术不断进步，发电成本不断下降，已经成为能源电力结构中的重要组成部分。未来，世界能源电力结构仍将持续动态变化，新能源发电机遇与挑战并存。

（二）典型国家新能源发展现状对比

　　过去十年，随着能源转型持续推进，美国、德国、丹麦、中国的风电、太阳能发电规模不断扩大，在发电量结构中的比重不断提高。在全球层面，风电、太阳能发电量合计占比从 1.3% 升至 6.6%，提高 5.3 个百分点；风电、太阳能发电装机合计占比从 2.8% 升至 13.4%，明显高于电量占比。主要地区和国家中，欧盟风电、太阳能发电量占比从 4.4% 升至 15.2%，其中德国、丹麦高达 24.5%、49.2%；美国从 1.7% 升至 8.2%，高于全球平均水平；中国从 0.4% 升至 6.6%，与全球水平相当。

表 3-2　典型国家和地区风电、太阳能发电占比变化

地区／国家	类别	2008	2017
全球	装机占比	2.8%	13.4%
	电量占比	1.3%	6.6%
欧盟	装机占比	9.9%	27.8%
	电量占比	4.4%	15.2%

地区/国家	类别	2008	2017
美国	装机占比	2.4%	10.7%
	电量占比	1.7%	8.2%
德国	装机占比	20.1%	46.8%
	电量占比	7.9%	24.5%
丹麦	装机占比	24.1%	44.8%
	电量占比	19.6%	49.2%
中国	装机占比	1.1%	16.5%
	电量占比	0.4%	6.6%

1. 美国

国家能源战略方面，美国提出 2050 年前光伏发电占比达 40%。2016 年，美国能源部发布《太阳计划 2030》，计划光伏发电到 2030 年占总电量的 20%，2050 年前达 40%。

美国新能源发电保持快速增长，十年间风电和太阳能发电合计装机年均增速为 20%。2008—2017 年美国新能源装机保持快速增长，十年风电、太阳能发电装机年均分别增长 15%、44%，二者合计年均增长率为 20%；风电、太阳能发电量年均分别增长 15.2%、51.3%。截至 2017 年底，美国风电、太阳能发电装机分别为 8754 万、4289 万千瓦，二者合计占总装机的 10.7%；2017 年美国风电、太阳能发电量分别为 2470 亿、845 亿千瓦·时，二者合计占总发电量的 8.2%。

美国风电和太阳能发电利用小时处于全球领先水平。2017 年，全球风电、太阳能发电平均利用小时数分别为 2168、1164 小时。2017 年，美国风电、太阳能发电利用小时数分别为 2822、1970 小时，较全球水平分别高 654、806 小时。

表 3-3　2017 年典型国家风电、太阳能发电利用小时数　　　　　　　　单位：小时

国家	风电	太阳能发电
全球	2168	1164
中国	1868	907
美国	2822	1970
德国	1908	941
丹麦	2699	989

新能源发展政策方面，美国大多数州引入可再生能源配额制政策，推动可再生能源发展。美国是第一个推行可再生能源配额制（RPS）的国家，截至 2017 年底，已有 29 个联邦州及哥伦比亚特区制定并实施可再生能源配额制。一方面，通过出售证书获得一定补偿，实现"价补分离"，可再生能源发电商可直接参与电力市场；另一方面，售电公司与可再生能源发电商签订 PPA 以满足配额指标要求，通过 PPA 证明可再生能源发电商的收益预期，可以降低项目融资难度，确保可再生能源发电项目的顺利建设。

新能源并网消纳方面，美国新能源消纳情况整体良好，主要得益于较高的灵活调节电源占比和

完备的市场机制。对于部分地区存在的弃电现象，通过加快输电通道建设，优化电力调度得以有效缓解。美国新能源消纳情况整体良好，2012年以来弃风率一直低于3%，主要得益于电源结构中灵活电源比重达47%，占比较高；大部分地区建立了包括日前市场、实时市场、容量市场、调频市场、金融市场等在内的成熟电力市场，通过多级市场协调运作，促进新能源优先消纳。虽然美国新能源消纳情况整体良好，但在得州、中西部等风电渗透率较高的地区，也曾出现过严重的弃风现象。2009年，美国得州弃风率达到17.1%。得州采取多种措施来缓解弃风现象：一是建设多条345千伏交流输电线路；二是优化电力调度，增强电网对于可再生能源电力的消化和平衡能力。通过多措并举，得州风电消纳情况逐步好转，弃风率由2009年的17.1%降至2017年的2%。

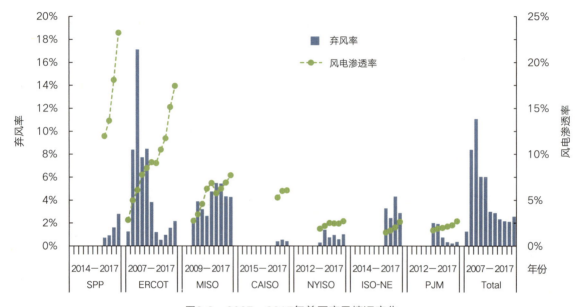

图3-9　2007－2017年美国弃风情况变化

2. 德国

国家能源战略方面，德国提出2050年可再生能源占比达80%。德国联邦政府为可再生能源的推行制定了非常高的目标。联邦政府计划到2025年可再生能源电力占比将达到40%～45%，2035年达到55%～60%；到21世纪中叶，可再生能源占比将至少达到80%。此外，德国联邦政府计划可再生能源消费量占一次能源消费总量的比重从2010年的10%提高至2050年的60%。

表 3-4　德国政府可再生能源目标

年份	可再生能源在电能消费中占比
2025	40%～45%
2035	55%～60%
2050	至少80%

德国作为全球能源转型引领者，风电和太阳能发电合计装机占比接近一半，太阳能发电装机占比全球最高。2008－2017年，德国风电、太阳能发电装机年均增长率分别为10.5%、24%，

二者合计年均增长率为 14.6%。截至 2017 年底，德国风电、太阳能发电装机分别为 5588 万、4240 万千瓦，二者合计 9828 万千瓦，在总装机的占比达到 46.8%；其中，太阳能发电装机占 20.2%，为全球最高。2008—2017 年，德国风电、太阳能发电量年均增长率分别为 11.1%、27.7%，二者合计增长率为 13.8%。2017 年，德国风电、太阳能发电量合计 1465 亿千瓦·时，占总发电量的 24.5%。

新能源发展政策方面，德国依据可再生能源不同发展阶段，陆续引入固定上网电价机制（2000 年）、市场溢价机制（2012 年）、招标制度（2014 年）。德国可再生能源发展政策主要体现在《可再生能源法》（EEG）的演变，以《可再生能源法》修订为标志，德国可再生能源发展政策大致分为以下几个阶段：EEG 2000（1991—2003 年），确定以固定上网电价为主的可再生能源激励政策；EEG 2004（2003—2008 年），完善上网电价政策，可再生能源发电快速发展；EEG 2009（2009—2012 年），建立基于新增容量的固定上网电价调减机制，首次提出市场化方面的条款；EEG 2012（2012—2014 年），引入可再生能源市场溢价方式；EEG2014（2014—2016 年），严格控制可再生能源发电补贴，首次提出针对光伏电站的招标制度试点，分阶段、有重点地推动光伏发电市场化；EEG 2017（2017 年至今），全面引入可再生能源发电招标制度，正式结束基于固定上网电价的政府定价机制。

新能源消纳方面，灵活调节电源比重高，与周边国家互联通道容量大，借助欧洲统一电力市场，是德国促进新能源消纳的主要经验。德国灵活电源占比达 19%，系统调节能力强；通过 50 余条联络线与周边国家互联，输电能力达到 2700 万千瓦；依托欧洲统一电力市场，促进了新能源在大范围内消纳。德国风电装机占比高，针对大规模风电并网，政府制定了一系列技术标准规范和并网检测认证制度，保证风电场运行特性满足系统安全稳定运行要求。德国光伏发电以分布式光伏发电为主，针对大规模分布式电源并网，需要对分布式新能源进行功率调节，这已在德国所有配电网投入使用，通过新能源电源远程调控技术手段可以提高配电网吸纳新能源电力水平。同时，通过建立科学技术标准和增强新能源发电的主动可调节性，有效提高了电网吸纳新能源能力，保障高比例新能源接入下系统的安全稳定运行。

3. 丹麦

国家能源战略方面，丹麦提出 2020 年风电占比达 50%，2050 年实现 100% 可再生能源供电。自 1973 年全球石油危机，丹麦政府改变能源发展战略，能源转型核心是能源供给多样化与提高能源效率。丹麦政府的能源转型目标：一是 2020 年风电发电量占比达到电力消费的 50%，二是 2050 年实现 100% 可再生能源供电。2012 年，丹麦通过了被该国政府称为"世界最具雄心的能源计划"，提出以 2020 年为基准，可再生能源满足全国 35% 的能源需求，其中风电将满足全国 50% 的电力需求。

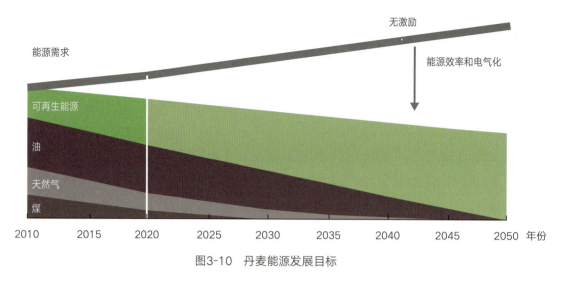

图3-10 丹麦能源发展目标

丹麦发电结构中新能源装机渗透率高，风电发电量占比将近50%。2008－2017年，丹麦新能源装机保持平稳增长，十年间风电、太阳能发电装机年均增长率分别为6.4%和88.7%，二者合计年均增长率为8.2%。丹麦电源结构中，风电占比高，太阳能发电占比小。截至2017年底，丹麦风电、太阳能发电装机分别为552万、91万千瓦，二者合计占总发电装机的44.8%。2017年，丹麦风电、太阳能发电量分别为149亿、9亿千瓦·时，在总发电量中的占比分别为46.4%、2.8%。2008－2017年，丹麦风电、太阳能发电量年均增长率分别为19.1%、48.9%，二者合计年均增长率为23.0%。

新能源发展政策方面，丹麦采取了包括碳税、环保税、研发补贴、溢价补贴等相关政策推动风电发展。早期，丹麦采取了财政补贴和税收优惠措施，来促进可再生能源发展。每台风机可以获得基于投入成本30%的财政补助，发电还可以获得二氧化碳税返还；设有电力节约基金，对提高能源效率的技术和设备进行补贴；对使用化石燃料的用户征收空气污染税，而使用风能用户则可享受一定税收优惠。除了各种补贴，丹麦政府还采取了新能源优先上网政策，所有新能源发电有优先上网权，电网企业有责任优先收购。后来实行市场溢价机制为主要可再生能源支持手段，风电场发电除了获得现货市场市场收益外，还能获得一定的溢价补贴。

新能源消纳方面，充裕的跨国输电通道、充分的跨国电力交换，较强的系统灵活性、灵活高效的市场机制是丹麦促进新能源消纳的主要经验。丹麦与挪威、瑞典等国互联电网输电容量达到800万千瓦，是风电装机容量的1.6倍。跨国电力交换在促进丹麦新能源消纳中发挥了重要作用，借助邻国水电机组良好的调节性能，风电多发时段，丹麦多余风电输送到挪威；当没有风时，挪威和瑞典的水电输送到丹麦，通过风电和水电的大量交换，实现风电高比例消纳。从系统灵活性方面来看，丹麦火电机组多为热电联产，调节性能强，可以降低出力至额定功率的35%甚至10%；丹麦跨国直流输电功率可以根据外送需要连续调整，灵活性高。丹麦电力市场相对成熟，多级市场协调配合，促进新能源消纳：一是日前市场竞价充分发挥了新能源边际成本低的优势；二是日内市场、平衡市场等多级市场协调配合，共同处理波动电源引起的系统不平衡电量问题；三是多个国家的日前市场联合出清扩大资源优化配置范围，促进新能源在更大范围内的消纳。

4. 中国

国家能源战略方面，中国提出 2050 年非化石能源占一次能源消费的比重达 50% 以上。
2017 年，《能源生产和消费革命战略（2016—2030）》明确提出中国中长期能源发展的战略目标。
具体要求为：2020、2030 年中国能源消费总量分别控制在 50 亿、60 亿吨标煤以内；2020、
2030 年中国非化石能源占一次能源消费的比重达 15%、20%，2050 年达 50% 以上。

中国风电、太阳能发电装机容量全球第一，增速远高于全球平均增速。 2017 年底，中国风电
和太阳能发电装机分别为 1.6 亿、1.3 亿千瓦，均居世界第一。2008—2017 年，中国风电、太阳
能发电装机年均分别增长 39%、165%，远高于全球 18%、44% 的平均增速。

图 3-11　2008—2017 年中国新能源发电累计装机容量和同比增速

得益于风电、太阳能发电迅猛发展，中国新能源电力逐步成为发电增量的主体。 2017 年，中
国新增发电量 7241 亿千瓦·时，其中 49.7% 来自于非化石能源。2017 年，中国风电、太阳能发
电新增装机容量达到 6857 万千瓦，新增规模超过火电（4510 万千瓦）。

**新能源发展政策方面，中国采取了固定上网电价、可再生能源保障性收购、新能源项目竞争性
配置等政策。** 2006 年《可再生能源法》提出"国家实行可再生能源发电全额保障性收购制度""可
再生能源发电项目的上网电价，由国务院价格主管部门根据不同类型可再生能源发电的特点和不同
地区的情况，按照有利于促进可再生能源开发利用和经济合理的原则确定"，建立以可再生能源保障
收购和固定上网电价为主的可再生能源发展政策体系。以《可再生能源法》实施为标准，中国新能
源开始加快发展。2016 年新能源进入规模化发展阶段，提出实行风电、光伏项目竞争性配置，加强
新能源规模管控和加快补贴退坡，促进产业健康发展。

中国新能源持续快速发展的同时，受网源发展统筹不够、系统调峰能力不足、市场机制不完善

等因素影响，弃风弃光现象开始凸显。 中国围绕项目规划、电网建设、调度运行、市场交易等方面开展了一系列工作，新能源消纳形势逐步好转。一方面，国家开始调整新能源产业发展政策，推行以竞争方式配置风电、光伏发电项目。通过实行竞争性配置，加强新能源项目管理，加快补贴退坡，推动新能源产业技术进步和健康发展。另一方面，加强新能源配套并网和送出工程建设，集中投产一批跨省跨区输电项目；优化调度运行，着力提升省内电网平衡调节能力，充分挖掘省内消纳潜力；实施区域旋转备用共享，加强省间电网调峰互济；积极组织新能源省间交易，创新多种交易方式，扩大新能源省间交易规模。通过采取有效措施，中国新能源消纳形势明显好转。2017年，中国弃风电量为419亿千瓦·时，弃风率为12%，较2016年下降5.2个百分点；弃光电量为73亿千瓦·时，弃光率为6%，较2016年下降4.3个百分点，实现新能源受阻电量与受阻率双降。

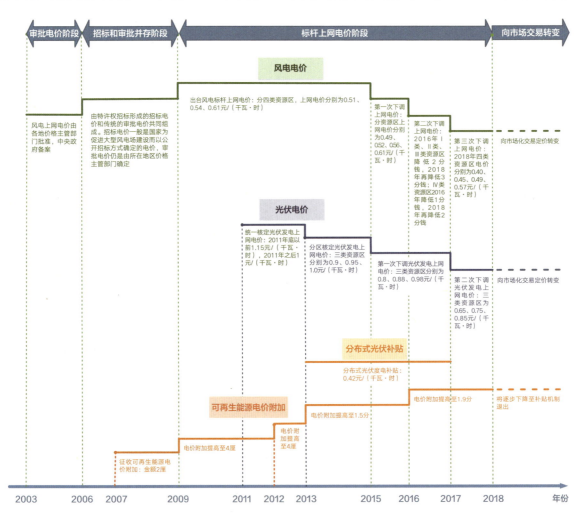

图3-12 中国可再生能源发展政策体系

二、全球新能源发展展望

（一）影响因素

促进能源结构向清洁化转型是各国能源政策的共同选择，为此均制定新能源发展目标及碳减排目标。同时，在新能源友好技术、先进输电技术、储能技术等先进技术大力研发及全面应用下，新能源发电成本将不断下降，新能源发电装机、发电量均快速增长。

1. 政策激励

主要考虑各国中长期能源政策，涉及能源、电力、交通、工业、建筑等领域，内容涵盖国家清洁能源转型发展目标、自主碳减排目标等。

国家清洁能源转型发展目标： 发达国家普遍通过排放限制加快老旧低效电厂退役，如欧盟绝大数成员国在 2020 年后不再新建煤电机组。核电政策分化严重，德国宣布 2022 年前将所有核电机组提前退役，法国宣布大幅下降核电比重；而日本将核电机组服役年限普遍延长至 40 年，部分机组延长至 60 年，美国将部分核电机组服役年限延长至 60 年。此外，部分国家理顺能源价格机制，针对化石能源的补贴政策将逐步退出。部分国家调整可再生电力支持政策，比如中国主张到 2020 年大幅削减陆上风电补贴，到 2020 年基本停止光伏补贴。

自主碳减排目标：《巴黎协定》是 2020 年后全球共同应对气候变化的行动安排，达成了到 21 世纪末将全球平均温升控制在工业化前水平 2℃以内并努力限制在 1.5℃以内的共识。要实现 2℃ 温升控制目标，2050 年全球 CO_2 排放量需较当前下降 70% 左右，此外，各国纷纷采取有力的碳价政策，欧盟、美国、日本均已经建立相对完善的碳交易市场；中国碳市场在 2017 年末在全国范围投入运行，目前仅覆盖电力行业，未来覆盖范围将持续扩大。

2. 技术进步

主要考虑新能源友好发电技术、电网侧先进技术、储能技术等，涉及电力、工业等各环节，涵盖先进技术创新、能源效率提升、成本下降等内容。

新能源友好发电技术： 新能源发电波动性强、调控能力差、暂态弱支撑等特点，是影响新能源进一步大规模发展的制约因素。新能源友好发电技术包括新能源虚拟同步机、虚拟发电厂技术等。创新新能源友好发电技术，实现类似于常规电源的可观、可控、可测、可调度等功能，是推动未来全球新能源发展的重要支撑。

电网侧先进技术： 电网侧技术涉及柔性交流输电、柔性直流输电技术、源网荷互动关键技术等。通过综合运用电力电子技术、微电子技术、通信及控制技术，提升电网的运行灵活性和安全稳定水平，实现各类波动性可再生能源发电的广域互补。

储能技术： 大容量储能具有调峰幅度大、响应速度快、短时功率吞吐能力强、调节方向易改变等优点，加快储能技术研发，推动储能技术不断进步，降低储能成本并大规模利用，可以有效实现新能源发电功率的平滑输出，并在电力系统发生故障或波动时进行快速响应，保障电网安全稳定运行。近几年来，全球范围内储能支持政策数量和覆盖地区逐渐增多，内容涉及储能采购目标、安装激励、技术研发支出等方面，为储能的规模化发展创造了良好的政策环境。

其他技术：碳捕捉、利用与封存技术（CCUS）的迅速成熟与广泛利用，纯电动及混动汽车的普遍推广，电采暖 / 热泵等技术大量应用，智能化、信息化技术助推产业链条转型升级。

3. 能源成本

全球新能源开发利用成本持续下降。受政策激励、技术进步、规模化发展驱动，全球陆上风电和光伏发电成本持续下降。如美国光伏 PPA 年平均价格由 2010 年的 133 美元 /（兆瓦·时）降至 2017 年的 51 美元 /（兆瓦·时）。预计到 2050 年，全球陆上风电、光伏发电度电成本将低于 25 美元 /（兆瓦·时）。

（二）展望结果

综合考虑政策激励、技术进步等多种因素，基于 GEMS-4E 模型，对 2050 年自主减排、高能效、2℃三个情景下的全球新能源发展趋势进行展望，主要展示高能效情景下的结果。

1. 发电量

全球新能源发电量高速增长，发电结构持续优化调整。在高能效情景下，2050 年全球新能源发电量约 36 万亿千瓦·时，约占全球总发电量的 53%。在自主减排情景下，2050 年全球新能源发电量约 30 万亿千瓦·时，约占全球总发电量的 46%，较高能效情景低 7 个百分点。在 2℃情景下，2050 年全球新能源发电量约 55 万亿千瓦·时，约占全球总发电量的 78%，较高能效情景高 25 个百分点。

亚太地区是全球新能源发电量增长的主要贡献者。在高能效情景下，展望期内亚太新能源发电量新增 17 万亿千瓦·时，贡献率高达 48%；北美、欧洲新增新能源发电量分别约为 5.6 万亿、5.3 万亿千瓦·时，贡献率分别为 16%、15%；中南美、中东、非洲新增新能源发电量分别约为 2.2 万亿、2.1 万亿、2.7 万亿千瓦·时，贡献率分别为 6%、6%、8%。

2050 年中国新能源发电量占比超过 50%。在高能效情景下，2050 年中国新能源发电量达到约 8.2 万亿千瓦·时，展望期内年均增长约 9.6%，占总发电量的比重约 56%，贡献全球新增新能源发电量的 23%，继续引领全球新能源发展。

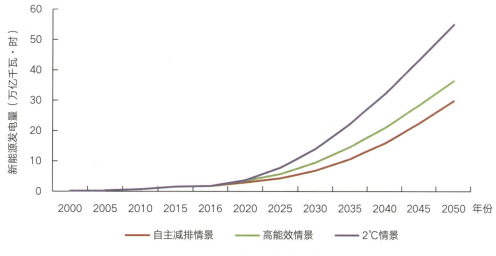

图3-13　2000－2050年全球新能源发电量分情景变化

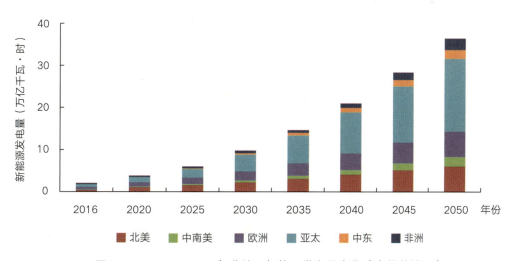

图3-14　2016－2050年分地区新能源发电量变化（高能效情景）

风电发电量持续快速增长，亚太地区是主要贡献者。在高能效情景下，展望期内全球风电发电量由 0.9 万亿千瓦·时增至 17 万亿千瓦·时，年均增长约 8.8%，2050 年约占全球总发电量的 25%。其中，亚太风电发电量约 7.7 万亿千瓦·时，占全球风电发电量的 45%，中国、印度风电发电量占比分别达到 21%、11%；北美、欧洲风电发电量分别达到 3.0 万亿、3.2 万亿千瓦·时，占全球的比重分别约为 18%、19%；中南美、中东、非洲合计风电发电量占比约为 18%，占比较小。

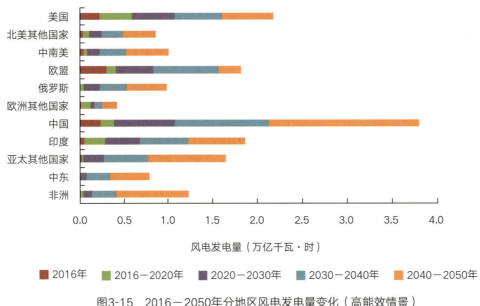

图3-15　2016—2050年分地区风电发电量变化（高能效情景）

太阳能发电成为最大的发电品种。在高能效情景下，展望期内全球太阳能发电量由0.3万亿千瓦·时增至18万亿千瓦·时，年均增长约12%，2050年约占全球总发电量的26%，占比最高。其中，亚太太阳能发电量约8.9万亿千瓦·时，占全球太阳能发电量的50%，中国、印度太阳能发电量占比分别达到22%、15%；北美、欧洲太阳能发电量分别达到2.8万亿、2.1万亿千瓦·时，占全球的比重分别约为16%、12%；非洲、中东、中南美太阳能发电量占比分别约为8%、7%、6%。

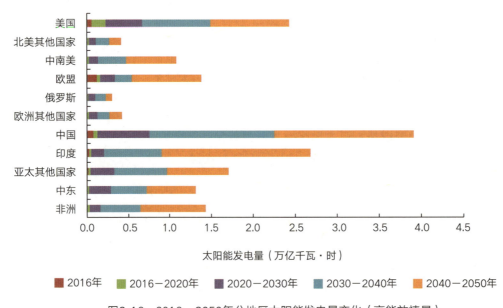

图3-16　2016—2050年分地区太阳能发电量变化（高能效情景）

2. 发电装机

全球新能源发电装机规模快速增长，逐步成为主导电源。 在高能效情景下，2050 年全球新能源装机规模约为 167 亿千瓦，约占全球发电总装机的 68%。在自主减排情景下，2050 年，全球新能源装机规模约为 137 亿千瓦，约占全球发电总装机的 61%。在 2℃情景下，2050 年全球新能源装机规模约为 257 亿千瓦，约占全球发电总装机的 88%。

新能源发电装机增长主要集中在亚太地区。 在高能效情景下，展望期内全球新能源发电装机新增 159 亿千瓦。其中，46% 的新增装机来自亚太地区，新增装机达 74 亿千瓦；欧洲、北美新增新能源装机均约为 27 亿千瓦，均约贡献全球新增新能源装机的 17%。

2050 年中国新能源发电装机占比约 70%。 在高能效情景下，2050 年，中国新能源发电装机约 39 亿千瓦，展望期内年均增长约 8.5%，占总发电装机的比重约 70%，对全球新能源发电装机增长贡献率超过 20%。

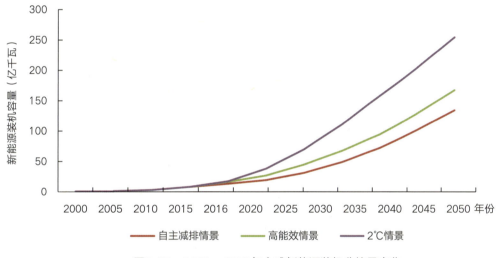

图3-17　2000－2050年全球新能源装机分情景变化

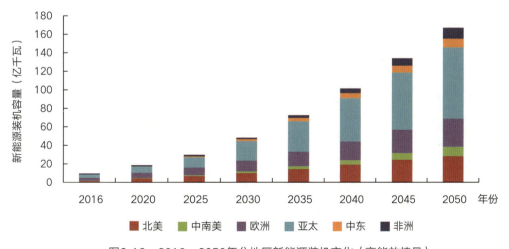

图3-18　2016－2050年分地区新能源装机变化（高能效情景）

风电装机持续较快增长，2050 年占总装机的 1/4。在高能效情景下，全球风电装机规模增长约 12 倍至 61 亿千瓦，约占 2050 年全球发电总装机的 25%。其中，约 44% 的新增装机来自亚太，亚太风电装机达到 27 亿千瓦，中国、印度分别贡献全球增量的 21% 和 11%，2050 年风电装机规模分别达到 13 亿、6.6 亿千瓦；欧洲贡献全球约 22% 的新增装机，2050 年达到 14 亿千瓦，俄罗斯贡献全球增量的 13%，2050 年俄罗斯风电装机规模达到 6.4 亿千瓦；北美贡献全球约 16% 的新增装机，2050 年达到 10 亿千瓦；中南美、非洲、中东合计风电装机约 10 亿千瓦，合计贡献率约为 18%。

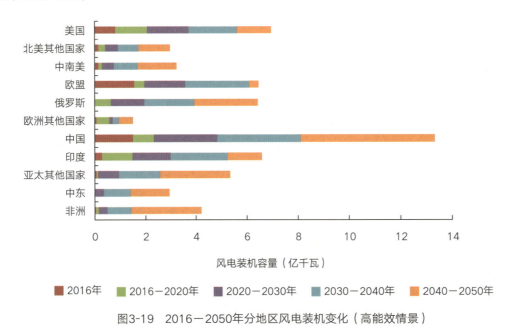

图3-19 2016－2050年分地区风电装机变化（高能效情景）

太阳能发电装机规模 2025－2030 年间超过风电装机规模。 在高能效情景下，全球太阳能发电装机规模增长约 33 倍至 102 亿千瓦，约占 2050 年全球发电总装机的 41%。其中，亚太贡献全球约 48% 的新增太阳能发电装机，2050 年达到 49 亿千瓦，中国、印度分别贡献全球增量的 20%、15%，2050 年太阳能发电装机规模分别约 20 亿、14 亿千瓦；北美、欧洲分别约贡献全球约 18%、14% 的新增装机，2050 年太阳能发电装机规模分别达到 18 亿、15 亿千瓦；非洲、中东、中南美的贡献率分别为 7%、7%、8%，2050 年太阳能发电装机规模分别约为 7.4 亿、6.6 亿、6.4 亿千瓦。

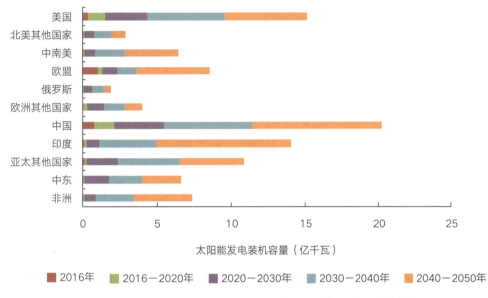

图3-20　2016－2050年分地区太阳能发电装机变化（高能效情景）

专题二　电气化进程

全球电气化水平稳步提升，增速放缓。1980—2015 年，全球电能占终端能源消费的比重从 10.9% 增至 18.5%，提高 7.6 个百分点，其中前二十年提高 7.4 个百分点，主要由欧美地区工业化、电气化进程快速发展拉动。

商业电气化水平最高，交通电气化水平较低。2015 年，工业、交通、居民、商业电能占终端能源消费比重分别为 26.9%、1.3%、22.9%、51.1%，商业电气化水平为各终端部门中最高，交通电气化水平始终维持在较低水平。

欧美地区电气化水平高于全球平均水平。2015 年，北美、欧洲电气化水平始终高于全球水平，亚太、中南美地区电气化水平与全球水平接近，非洲、中东地区电气化水平明显低于全球水平。

中国电气化水平大幅提升，实现对全球水平超越。2015 年，中国电能占终端能源消费的比重为 22.0%，较 1980 年提高 17.6 个百分点，在主要国家中增幅最大，由落后全球水平 6.5 个百分点实现超过全球水平 3.5 个百分点。

展望期内全球电气化水平加快提高。随着发电、输电、用电及信息化技术水平不断提高，在各国能源清洁化、电气化能源政策支持下，全球电气化水平加快提高。自主减排、高能效、2℃三种情景下，2050 年电能占终端能源消费的比重分别达到 34%、40%、51%。

居民电气化水平提升最快，商业电气化水平仍最高。2050 年，高能效情景下，工业、交通、居民、商业电能占终端能源消费的比重分别达到 50%、21%、55%、73%，较 2015 年分别提高 23、20、32、22 个百分点，交通电气化水平飞跃提升。

欧美地区电气化水平仍处于领先地位。2050 年，高能效情景下，北美、中南美、欧洲、亚太、中东、非洲地区电能占终端能源消费的比重分别达到 47%、38%、46%、43%、39%、31%。

中国电气化水平加速提升，居民电气化水平增幅最大。2050 年，高能效情景下，中国电能占终端能源消费的比重达到 48%，较 2015 年提高 26 个百分点，高于全球水平 8 个百分点。分部门看，工业、交通、居民、商业电气化水平分别达到 54%、32%、70%、75%，较 2015 年分别提高 25、27、49、41 个百分点。

一、全球电气化水平现状 ❶

（一）全球电气化水平现状概况

全球电气化水平稳步提升，增幅逐步收窄。 2015 年，全球电能占终端能源消费的比重为 18.5%，较 1980 年提高 7.6 个百分点，其中 1980－2000 年、2000－2015 年分别提高 7.4、4.6 个百分点，前二十年主要受欧美地区工业化、电气化进程快速发展拉动。分地区看，北美、欧洲电气化水平始终高于全球平均水平，亚太、中南美电气化水平与全球平均水平接近，非洲、中东电气化水平明显低于全球平均水平。

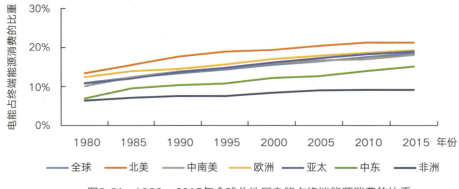

图3-21　1980－2015年全球分地区电能占终端能源消费的比重

商业电气化水平超过 50%，工业、居民电气化水平较快增长。 2015 年，商业电能占终端能源消费的比重高达 51.1%，为各终端用能部门中最高，较 1980 提高 26.3 个百分点，主要由于商业用能模式相对简单，电能即可满足其大部分用能需求；工业、居民电能占终端能源消费的比重分别为 26.9%、22.9%，明显高于全球平均水平，较 1980 年分别提高 10.1、11.3 个百分点；交通电能占终端能源消费的比重仅为 1.3%，较 1980 年提高 0.2 个百分点，始终维持在极低水平；其他部门电能占终端能源消费达到 35.1%，仅次于商业，较 1980 年提高 27.7 个百分点。

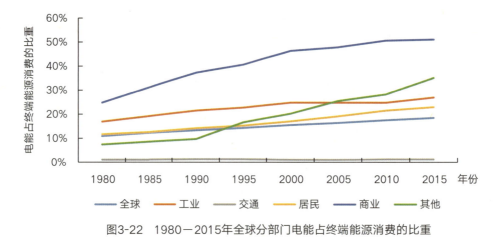

图3-22　1980－2015年全球分部门电能占终端能源消费的比重

---

❶　电气化水平现状数据主要参考国际能源署《能源平衡表》，分析年份为 1980－2015 年。

有色金属、机械制造业电气化水平最高，建材、黑色金属业电气化水平较低。2015 年，重点工业行业中，有色金属、机械制造业电能占终端能源消费的比重超过 60%，分别达到 64.1%、60.6%；纺织及皮革业电能占终端能源消费的比重为 48.3%；其他工业、食品及烟草、造纸及印刷、化工业电能占终端能源消费的比重在 20%～30% 之间；黑色金属、建材业电能占终端能源消费的比重不足 20%。从电气化水平提升幅度看，1980－2015 年，机械制造、纺织及皮革业电能占终端能源消费的比重分别提高 40.3、22.9 个百分点，增幅最大；造纸及印刷、化工业电能占终端能源消费的比重分别下降 2.6、0.5 个百分点，总体在小范围内波动。

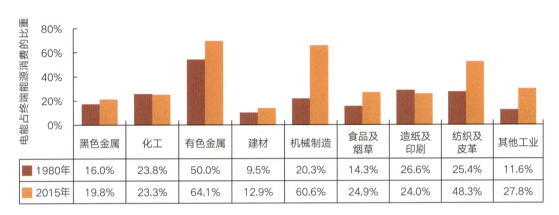

	黑色金属	化工	有色金属	建材	机械制造	食品及烟草	造纸及印刷	纺织及皮革	其他工业
1980年	16.0%	23.8%	50.0%	9.5%	20.3%	14.3%	26.6%	25.4%	11.6%
2015年	19.8%	23.3%	64.1%	12.9%	60.6%	24.9%	24.0%	48.3%	27.8%

图3-23　1980/2015年全球重点工业行业电能占终端能源消费的比重

交通部门整体电气化水平较低，铁路电气化水平增长明显。2015 年，重点交通运输业中，铁路电能占终端能源消费的比重为 38.8%，较 1980 年提高 21.3 个百分点，是交通电气化水平提升的最主要拉动点；航空电能占终端能源消费的比重始终为 0%；道路、航运及其他电能占终端能源消费的比重分别为 0.5%、1.5%，电气化水平极低。

（二）分地区电气化水平现状

1. 北美

北美地区电气化水平为各区域中最高。2015 年，北美电能占终端能源消费的比重为 21.3%，较全球平均水平高 2.8 个百分点，较 1980 年提高 7.9 个百分点，1980－2000 年、2000－2015 年分别提高 6.0、1.9 个百分点，主要为前二十年贡献。分部门看，工业、商业电能占终端能源消费的比重分别为 28.2%、54.4%，较 1980 年分别提高 11.2、20.6 个百分点；居民电能占终端能源消费的比重为 44.7%，较 1980 年提高 17.3 个百分点，为各区域中最高，主要受居民用能习惯影响；交通电能占终端能源消费的比重为 0.2%，仅高于非洲。

有色金属、纺织及皮革、机械制造业电气化水平较高。2015 年，重点工业行业中，有色金属、纺织及皮革、机械制造、其他工业电能占终端能源消费的比重分别为 69.0%、55.3%、45.2%、38.1%，处于领先水平；食品及烟草、黑色金属、化工、建材、造纸及印刷业电能占终端能源消费的比重分别为 23.4%、22.1%、17.7%、17.7%、16.6%。交通部门中铁路、航运及其他电能占终端能源消费的比重分别为 4.4%、1.1%，航空、道路电气化水平均为 0%。

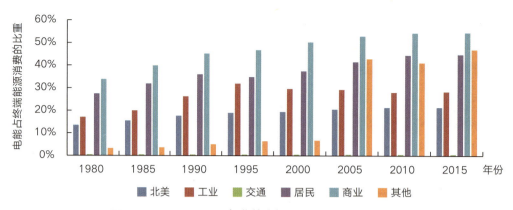

图3-24　1980－2015年北美分部门电能占终端能源消费的比重

2. 中南美

中南美地区电气化水平略低于全球，商业电气化水平为全球最高。2015 年，中南美电能占终端能源消费的比重为 18.1%，较全球平均水平低 0.4 个百分点，较 1980 年提高 8.0 个百分点。分部门看，商业电能占终端能源消费的比重为 77.2%，较 1980 年提高 13.9 个百分点，居全球商业电气化水平之首；工业、居民电能占终端能源消费的比重分别为 23.3%、33.5%，较 1980 年分别提高 8.0、23.0 个百分点；交通电能占终端能源消费的比重为 0.3%。

中南美地区多数工业行业电气化水平均处于较低水平。2015 年，重点工业行业中，化工、黑色金属、造纸及印刷、食品及烟草、建材业电能占终端能源消费的比重分别为 19.9%、17.8%、15.8%、10.5%、9.4%，均不足 20%；纺织及皮革、有色金属业电能占终端能源消费的比重为 51.4%、43.1%，处于较高水平。交通部门中，铁路电能占终端能源消费的比重达 24.7%，较 1980 年提高 14.5 个百分点。

图3-25　1980－2015年中南美分部门电能占终端能源消费的比重

3. 欧洲

欧洲地区电气化水平仅次于北美，工业、交通电气化水平居各区域之首。2015 年，欧洲电能占终端能源消费的比重从为 19.3%，较全球平均水平高 0.7 个百分点，较 1980 年提高 6.9 个百分点。分部门看，工业电能占终端能源消费的比重为 30.4%，较 1980 年提高 12.3 个百分点，为全球最高；居民、商业电能占终端能源消费的比重分别为 21.1%、44.0%，较 1980 年分别提高6.8、27.0 个百分点，商业为全球最低；交通电能占终端能源消费的比重为 3.0%，较 1980 年下降 0.5 个百分点，始终为各区域中最高，主要由于其铁路电气化水平极高、电动汽车应用规模大。

欧洲多数工业行业电气化水平均处于较高水平，铁路电气化水平远超其他地区。2015 年，重点工业行业中，有色金属、机械制造、纺织及皮革业电气化水平超过 40%，分别达到 73.6%、48.8%、41.7%，建材业电能占终端能源消费的比重为 15.7%，处于较低水平。交通部门中，铁路、航运及其他电能占终端能源消费的比重分别为 69.3%、9.0%，均为各地区中最高。

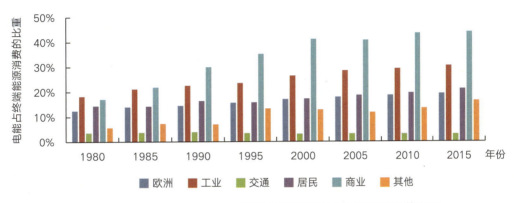

图3-26　1980－2015年欧洲分部门电能占终端能源消费的比重

4. 亚太

亚太地区电气化水平超过全球平均水平。2015 年，亚太电能占终端能源消费的比重为18.9%，较全球平均水平高 0.4 个百分点，较 1980 年提高 8.1 个百分点，主要由工业化进程不断推进拉动。分部门看，工业、居民、商业电能占终端能源消费的比重分别为 26.2%、19.2%、57.6%，较 1980 年分别提高 6.2、12.1、33.8 个百分点；交通电能占终端能源消费的比重为1.0%，较 1980 年下降 0.3 个百分点，与全球水平接近。

亚太地区机械制造、纺织及皮革、有色金属业电气化水平较高。2015 年，重点工业行业中，机械制造、纺织及皮革、有色金属业电能占终端能源消费的比重分别为 79.5%、51.1%、42.4%，电气化水平领先；建材、黑色金属业为 9.6%、19.5%，电气化水平较低。交通部门中，铁路电能占终端能源消费的比重为 40.8%，较 1980 年提高 23.7 个百分点，仅次于欧洲。

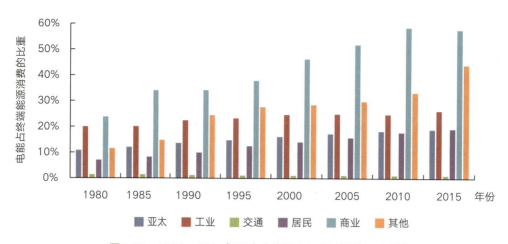

图3-27　1980－2015年亚太分部门电能占终端能源消费的比重

5. 中东

中东地区电气化水平提升最快，仍低于全球水平。2015 年，中东电能占终端能源消费的比重为 15.1%，较全球平均水平低 3.4 个百分点，较 1980 年提高 8.2 个百分点，增幅为各区域中最大。分部门看，商业电能占终端能源消费的比重为 70.6%，较 1980 年提高 53.3 个百分点，仅次于中南美；工业、居民电能占终端能源消费的比重分别为 9.7%、36.9%，较 1980 年分别提高 4.7、21.8 个百分点，工业电气化水平为各区域最低；交通电能占终端能源消费的比重始终为 0%。

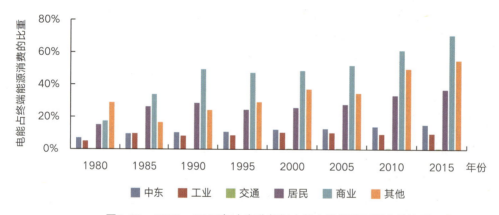

图3-28　1980－2015年中东分部门电能占终端能源消费的比重

6. 非洲

非洲电气化水平增幅最小，电气化水平在各区域中居末位。2015 年，非洲电能占终端能源消费的比重为 9.3%，较全球平均水平低 9.2 个百分点，较 1980 年仅提高 2.9 个百分点，主要受工业化进程过慢所限。其中，工业、居民、商业电能占终端能源消费的比重分别为 25.3%、5.4%、46.2%，较 1980 年分别提高 6.9、3.3、17.3 个百分点，居民电气化水平为全球最低；交通电能占终端能源消费的比重仅为 0.5%，较 1980 年下降 1.0 个百分点。

非洲有色金属、造纸及印刷、机械制造、纺织及皮革业电气化水平较高。2015 年，重点工业行业中，有色金属、造纸及印刷、机械制造、纺织及皮革业电能占终端能源消费的比重分别为 63.7%、48.6%、46.5%、44.5%；建材、黑色金属业电气化水平较低，电能占终端能源消费的比重为 11.2%、11.4%。交通部门中，铁路、航运及其他电能占终端能源消费的比重分别为 39.1%、4.6%。

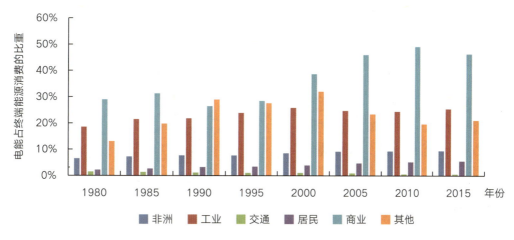

图3-29　1980－2015年非洲分部门电能占终端能源消费的比重

（三）主要国家电气化水平现状

各国电气化水平差异巨大，电气化水平均存在提升空间。 主要国家中，日本电气化水平最高，电能占终端能源消费的比重为 28.0%，较全球平均水平高 9.5 个百分点；俄罗斯在主要国家中最低，仅 13.7%。分部门看，工业部门中，韩国电气化水平"一骑绝尘"，电能占终端能源消费的比重高达 45.9%，较全球平均水平高 19.0 个百分点；印度在主要国家中最低，仅 19.9%。商业部门中，巴西电气化水平最高，电能占终端能源消费的比重达 91.8%，较全球平均水平高 40.7 个百分点，与其极为丰富的水电资源、相对简单的产业结构有关；中国在主要国家中最低，电能占终端能源消费的比重为 33.6%；居民消费中，日本电气化水平最高，电能占终端能源消费的比重为 53.2%，较全球平均水平高 30.3 个百分点，多数发达国家在 30% 以上；俄罗斯居民电能占终端能源消费的比重仅为 11.0%，在主要国家中最低。

中国电气化水平大幅提升，实现对全球水平超越。 2015 年，中国电能占终端能源消费的比重达到 22.0%，较 1980 年提高 17.6 个百分点，在主要国家中提升幅度最大，由落后全球水平 6.5 个百分点实现超过全球水平 3.5 个百分点，主要受中国工业化进程加快发展推动。分部门看，工业、商业、居民、交通电能占终端能源消费的比重分别为 28.6%、33.6%、20.8%、5.2%，工业、交通电气化水平较全球水平分别高 1.7、3.8 个百分点，商业、居民较全球水平分别低 17.5、2.1 个百分点，与终端大量利用煤炭有一定关系。

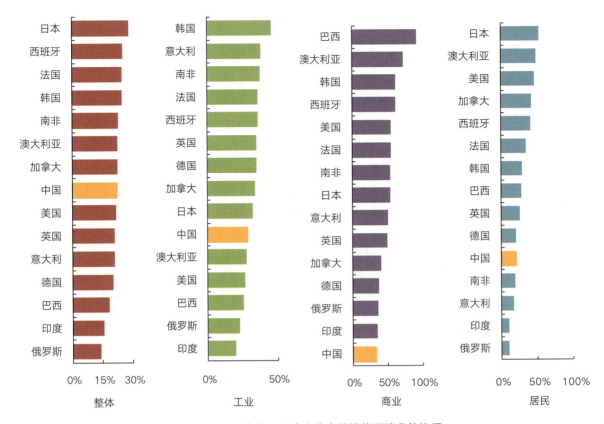

图3-30 2015年主要国家电能占终端能源消费的比重

二、全球电气化水平展望

（一）影响因素

全球能源转型持续推进，欧美等发达国家及地区经济保持平稳增长；随着生产率提高、技术进步推动及国际合作不断深入，以中国、印度为代表的发展中国家和地区经济较快增长，是全球经济增长的主要动力。全球人口平稳增长，预计世界人口在2050年达到97.6亿，受国家政策、经济条件改善、生活医疗水平提高等因素影响，人口增长主要集中在亚太、非洲。

1. 政策推动

推动能源结构向清洁化、电气化转型是各国能源政策的共同选择。从能源生产侧看，风能、太阳能、海洋能等清洁能源特别是新能源大规模开发利用是大势所趋。从能源消费侧看，体现为能源消费更加高效、智能化、清洁低碳化。

能源生产侧政策包括：美国部分州推行可再生能源配额制，部分核电机组服役年限延长至 60 年；欧盟计划绝大数成员国在 2020 年后无新增煤电机组，计划 2020 年、2030 年可再生能源占比至少达到 20%、27%；中国规划 2020 年、2030 年非化石能源占一次能源的比重达到 15%、20%，中国国家电网有限公司提出"再电气化"战略助力能源转型；印度计划 2030 年非化石能源累计发电装机占比达到约 40%；巴西计划 2030 年可再生能源占一次能源的比重达到 45%。

能源消费侧政策包括：工业、建筑业政策注重能效提升、控制排放，如美国对工业 / 商业锅炉、生产用热领域实行更为严格的碳排放限制、建筑业实行能效之星计划，中国强制性实施工业能效标准；交通行业大力推广电动汽车、电气化铁路，如美国计划 2025 年电动汽车在 8 个州的拥有量达到 500 万辆，英国、法国计划 2040 年逐步淘汰汽油和柴油车销售，中国计划 2025 年电动汽车销售量达到 500 万辆；对用户侧，鼓励通过数字化技术，挖掘用能需求侧响应潜力，提高终端用户的灵活性和可控性。

2. 技术进步

技术进步是推动能源结构向电气化转型的重要支撑。 主要包括发电技术、输电技术、用电技术、信息化技术等。

发电技术：可再生能源发电技术进一步成熟，实现灵活控制、灵活调度，发电成本持续下降，用电经济性上升；屋顶光伏、光伏路灯等分布式电源因地制宜建设，助力清洁能源消纳；智能化预测系统通过加强对发电环境分析预测，精准预测可再生能源发电出力变化。

输电技术：具备大容量、远距离输电能力的特高压技术进一步提升大范围资源配置能力、降低线损率；柔性交 / 直流输电技术、源网荷互动技术、智能化控制技术等技术全面应用，电网安全稳定性、灵活运行水平进一步提高；储能技术进一步研发、大量投用，将有效平滑可再生能源发电出力波动性。

用电技术：工业生产设备由传统化石能源燃料驱动转向电能驱动，如电锅炉、电窑炉、电加热等；交通运输业电动汽车充电速度更快、续航能力更强，电气化铁路全面推广应用，港口岸电、机场桥载等技术大范围应用；居民、商业在空调制冷、采暖、烹饪等传统用能方面全面实现电能替代，智能家居、住宅电气化是居民用电的重要补充。

信息化技术：大数据等先进的互联网技术和能源开发利用技术有效融合将极大增强电力信息共享、灵活配置能力，推进智慧能源广泛利用，同时电能可灵活调节、精确控制的优点，更符合信息化技术发展趋势和用户日益提高的用能需求。

（二）展望结果

综合考虑经济社会发展、技术进步、能源转型等因素，在各国清洁化、电气化能源政策支持下，对 2050 年自主减排、高能效、2℃三个情景下全球电气化水平进行展望，分部门、分地区电气化水平展望主要展示高能效情景结果。

1. 分情景电气化水平

全球电气化水平加快提高。高能效情景下，全球电气化水平快速提高，2035 年、2050 年电能占终端能源消费的比重分别达到 27%、40%。自主减排情景下，全球电气化水平增速略低于高能效情景，2035 年、2050 年电能占终端能源消费的比重分别为 24%、34%。2℃情景下，全球电气化水平增长速度较高能效情景进一步提高，2035 年、2050 年电能占终端能源消费的比重分别达到 31%、51%。2050 年，高能效情景、2℃情景下全球电能占终端能源消费的比重较自主减排情景分别高 6、17 个百分点。

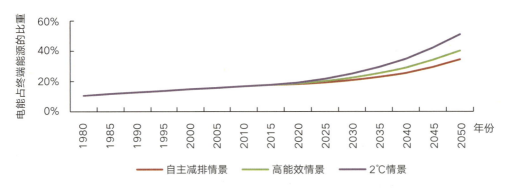

图3-31　1980－2050年全球分情景电能占终端能源的比重

2. 分部门电气化水平

各终端用能部门电气化水平均加速提升，商业电气化水平仍领先。2015－2050 年，高能效情景下，工业、交通、居民、商业、其他五个终端用能部门电能占终端能源消费的比重分别从 27%、1%、23%、51%、35% 提高至 50%、21%、55%、73%、61%。工业领域在电锅炉、电窑炉等电驱动技术推广应用下，电气化水平提高 23 个百分点；受电气化铁路技术大范围利用、电动汽车规模快速增加影响，交通电气化水平提高 20 个百分点；居民用能结构相对简单，电能可替代化石能源领域多、提升潜力大，展望期内电气化水平提升 32 个百分点，增幅为各部门最大；商业电气化水平始终为各部门中最高，展望期内提高 22 个百分点。

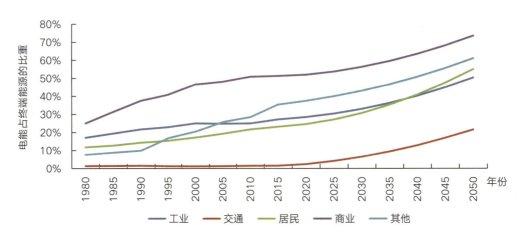

图3-32　1980－2050年全球分部门电能占终端能源的比重（高能效情景）

重点工业行业电气化水平均显著提升，机械制造、有色金属业电气化水平最高。 2050 年，高能效情景下，重点工业行业中电能占终端能源消费的比重最高的三个工业行业分别为机械制造业（82%）、有色金属业（76%）、纺织及皮革业（65%），较 2015 年分别提高 22、12、17 个百分点；电气化水平最低的三个工业行业分别为黑色金属业（42%）、造纸及印刷业（42%）、建材业（45%），较 2015 年分别提高 23、18、32 个百分点。

图3-33　2015－2050年全球重点工业行业电能占终端能源的比重（高能效情景）

交通部门中铁路电气化水平快速提升。 2015－2050 年，高能效情景下，航空、管道及其他电能占终端能源消费的比重分别从 0%、2% 增至 3%、4%，增幅极小；铁路、道路电能占终端能源消费的比重分别从 39%、1% 增至 81%、26%，分别提高 42、25 个百分点，是交通电气化水平提高的主要拉动点。

3. 分地区电气化水平

各地区电气化水平均显著提升，北美地区电气化水平仍居首位。 2050 年，高能效情景下，北美、中南美、欧洲、亚太、中东、非洲电能占终端能源消费的比重分别为 47%、38%、46%、43%、39%、31%，北美、欧洲仍处于领先水平；亚太超过全球水平 3 个百分点；中南美、中东略低于全球水平，非洲仍最低。

各地区各部门能用结构持续向电气化转型。 工业部门中，北美、欧洲处于领先水平，分别达到 53%、52%，亚太约 49%，略低于全球平均水平；交通部门中，欧洲、北美电气化水平最高，分别为 31%、29%，中南美、非洲电气化水平最低，分别为 16%、15%；居民部门中，北美电气化水平遥遥领先，为 73%，非洲最低，仅为 31%，其他地区居民电气化水平均在 55%~65% 之间；商业部门中，中南美电气化水平超过 80%，达到 84%，非洲最低，为 65%，其他地区均在 70%~80% 之间。

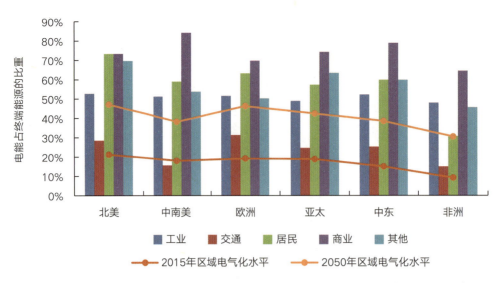

图3-34　2050年全球分地区分部门电能占终端能源的比重（高能效情景）

4. 主要国家电气化水平

主要国家电气化水平均大幅提升，除印度外电气化水平均超过40%。 2050年，高能效情景下，主要国家中德国、法国、日本、英国电能占终端能源消费的比重超过50%，分别达到约59%、58%、56%、54%，较2015年分别提高39、33、28、34个百分点；美国、韩国、南非、俄罗斯、巴西电气化水平在40%~50%之间，分别为47%、45%、42%、41%、40%，较2015年分别提高26、21、20、27、22个百分点；印度电气化水平最低，为38%，较2015年提高23个百分点。

各国分部门电气化水平均大幅提高。 工业部门中，韩国、德国、法国电气化水平最高，均超过60%，分别约66%、62%、60%；巴西、印度不足50%，分别为48%、40%，其他国家工业电

气化水平均在 50%~60% 之间；交通部门中，德国、法国电气化水平均为 45%，处于领先水平，巴西、印度交通电气化水平分别为 21%、20%，远低于其他国家；居民部门中，法国、德国、日本电气化水平均超过 75%，达到 78%、76%、76%，印度为 55%，处于各国末位；商业部门中，巴西遥遥领先于其他国家，电气化水平高达 95%，印度与其他国家差距较大，仅 60%。

中国电气化水平持续快速提升，居民电气化水平增幅最大。2050 年，高能效情景下，中国电能占终端能源消费的比重达到 48%，较 2015 年提高 26 个百分点，高于全球水平 8 个百分点。分部门看，工业、交通、居民、商业电气化水平分别达到 54%、32%、70%、75%，较 2015 年分别提高 25、27、49、41 个百分点，主要受工业电驱动、智能制造、电气化铁路、电动汽车、家庭电气化、智能家居等大规模推广利用拉动。

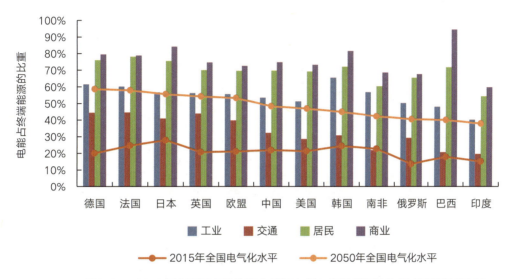

图3-35　2050年主要国家及地区分部门电能占终端能源的比重（高能效情景）

附录A 模型简介

全球能源供需预测模型简介

国网能源研究院自主开发了涵盖"经济-能源-电力-环境"4E因素的全球能源供需预测模型 (Global Energy Modelling System，简称 GEMS-4E)，开展面向中长期的分品种、分部门、分地区能源供需展望。

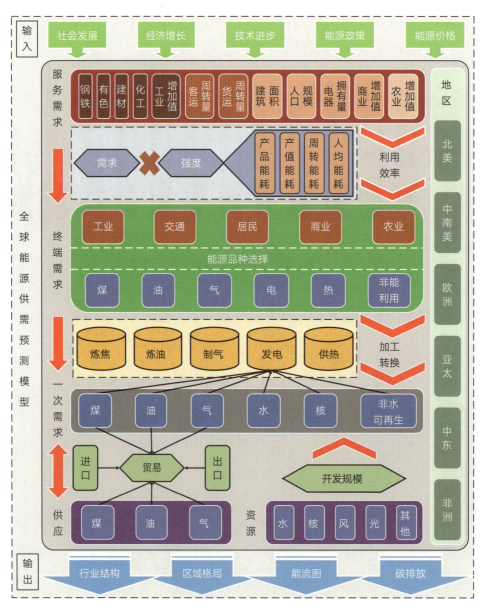

图 A-1　全球能源供需预测模型(GEMS-4E)体系框架

1. 建模思路

考虑全球能源电力系统的极强复杂性以及能源电力转型的多目标导向，GEMS-4E 采用了"自上而下"与"自下而上"相互结合、"模拟"与"优化"因能制宜的复合开发路线。其中，"自上而下"与"自下而上"相互结合指在从经济发展到服务需求再到能源需求的建模过程中，"自上而下"地将经济社会发展对能源需求的影响予以定量考虑，"自下而上"地量化技术进步、效率提升、能源政策等因素对能源需求的影响；"模拟"与"优化"因能制宜是指采用模拟方法预测能源服务需求、终端能源需求，区分发电消耗与非发电消耗并采用模拟方法刻画煤炭、石油和天然气的加工转换过程，采用优化技术实现分品种发电量及发电能源的预测。

2. 功能模块

GEMS-4E 主要包括能源服务需求、终端能源需求、一次能源需求等三个模块，利用效率、加工转换两个环节。

● 能源服务需求模块通过产量、产值、周转量、建筑面积、电器拥有量等指标对能源服务需求进行预测；

● 利用效率环节通过产品能耗、产值能耗、周转能耗、人均能耗等指标连接能源服务需求模块与终端能源需求模块；

● 终端能源需求模块以能源价格为驱动，以能源品种占比为途径实现从终端能源需求分部门结构到终端能源需求分品种结构的预测；

● 加工转换环节包括炼焦、炼油、制气、发电、供热等，连接终端能源需求模块与一次能源需求模块。

3. 模型指标

GEMS-4E 的输入参数包括社会发展、经济增长、技术进步、能源政策、能源价格等，输出结果包括分品种、分部门、分地区能源格局及能流图、碳排放等。

在能源品种方面，GEMS-4E 考虑的一次能源种类包括煤炭、石油、天然气、水能、核能、非水可再生能源及其他，其中非水可再生能源及其他包括传统生物质能。终端能源种类包括煤炭、石油、天然气、电力、热力及其他。发电技术包括燃煤、燃油、燃气、水电、核电、风电、太阳能发电、生物质发电及其他，发电量统计采用全口径，用电量不包含进出口、能源行业自用及输配损耗。针对发电能源，以电能所承载的能量为基础并考虑一定系数将发电能源折算至一次能源，其中水能（不含抽水蓄能）、风能、光伏及其他可再生能源（潮汐、波浪、海洋）发电的折算系数为 100%，核能、光热、生物质能发电的折算系数为 33%，地热发电的折算系数为 10%。

在行业分类方面，GEMS-4E 考虑了工业、交通、居民、商业、其他、非能利用等部门，其中工业细分黑色金属、化工、有色金属、建材、机械、食品及烟草、造纸及印刷、纺织及皮革、其他等行业，工业运输能耗计入交通部门；交通细分公路、铁路、航空、航运及其他等方式；其他包括农业、林业、渔业等；非能利用主要是不同部门中被用作原材料的化石燃料，而非作为燃料直接消耗或加工转化为另一种燃料。

在地区划分方面，GEMS-4E 将全球划分为北美、中南美、欧洲、亚太、中东、非洲等6大区（详见附录B），并对美国、巴西、欧盟、英国、法国、德国、俄罗斯、中国、印度、日本、韩国、南非等12个主要地区或国家进行深度研究。

在碳排放方面，GEMS-4E 根据化石燃料的消费量和排放因子计算能源相关碳排放。参考联合国政府间气候变化专门委员会（Intergovernmental Panel on Climate Change，IPCC) 制定的 2006 版国家温室气体排放清单指南（Guidelines for National Greenhouse Gas Inventories 2006），煤炭、石油、天然气的二氧化碳排放系数分别取 2.772、2.149、1.64 吨 / 吨标准煤；非能利用只计释放的二氧化碳，煤炭、石油、天然气的释放系数分别取 0.6、0.4、0.67 吨 / 吨标准煤。

表 A-1　能源转换系数表

项目	太焦（10^{12} 焦耳）	百万吨标准煤（10^6 煤当量）	百万吨标准油（10^6 油当量）	吉瓦·时(10^6 千瓦·时)
1 太焦（10^{12} 焦耳）	1	3.416×10^{-5}	2.388×10^{-5}	0.2778
1 百万吨标准煤（10^6 煤当量）	29270	1	0.7	8141
1 百万吨标准油（10^6 油当量）	41868	1.4286	1	11630
1 吉瓦·时（10^6千瓦·时）	3.6	1.228×10^{-4}	8.6×10^{-5}	1

区域	国家 / 地区
北美	美国、加拿大、墨西哥
中南美	巴西、阿根廷、智利、委内瑞拉、哥伦比亚、厄瓜多尔、秘鲁、特立尼达和多巴哥岛、玻利维亚、哥斯达黎加、古巴、多米尼加、萨尔瓦多、瓜地马拉、海地、洪都拉斯、牙买加、荷属安的列斯群岛、尼加拉瓜、巴拿马、巴拉圭、乌拉圭、安提瓜和巴布达、阿鲁巴、巴哈马、巴巴多斯、伯利兹、百慕大群岛、英属维京群岛、开曼群岛、多米尼克、福克兰群岛、法国圭亚那、格林纳达、瓜德罗普岛、圭亚那、马提尼克、蒙特塞拉特岛、波多黎各、圣基茨和尼维斯、圣露西亚、圣彼埃尔和密克隆岛、圣文森特和格林纳丁斯群岛、苏里南、特克斯和凯科斯群岛
亚太	中国、印度、日本、韩国、澳大利亚、印尼、以色列、新西兰、孟加拉国、文莱、柬埔寨、马来西亚、蒙古、朝鲜、缅甸、尼泊尔、巴基斯坦、菲律宾、新加坡、斯里兰卡、泰国、越南、阿富汗、不丹、库克群岛、东帝汶、斐济、法属玻利尼西亚、基里巴斯、老挝、澳门、马尔代夫、新喀里多尼亚、帕劳群岛、巴布亚新几内亚、所罗门群岛、萨摩亚、汤加、瓦努阿图
中东	沙特阿拉伯、伊朗、伊拉克、巴林、约旦、科威特、黎巴嫩、阿曼、卡塔尔、叙利亚、阿联酋、也门
欧洲	德国、法国、英国、意大利、西班牙、奥地利、比利时、捷克、丹麦、爱沙尼亚、芬兰、希腊、匈牙利、爱尔兰、卢森堡、荷兰、波兰、葡萄牙、斯洛伐克、斯洛文尼亚、瑞典、冰岛、挪威、瑞士、土耳其、阿尔巴尼亚、波斯尼亚和黑塞哥维那、保加利亚、塞浦路斯、克罗地亚、前南斯拉夫的马其顿共和国、直布罗陀、马耳他、罗马尼亚、塞尔维亚、黑山；俄罗斯、哈萨克斯坦、拉脱维亚、立陶宛、亚美尼亚、阿塞拜疆、白俄罗斯、格鲁吉亚、吉尔吉斯斯坦、科索沃、摩尔多瓦、塔吉克斯坦、土库曼斯坦、乌兹别克斯坦、乌克兰
非洲	南非、尼日利亚、埃及、阿尔及利亚、安哥拉、贝宁、博茨瓦纳、喀麦隆、刚果民主共和国、刚果、科特迪瓦、埃及、厄立特里亚、埃塞俄比亚、加蓬、加纳、肯尼亚、利比亚、摩洛哥、莫桑比克、纳米比亚、尼日利亚、塞内加尔、苏丹、坦桑尼亚、多哥、突尼斯、赞比亚、津巴布韦、布基纳法索、布隆迪、佛得角、中非、乍得、科摩罗、吉布提、赤道几内亚、冈比亚、几内亚比绍、几内亚、莱索托、利比里亚、马达加斯加、马拉维、马里、毛里塔尼亚、毛里求斯、尼日尔、留尼汪岛、卢旺达、圣多美和普林西比、塞舌尔、塞拉利昂、索马里、斯威士兰、乌干达、西撒哈拉

附录C 现状数据

C.1 经济社会

1. GDP

表 C-1 1980—2016 年分地区 GDP（2010 年美元价） 单位：万亿美元

地区/国家	1980	2000	2010	2011	2012	2013	2014	2015	2016	结构 (%) 1980	结构 (%) 2016	增速 (%) 1980—2016
北美	7.83	14.94	17.63	17.96	18.37	18.69	19.14	19.65	19.95	28.1	25.7	2.6
美国	6.53	12.71	14.96	15.20	15.54	15.80	16.18	16.64	16.89	23.4	21.8	2.7
加拿大	0.78	1.34	1.61	1.66	1.69	1.74	1.78	1.80	1.82	2.8	2.4	2.4
墨西哥	0.52	0.88	1.05	1.09	1.14	1.15	1.18	1.21	1.24	1.9	1.6	2.5
中南美	2.10	2.93	4.17	4.36	4.47	4.60	4.54	4.12	4.00	7.6	5.2	1.8
巴西	1.01	1.54	2.21	2.30	2.34	2.41	2.42	2.33	2.25	3.6	2.9	2.2
阿根廷	0.23	0.30	0.42	0.45	0.44	0.46	0.44	0.46	0.45	0.8	0.6	1.9
其他	0.87	1.08	1.54	1.61	1.68	1.74	1.68	1.34	1.31	3.1	1.7	1.1
欧洲	10.28	17.07	20.38	20.87	20.93	21.11	21.54	22.12	22.59	36.9	29.1	2.2
欧盟	—	14.79	16.99	17.28	17.21	17.25	17.55	17.96	18.31	—	23.6	1.7*
英国	1.23	2.10	2.44	2.48	2.51	2.56	2.64	2.71	2.75	4.4	3.6	2.3
法国	1.49	2.35	2.65	2.70	2.71	2.72	2.75	2.78	2.81	5.4	3.6	1.8
德国	2.04	3.12	3.42	3.54	3.56	3.58	3.65	3.71	3.78	7.3	4.9	1.7
意大利	1.38	2.06	2.13	2.14	2.08	2.04	2.04	2.06	2.08	5.0	2.7	1.2
西班牙	0.65	1.15	1.43	1.42	1.38	1.35	1.37	1.42	1.46	2.3	1.9	2.3
俄罗斯	—	0.95	1.52	1.61	1.66	1.69	1.71	1.66	1.65	—	2.1	0.6*
其他	—	1.33	1.86	1.99	2.06	2.16	2.28	2.51	2.63	—	3.4	3.2*
亚太	5.30	11.60	18.27	19.15	20.06	21.05	22.03	23.20	24.31	19.0	31.4	4.3
澳大利亚	0.44	0.85	1.14	1.17	1.21	1.24	1.28	1.31	1.34	1.6	1.7	3.2
中国	0.34	2.24	6.10	6.68	7.21	7.77	8.33	8.91	9.50	1.2	12.3	9.7
印度	0.27	0.80	1.66	1.77	1.86	1.98	2.13	2.30	2.46	1.0	3.2	6.3
日本	2.98	5.35	5.70	5.69	5.78	5.89	5.91	5.99	6.05	10.7	7.8	2.0
韩国	0.14	0.71	1.09	1.13	1.16	1.19	1.23	1.27	1.30	0.5	1.7	6.4
印尼	0.18	0.45	0.76	0.80	0.85	0.90	0.94	0.99	1.04	0.7	1.3	5.0
其他	0.95	1.20	1.82	1.90	1.99	2.07	2.20	2.44	2.61	3.4	3.4	2.9
中东	1.61	2.33	3.59	3.77	3.91	4.04	4.17	4.31	4.41	5.8	5.7	2.8
非洲	0.72	1.14	1.91	1.94	1.97	2.06	2.15	2.23	2.27	2.6	2.9	3.2
埃及	0.05	0.14	0.22	0.22	0.23	0.23	0.24	0.25	0.26	0.2	0.3	4.5
南非	0.19	0.27	0.38	0.39	0.40	0.41	0.41	0.42	0.42	0.7	0.5	2.2
其他	0.48	0.73	1.32	1.32	1.35	1.42	1.50	1.57	1.59	1.7	2.1	3.4
世界	27.84	50.00	65.95	68.05	69.71	71.55	73.56	75.64	77.53	100.0	100.0	2.9
OECD	22.25	37.64	43.77	44.56	45.11	45.74	46.71	48.09	49.02	79.9	63.2	2.2
非 OECD	5.60	12.36	22.18	23.48	24.60	25.81	26.85	27.55	28.50	20.1	36.8	4.6

数据来源：世界银行，国网能源研究院。

注 上角标 * 表示 1990—2016 年均增速。

2. 人均 GDP

表 C-2　1980—2016 年分地区人均 GDP（2010 年美元价）　　　　　单位：万美元

地区/国家	1980	1990	2000	2010	2011	2012	2013	2014	2015	2016	增速 (%) 1980—2016
北美	2.42	2.93	3.60	3.83	3.87	3.92	3.95	4.01	4.08	4.10	1.5
美国	2.84	3.59	4.51	4.85	4.89	4.96	5.01	5.09	5.20	5.24	1.7
加拿大	3.18	3.66	4.37	4.72	4.82	4.85	4.92	5.00	5.00	5.02	1.3
墨西哥	0.75	0.73	0.87	0.90	0.92	0.94	0.94	0.95	0.96	0.97	0.7
中南美	0.71	0.61	0.69	0.87	0.90	0.91	0.93	0.91	0.81	0.78	0.3
巴西	0.83	0.80	0.88	1.12	1.16	1.17	1.19	1.19	1.13	1.08	0.7
阿根廷	0.81	0.59	0.82	1.03	1.08	1.06	1.07	1.03	1.05	1.02	0.7
其他	0.60	0.46	0.51	0.64	0.66	0.68	0.69	0.66	0.52	0.50	-0.5
欧洲	1.31	1.73	2.00	2.32	2.37	2.36	2.38	2.42	2.47	2.52	1.8
欧盟	—	3.15	3.92	4.42	4.50	4.48	4.50	4.59	4.70	4.80	1.9*
英国	2.19	2.87	3.55	3.86	3.88	3.91	3.97	4.07	4.14	4.19	1.8
法国	2.76	3.35	3.94	4.20	4.27	4.25	4.26	4.28	4.31	4.34	1.3
德国	2.61	3.25	3.83	4.22	4.38	4.39	4.40	4.47	4.54	4.62	1.6
意大利	2.45	3.06	3.60	3.56	3.58	3.48	3.42	3.43	3.47	3.51	1.0
西班牙	1.73	2.22	2.81	3.06	3.02	2.94	2.90	2.95	3.06	3.16	1.7
俄罗斯	—	0.96	0.65	1.07	1.12	1.16	1.18	1.19	1.15	1.15	0.7*
其他	—	0.38	0.41	0.53	0.56	0.57	0.60	0.62	0.68	0.71	1.7*
亚太	0.22	0.27	0.34	0.48	0.49	0.51	0.53	0.55	0.57	0.60	2.9
澳大利亚	2.99	3.59	4.44	5.17	5.20	5.31	5.37	5.44	5.49	5.57	1.7
中国	0.03	0.07	0.17	0.45	0.49	0.52	0.56	0.60	0.64	0.68	8.6
印度	0.04	0.05	0.08	0.13	0.14	0.15	0.16	0.16	0.18	0.19	4.4
日本	2.53	3.76	4.19	4.43	4.43	4.50	4.59	4.61	4.68	4.73	1.8
韩国	0.37	0.85	1.50	2.21	2.28	2.32	2.38	2.45	2.51	2.57	5.5
印尼	0.12	0.17	0.21	0.31	0.33	0.34	0.36	0.37	0.38	0.40	3.3
其他	0.21	0.15	0.17	0.22	0.23	0.24	0.24	0.26	0.28	0.30	1.0
中东	1.82	1.26	1.44	1.74	1.78	1.81	1.83	1.86	1.88	1.89	0.1
非洲	0.15	0.14	0.14	0.18	0.18	0.18	0.18	0.18	0.19	0.19	0.6
埃及	0.12	0.16	0.20	0.26	0.26	0.26	0.26	0.26	0.27	0.27	2.3
南非	0.64	0.59	0.58	0.73	0.74	0.75	0.76	0.76	0.76	0.75	0.4
其他	0.12	0.10	0.10	0.14	0.14	0.14	0.14	0.15	0.15	0.15	0.6
世界	0.63	0.72	0.82	0.95	0.97	0.98	1.00	1.01	1.03	1.04	1.4
OECD	2.28	2.73	3.29	3.56	3.60	3.63	3.65	3.71	3.80	3.85	1.5
非 OECD	0.16	0.21	0.25	0.39	0.41	0.42	0.44	0.45	0.45	0.46	3.0

数据来源：世界银行，联合国，国网能源研究院。

注　上角标 * 表示 1990—2016 年均增速。

3. 人口

表 C-3　1980－2016 年分地区人口

单位：亿

地区 / 国家	1980	2000	2010	2011	2012	2013	2014	2015	2016	结构 (%) 1980	结构 (%) 2016	增速 (%) 1980－2016
北美	3.24	4.14	4.60	4.65	4.69	4.73	4.78	4.82	4.86	7.3	6.5	1.1
美国	2.30	2.82	3.09	3.11	3.13	3.16	3.18	3.20	3.22	5.2	4.3	0.9
加拿大	0.25	0.31	0.34	0.35	0.35	0.35	0.36	0.36	0.36	0.6	0.5	1.1
墨西哥	0.69	1.02	1.17	1.19	1.21	1.23	1.24	1.26	1.28	1.6	1.7	1.7
中南美	2.95	4.24	4.80	4.85	4.91	4.96	5.01	5.06	5.11	6.7	6.9	1.5
巴西	1.21	1.75	1.97	1.99	2.01	2.02	2.04	2.06	2.08	2.7	2.8	1.5
阿根廷	0.28	0.37	0.41	0.42	0.42	0.43	0.43	0.43	0.44	0.6	0.6	1.2
其他	1.46	2.12	2.42	2.45	2.48	2.51	2.54	2.57	2.60	3.3	3.5	1.6
欧洲	7.84	8.52	8.79	8.82	8.85	8.88	8.91	8.94	8.97	17.7	12.1	0.4
欧盟	—	3.77	3.84	3.84	3.84	3.83	3.83	3.82	3.81	8.5	5.1	0.0*
英国	0.56	0.59	0.63	0.64	0.64	0.65	0.65	0.65	0.66	1.3	0.9	0.4
法国	0.54	0.60	0.63	0.63	0.64	0.64	0.64	0.64	0.65	1.2	0.9	0.5
德国	0.78	0.81	0.81	0.81	0.81	0.81	0.81	0.82	0.82	1.8	1.1	0.1
意大利	0.56	0.57	0.60	0.60	0.60	0.60	0.60	0.60	0.59	1.3	0.8	0.1
西班牙	0.38	0.41	0.47	0.47	0.47	0.47	0.47	0.46	0.46	0.9	0.6	0.6
俄罗斯	—	1.46	1.43	1.43	1.43	1.44	1.44	1.44	1.44	3.1	1.9	0.1*
其他	—	3.29	3.51	3.55	3.58	3.61	3.65	3.69	3.72	6.1	5.0	0.9*
亚太	24.58	34.39	38.44	38.84	39.23	39.62	40.00	40.37	40.74	55.5	54.9	1.4
澳大利亚	0.15	0.19	0.22	0.22	0.23	0.23	0.23	0.24	0.24	0.3	0.3	1.4
中国	9.94	12.83	13.60	13.67	13.75	13.83	13.90	13.97	14.04	22.4	18.9	1.0
印度	6.97	10.53	12.31	12.47	12.63	12.79	12.94	13.09	13.24	15.7	17.8	1.8
日本	1.18	1.28	1.29	1.29	1.28	1.28	1.28	1.28	1.28	2.7	1.7	0.2
韩国	0.38	0.47	0.50	0.50	0.50	0.50	0.50	0.51	0.51	0.9	0.7	0.8
印尼	1.47	2.12	2.43	2.46	2.49	2.52	2.55	2.58	2.61	3.3	3.5	1.6
其他	4.49	6.97	8.11	8.23	8.34	8.47	8.59	8.71	8.83	10.1	11.9	1.9
中东	0.88	1.62	2.06	2.11	2.16	2.20	2.25	2.29	2.33	2.0	3.1	2.7
非洲	4.80	8.17	10.49	10.77	11.05	11.34	11.64	11.94	12.25	10.8	16.5	2.6
埃及	0.44	0.70	0.84	0.86	0.88	0.90	0.92	0.94	0.96	1.0	1.3	2.2
南非	0.30	0.46	0.52	0.52	0.53	0.54	0.55	0.55	0.56	0.7	0.8	1.8
其他	4.06	7.02	9.14	9.39	9.64	9.91	10.18	10.45	10.73	9.2	14.5	2.7
世界	44.28	61.08	69.19	70.04	70.89	71.74	72.58	73.43	74.26	100.0	100.0	1.4
OECD	9.77	11.44	12.29	12.37	12.44	12.52	12.59	12.66	12.73	22.1	17.1	0.7
非 OECD	34.50	49.64	56.90	57.67	58.44	59.22	60.00	60.77	61.54	77.9	82.9	1.6

数据来源：联合国，国网能源研究院。

注　上角标 * 表示 1990－2016 年均增速。

C.2 能源消费

C.2.1 一次能源消费

1. 分地区一次能源消费

表 C-4 1980－2016 年分地区一次能源消费 单位：亿吨标准煤

地区／国家	1980	2000	2010	2011	2012	2013	2014	2015	2016ᵉ	结构 (%) 1980	结构 (%) 2016	增速 (%) 1980－2016
北美	30.4	38.9	38.9	38.9	38.6	39.2	39.7	39.1	38.7	28.8	18.9	0.7
美国	25.9	32.5	31.6	31.3	31.0	31.5	31.9	31.4	31.1	24.5	15.2	0.5
加拿大	3.3	4.3	4.6	4.8	4.8	5.0	5.0	5.0	4.9	3.1	2.4	1.1
墨西哥	1.3	2.1	2.7	2.8	2.8	2.7	2.7	2.7	2.6	1.2	1.3	2.0
中南美	4.5	7.5	10.2	10.4	10.7	10.9	11.0	10.8	10.9	4.3	5.3	2.4
巴西	1.9	3.2	4.5	4.7	4.8	4.9	5.0	5.0	4.9	1.8	2.4	2.7
阿根廷	0.6	1.0	1.2	1.2	1.3	1.3	1.3	1.3	1.3	0.6	0.6	2.1
其他	2.0	3.3	4.4	4.5	4.6	4.7	4.7	4.6	4.6	1.9	2.3	2.3
欧洲	40.4	40.4	43.3	43.0	43.4	42.9	41.9	42.1	42.1	38.3	20.5	0.1
欧盟	—	24.5	25.2	24.2	24.2	24.1	23.3	23.6	24.0	—	11.7	0.1*
英国	2.8	3.1	2.9	2.7	2.8	2.7	2.6	2.6	2.7	2.7	1.3	-0.2
法国	2.8	3.7	3.7	3.5	3.6	3.6	3.5	3.5	3.5	2.7	1.7	0.6
德国	5.1	4.8	4.8	4.5	4.6	4.7	4.6	4.7	4.8	4.9	2.4	-0.2
意大利	1.9	2.4	2.5	2.4	2.4	2.3	2.2	2.3	2.3	1.8	1.1	0.5
西班牙	1.0	1.8	2.0	1.9	1.9	1.9	1.8	1.9	1.9	1.0	0.9	1.7
俄罗斯	—	9.2	10.2	10.6	10.8	10.6	10.6	10.5	10.1	—	4.9	-1.0*
其他	—	6.8	7.9	8.2	8.3	8.2	8.0	7.9	7.9	—	3.9	-4.4*
亚太	22.0	44.5	71.9	75.2	77.6	80.4	82.3	83.5	85.3	20.8	41.6	3.8
澳大利亚	1.0	1.6	1.8	1.9	1.9	1.9	1.9	1.9	1.9	1.0	0.9	1.7
中国	8.5	17.3	36.9	39.8	41.3	43.3	44.2	45.0	45.7	8.1	22.3	4.8
印度	2.9	6.4	10.1	10.6	11.1	11.4	12.0	12.4	13.0	2.8	6.3	4.2
日本	5.0	7.3	7.0	6.7	6.6	6.6	6.4	6.3	6.3	4.8	3.1	0.6
韩国	0.6	2.6	3.5	3.6	3.7	3.7	3.7	3.9	3.9	0.5	1.9	5.5
印尼	0.8	2.2	2.9	2.9	3.0	3.1	3.2	3.2	3.3	0.7	1.6	4.1
其他	3.1	7.0	9.7	9.8	10.1	10.5	10.8	10.9	11.2	3.0	5.5	3.6
中东	1.6	5.1	8.8	9.1	9.6	9.9	10.3	10.4	10.9	1.5	5.3	5.5
非洲	4.0	7.2	10.1	10.3	10.8	11.0	11.3	11.5	11.7	3.8	5.7	3.0
埃及	0.2	0.6	1.1	1.1	1.2	1.2	1.2	1.2	1.2	0.2	0.6	4.5
南非	1.0	1.5	2.0	2.0	2.0	2.1	2.1	2.1	2.0	0.9	1.0	2.1
其他	2.8	5.0	7.0	7.2	7.7	7.8	8.0	8.2	8.5	2.7	4.1	3.1
国际航空	1.0	1.7	2.2	2.3	2.3	2.3	2.4	2.5	2.5	0.9	1.2	2.7
国际水运	1.6	2.2	2.9	3.0	2.7	2.7	2.8	2.9	2.9	1.5	1.4	1.7
世界	105.5	147.7	188.3	192.2	195.7	199.3	201.6	202.9	204.9	100.0	100.0	1.9
OECD	59.4	77.0	79.2	78.1	78.1	78.6	78.1	78.1	78.1	56.3	38.1	0.8
非 OECD	43.6	66.8	104.0	108.8	112.6	115.7	118.3	119.4	121.4	41.3	59.2	2.9

数据来源：国际能源署，英国石油公司，国网能源研究院。

注 1. 上角标 * 表示 1990－2016 年均增速。

2. e 代表估算值，下同。

2. 分品种一次能源消费结构

表 C-5　2000 年、2005 年分品种一次能源消费结构　　　　　　　　　单位：%

地区/国家	2000						2005					
	煤炭	石油	天然气	水能	核能	非水可再生能源	煤炭	石油	天然气	水能	核能	非水可再生能源
北美	21.6	38.3	23.7	5.4	7.3	3.8	20.9	39.8	22.7	5.4	7.4	3.8
美国	24.1	38.0	23.8	2.5	7.9	3.6	23.6	39.8	22.3	2.7	8.0	3.5
加拿大	10.5	28.7	24.7	26.8	5.4	3.9	8.9	29.5	25.2	25.4	6.5	4.7
墨西哥	4.7	62.2	19.5	5.1	1.3	7.3	5.8	59.5	22.7	3.8	1.5	6.7
中南美	4.0	40.9	15.7	23.6	0.5	15.3	3.6	38.0	17.9	23.5	0.6	16.4
巴西	5.8	39.2	3.5	30.3	0.6	20.5	5.0	34.0	6.4	29.4	0.9	24.4
阿根廷	0.9	36.4	46.5	9.7	2.1	4.4	1.2	34.8	48.0	10.7	2.2	3.2
其他	3.2	43.8	18.6	21.0	0.0	13.4	2.9	42.8	20.9	21.3	0.0	12.1
欧洲	18.9	30.6	31.1	6.6	9.5	3.4	17.8	29.4	32.9	6.0	9.6	4.3
欧盟	18.6	37.0	22.9	4.7	12.5	4.3	17.5	35.7	24.4	3.9	12.5	5.9
英国	16.6	33.4	39.7	0.5	8.8	1.0	17.3	32.9	38.8	0.5	8.4	2.1
法国	5.9	33.7	13.9	5.8	36.4	4.3	5.4	32.2	15.2	4.3	38.1	4.7
德国	25.6	37.7	20.7	1.5	11.5	3.0	24.3	34.8	22.1	1.3	11.0	6.4
意大利	7.2	50.7	34.0	5.9	0.0	2.2	8.9	44.3	38.8	4.5	0.0	3.5
西班牙	17.2	49.9	12.2	5.1	11.3	4.2	14.3	47.1	20.0	2.9	8.9	6.8
俄罗斯	18.3	20.0	50.2	5.8	4.7	1.1	16.4	19.3	52.2	5.8	5.1	1.1
其他	20.9	21.8	34.8	14.2	5.0	3.2	20.4	20.7	37.5	13.5	5.0	2.8
亚太	36.5	30.7	8.2	3.8	3.7	17.0	42.9	27.0	8.7	4.2	3.2	14.0
澳大利亚	43.3	30.9	17.7	3.4	0.0	4.7	42.4	30.1	20.1	2.9	0.0	4.5
中国	58.6	18.3	1.7	4.2	0.3	17.0	63.9	17.2	2.1	4.9	0.6	11.3
印度	32.5	24.6	5.1	3.7	0.8	33.2	35.1	23.0	6.0	4.6	0.7	30.6
日本	18.6	48.8	13.1	3.8	14.2	1.5	21.5	46.2	13.9	3.3	13.3	1.8
韩国	24.4	51.7	9.3	0.5	13.4	0.8	25.4	44.1	13.1	0.4	15.9	1.1
印尼	8.4	36.7	17.7	1.5	0.0	35.8	12.3	37.1	16.4	1.4	0.0	32.8
其他	16.6	38.3	16.7	4.9	1.9	21.6	18.8	34.6	21.1	4.8	1.6	19.2
中东	0.4	57.9	41.1	0.5	0.0	0.1	0.4	53.8	44.3	1.3	0.0	0.2
非洲	17.9	19.4	9.4	3.4	0.6	49.3	16.8	20.7	12.1	3.3	0.4	46.7
埃及	2.0	53.7	33.9	7.3	0.0	3.1	1.3	44.4	47.3	4.5	0.0	2.4
南非	75.8	8.2	1.3	0.2	2.7	11.7	72.0	13.2	2.1	0.2	2.0	10.5
其他	0.6	5.6	2.7	1.2	0.0	89.9	1.9	19.4	9.9	4.1	0.0	64.8
世界	23.0	35.4	19.9	5.7	5.7	10.3	25.1	34.0	20.0	5.6	5.3	10.0
OECD	20.7	39.2	21.3	5.6	9.4	3.8	20.2	38.8	21.7	5.3	9.5	4.3
非 OECD	27.0	27.3	19.5	6.2	1.7	18.3	31.0	25.7	19.5	6.3	1.6	15.9

数据来源：国际能源署，英国石油公司，中国国家统计局，国网能源研究院。

表 C-6　2010 年、2016 年分品种一次能源消费结构　　　　　　　　　　　单位：%

地区 / 国家	2010						2016e					
	煤炭	石油	天然气	水能	核能	非水可再生能源	煤炭	石油	天然气	水能	核能	非水可再生能源
北美	19.7	36.5	25.6	5.4	7.8	5.0	13.1	37.0	29.9	5.4	7.9	6.7
美国	22.6	35.9	25.2	2.7	8.6	5.0	14.9	37.1	30.0	2.5	8.6	6.8
加拿大	7.3	31.7	25.1	24.8	6.4	4.7	5.1	29.2	27.7	25.3	6.6	6.2
墨西哥	7.4	52.1	30.8	4.5	0.7	4.5	7.6	50.4	31.9	3.0	1.7	5.4
中南美	3.6	38.4	18.1	22.1	0.7	17.1	4.5	36.9	19.2	19.8	0.7	19.0
巴西	4.6	32.6	7.2	28.7	1.0	25.9	5.1	33.1	10.5	23.0	0.9	27.3
阿根廷	1.2	38.0	46.5	9.1	1.9	3.3	1.4	35.9	47.1	9.5	2.1	3.9
其他	3.2	44.5	21.6	18.9	0.0	11.8	4.7	41.2	20.3	19.3	0.0	14.5
欧洲	16.8	27.2	33.9	6.5	9.0	6.6	16.1	27.3	31.1	6.5	8.9	10.2
欧盟	15.7	32.5	25.3	4.8	11.8	9.9	15.1	31.3	22.3	4.2	11.3	15.8
英国	14.8	31.4	42.0	0.4	7.0	4.4	9.8	32.8	33.9	0.8	9.5	13.3
法国	4.6	29.3	16.1	5.5	37.5	7.0	3.6	27.6	14.9	4.3	40.1	9.5
德国	23.3	31.3	23.3	1.4	9.6	11.0	23.2	29.5	20.9	1.3	5.8	19.4
意大利	7.7	37.5	38.5	6.6	0.0	9.7	7.2	35.5	36.9	4.8	0.0	15.6
西班牙	5.9	41.8	22.2	6.8	10.0	13.3	12.9	38.8	19.5	3.4	9.8	15.6
俄罗斯	14.9	19.6	53.7	5.3	5.5	1.0	16.1	22.0	49.0	5.2	6.8	0.8
其他	22.6	20.0	35.8	13.4	4.9	3.4	19.0	21.8	34.6	15.4	4.4	4.9
亚太	47.7	23.9	9.8	4.9	2.6	10.9	46.6	24.0	10.0	6.2	1.8	11.3
澳大利亚	39.4	30.7	22.6	2.4	0.0	4.9	33.8	32.8	23.6	2.2	0.0	7.7
中国	67.1	16.5	3.4	6.2	0.6	6.0	60.8	17.8	5.2	8.3	1.6	6.3
印度	39.5	22.0	7.7	3.9	0.8	25.9	43.6	23.2	4.7	3.3	1.0	24.1
日本	22.4	39.3	18.6	3.8	13.3	2.5	26.6	39.5	22.8	4.8	0.5	5.8
韩国	29.9	38.6	15.7	0.3	13.8	1.6	29.6	40.0	13.2	0.1	14.3	2.7
印尼	13.2	35.9	18.7	1.9	0.0	30.3	20.5	30.1	15.8	1.4	0.0	32.1
其他	19.2	32.9	22.9	5.0	1.5	18.5	19.5	32.9	23.6	5.8	1.0	17.2
中东	0.4	49.3	49.5	0.7	0.0	0.2	0.5	44.4	54.4	0.6	0.1	0.0
非洲	15.1	21.9	12.4	3.5	0.4	46.6	12.9	22.4	13.8	3.3	0.3	47.4
埃及	0.6	45.9	47.0	3.9	0.0	2.6	0.4	49.9	43.7	3.6	0.0	2.4
南非	70.6	14.0	2.7	0.3	1.9	10.4	66.7	16.3	3.0	0.1	1.4	12.4
其他	1.4	20.5	9.9	4.3	0.0	63.9	1.5	17.1	11.4	3.8	0.0	66.2
世界	27.2	31.2	20.8	5.9	4.7	10.1	26.2	30.8	20.9	6.2	4.1	11.8
OECD	19.4	35.3	24.1	5.5	9.3	6.2	16.1	35.3	25.5	5.7	8.1	9.3
非 OECD	34.4	24.7	19.3	6.5	1.5	13.6	33.8	24.9	18.8	6.8	1.7	13.9

数据来源：国际能源署，英国石油公司，中国国家统计局，国网能源研究院。

3. 人均能源消费

表 C-7　1980—2016 年分地区人均能源消费　　　　　　　　　　　　单位：吨标准煤

地区 / 国家	1980	1990	2000	2010	2011	2012	2013	2014	2015	2016ᵉ	增速 (%) 1980—2016
北美	9.40	9.00	9.39	8.45	8.36	8.30	8.27	8.31	8.11	7.96	-0.5
美国	11.27	10.96	11.52	10.25	10.07	10.00	9.97	10.05	9.82	9.67	-0.4
加拿大	13.26	12.80	14.06	13.42	13.84	13.84	14.08	14.08	13.80	13.44	0.0
墨西哥	1.88	1.96	2.07	2.27	2.31	2.28	2.23	2.20	2.15	2.06	0.3
中南美	1.54	1.55	1.78	2.11	2.14	2.11	2.19	2.19	2.20	2.12	0.9
巴西	1.55	1.60	1.85	2.31	2.35	2.40	2.44	2.47	2.41	2.35	1.2
阿根廷	2.22	2.07	2.59	2.90	2.97	2.97	2.96	2.98	3.01	3.03	0.9
其他	1.40	1.42	1.58	1.82	1.82	1.74	1.86	1.83	1.90	1.79	0.7
欧洲	5.15	5.55	4.75	4.92	4.88	4.90	4.82	4.70	4.70	4.69	-0.3
欧盟	—	6.24	6.49	6.57	6.30	6.31	6.29	6.10	6.19	6.30	0.0*
英国	4.99	5.09	5.32	4.56	4.22	4.29	4.23	3.96	4.00	4.03	-0.6
法国	5.18	5.52	6.19	5.87	5.57	5.59	5.67	5.42	5.45	5.46	0.1
德国	6.55	6.29	5.83	5.88	5.62	5.71	5.83	5.64	5.73	5.88	-0.3
意大利	3.42	3.65	4.25	4.22	4.10	4.01	3.85	3.72	3.80	3.93	0.4
西班牙	2.73	3.34	4.35	4.28	4.15	4.14	4.00	3.94	4.01	4.08	1.1
俄罗斯	—	8.92	6.25	7.11	7.43	7.54	7.35	7.38	7.29	7.04	-0.9*
其他	—	3.10	2.07	2.24	2.30	2.33	2.27	2.18	2.15	2.13	-1.4*
亚太	0.90	1.07	1.29	1.87	1.94	1.98	2.03	2.06	2.06	2.09	2.4
澳大利亚	7.05	7.35	8.15	8.30	8.23	8.16	8.05	7.91	7.85	7.84	0.3
中国	0.86	1.05	1.35	2.71	2.91	3.01	3.13	3.18	3.22	3.25	3.8
印度	0.42	0.51	0.61	0.82	0.85	0.88	0.89	0.93	0.94	0.98	2.4
日本	4.28	5.08	5.75	5.45	5.20	5.12	5.18	5.02	4.96	4.91	0.4
韩国	1.50	3.06	5.54	7.04	7.33	7.44	7.36	7.44	7.64	7.72	4.7
印尼	0.53	0.78	1.05	1.20	1.18	1.20	1.21	1.25	1.23	1.26	2.5
其他	0.70	0.84	1.01	1.20	1.19	1.21	1.24	1.25	1.22	1.27	1.7
中东	1.81	2.41	3.18	4.29	4.32	4.44	4.49	4.59	4.56	4.67	2.7
非洲	0.84	0.90	0.88	0.96	0.96	0.98	0.97	0.97	0.97	0.96	0.4
埃及	0.56	0.83	0.87	1.29	1.32	1.33	1.29	1.27	1.27	1.25	2.2
南非	3.23	3.64	3.37	3.91	3.75	3.70	3.84	3.86	3.81	3.65	0.3
其他	0.69	0.72	0.72	0.77	0.77	0.79	0.79	0.79	0.79	0.79	0.4
世界	2.38	2.42	2.42	2.72	2.74	2.76	2.78	2.78	2.76	2.76	0.4
OECD	6.08	6.22	6.73	6.44	6.32	6.27	6.28	6.21	6.17	6.14	0.0
非 OECD	1.26	1.40	1.34	1.83	1.89	1.93	1.95	1.97	1.97	1.97	1.2

数据来源：联合国，国际能源署，英国石油公司，国网能源研究院。

注　上角标 * 表示 1990—2016 年均增速。

4. 能源消费强度

表 C-8　1980—2016 年分地区能源消费强度　　　　　　单位：吨标准煤/万美元

地区/国家	1980	1990	2000	2010	2011	2012	2013	2014	2015	2016^e	增速 (%) 1980—2016
北美	3.89	3.08	2.61	2.20	2.16	2.12	2.09	2.07	1.99	1.94	-1.9
美国	3.96	3.05	2.56	2.11	2.06	2.02	1.99	1.97	1.89	1.84	-2.1
加拿大	4.16	3.49	3.22	2.84	2.87	2.85	2.86	2.82	2.76	2.68	-1.2
墨西哥	2.52	2.70	2.39	2.53	2.52	2.42	2.36	2.32	2.23	2.13	-0.5
中南美	2.16	2.53	2.58	2.43	2.38	2.32	2.36	2.42	2.70	2.71	0.6
巴西	1.86	2.00	2.11	2.06	2.04	2.05	2.05	2.08	2.13	2.17	0.4
阿根廷	2.75	3.48	3.16	2.82	2.76	2.82	2.77	2.88	2.87	2.98	0.2
其他	2.35	3.06	3.08	2.87	2.76	2.56	2.68	2.78	3.65	3.56	1.2
欧洲	3.93	3.20	2.37	2.12	2.06	2.07	2.03	1.95	1.90	1.86	-2.0
欧盟	—	1.98	1.65	1.49	1.40	1.41	1.40	1.33	1.32	1.31	-1.6*
英国	2.28	1.77	1.50	1.18	1.09	1.10	1.07	0.98	0.97	0.96	-2.4
法国	1.88	1.65	1.57	1.40	1.30	1.31	1.33	1.27	1.26	1.26	-1.1
德国	2.51	1.94	1.52	1.39	1.28	1.30	1.32	1.26	1.26	1.27	-1.9
意大利	1.40	1.19	1.18	1.19	1.15	1.15	1.13	1.09	1.09	1.12	-0.6
西班牙	1.58	1.50	1.55	1.40	1.37	1.41	1.38	1.34	1.31	1.29	-0.6
俄罗斯	—	9.30	9.62	6.67	6.63	6.49	6.23	6.21	6.33	6.13	-1.6*
其他	—	8.22	5.10	4.22	4.10	4.06	3.79	3.49	3.16	3.02	-3.8*
亚太	4.15	3.93	3.84	3.94	3.93	3.87	3.82	3.74	3.59	3.51	-0.5
澳大利亚	2.36	2.05	1.83	1.61	1.58	1.54	1.50	1.46	1.43	1.41	-1.4
中国	24.90	14.80	7.74	6.05	5.95	5.74	5.58	5.31	5.05	4.81	-4.5
印度	10.80	9.60	8.01	6.09	5.99	5.94	5.75	5.65	5.37	5.27	-2.0
日本	1.69	1.35	1.37	1.23	1.17	1.14	1.13	1.09	1.06	1.04	-1.4
韩国	4.04	3.62	3.70	3.19	3.21	3.20	3.09	3.04	3.05	3.01	-0.8
印尼	4.27	4.59	4.89	3.84	3.63	3.53	3.40	3.39	3.21	3.17	-0.8
其他	3.33	5.71	5.89	5.33	5.15	5.08	5.06	4.91	4.34	4.30	0.7
中东	0.99	1.91	2.21	2.46	2.42	2.45	2.45	2.48	2.42	2.47	2.6
非洲	5.55	6.57	6.33	5.30	5.33	5.47	5.37	5.25	5.16	5.16	-0.2
埃及	4.71	5.35	4.47	4.97	5.08	5.14	4.96	4.88	4.75	4.59	-0.1
南非	5.01	6.13	5.77	5.38	5.05	4.94	5.08	5.09	5.03	4.87	-0.1
其他	5.87	6.95	6.88	5.33	5.45	5.68	5.51	5.36	5.26	5.33	-0.3
世界	3.79	3.38	2.95	2.85	2.82	2.81	2.79	2.74	2.68	2.64	-1.0
OECD	2.67	2.27	2.05	1.81	1.75	1.73	1.72	1.67	1.62	1.59	-1.4
非 OECD	7.78	6.65	5.40	4.69	4.63	4.58	4.48	4.41	4.34	4.26	-1.7

数据来源：世界银行，国际能源署，英国石油公司，国网能源研究院。

注　上角标 * 表示 1990—2016 年均增速。

C.2.2 终端能源消费

1. 分地区终端能源消费

表 C-9　1980—2016 年分地区终端能源消费　　　　　　　　　　　　单位：亿吨标准煤

地区/国家	1980	2000	2010	2011	2012	2013	2014	2015	2016^e	结构 (%) 1980	结构 (%) 2016	增速 (%) 1980—2016
北美	21.9	26.2	26.0	25.9	25.5	26.1	26.4	26.2	26.1	28.5	19.3	0.5
美国	18.7	22.1	21.6	21.4	21.0	21.5	21.9	21.7	21.7	24.4	16.0	0.4
加拿大	2.2	2.7	2.7	2.8	2.8	2.8	2.8	2.8	2.8	2.9	2.0	0.6
墨西哥	0.9	1.4	1.7	1.7	1.7	1.7	1.7	1.7	1.7	1.2	1.3	1.7
中南美	3.2	5.0	6.6	6.8	7.0	7.0	7.1	7.0	6.9	4.1	5.1	2.2
巴西	1.4	2.2	3.0	3.1	3.2	3.3	3.3	3.2	3.2	1.8	2.4	2.4
阿根廷	0.4	0.7	0.8	0.8	0.8	0.9	0.9	0.9	0.9	0.5	0.7	2.1
其他	1.4	2.2	2.8	2.8	2.9	2.9	2.9	2.9	2.9	1.8	2.1	2.0
欧洲	27.9	26.8	28.5	28.0	27.9	27.5	27.0	27.2	27.4	36.3	20.2	0.0
欧盟	—	16.8	17.3	16.4	16.3	16.3	15.6	15.9	16.2	—	11.9	0.0*
英国	1.9	2.2	2.0	1.8	1.8	1.9	1.7	1.8	1.8	2.4	1.3	-0.1
法国	2.0	2.3	2.3	2.1	2.2	2.2	2.1	2.1	2.1	2.6	1.6	0.1
德国	3.6	3.3	3.3	3.1	3.1	3.2	3.1	3.1	3.2	4.6	2.4	-0.3
意大利	1.5	1.8	1.9	1.8	1.8	1.7	1.7	1.7	1.7	1.9	1.3	0.5
西班牙	0.7	1.2	1.3	1.3	1.2	1.2	1.1	1.1	1.2	0.9	0.8	1.4
俄罗斯	—	6.0	6.4	6.6	6.4	6.2	6.6	6.5	6.5	—	4.8	-1.2*
其他	—	4.1	4.8	5.0	5.1	5.0	4.8	4.8	4.8	—	3.5	-1.0*
亚太	17.1	30.5	46.1	48.0	49.4	51.0	52.2	53.2	54.4	22.2	40.1	3.3
澳大利亚	0.7	1.0	1.1	1.1	1.1	1.2	1.2	1.2	1.2	0.9	0.9	1.6
中国	7.1	11.7	22.6	24.2	25.0	26.0	26.7	27.2	27.7	9.2	20.4	3.9
印度	2.5	4.5	6.9	7.2	7.4	7.6	7.9	8.3	8.7	3.2	6.4	3.5
日本	3.3	4.9	4.4	4.3	4.3	4.3	4.2	4.2	4.1	4.3	3.1	0.6
韩国	0.4	1.8	2.3	2.3	2.4	2.4	2.4	2.5	2.5	0.6	1.9	5.0
印尼	0.7	1.7	2.1	2.1	2.2	2.3	2.3	2.3	2.4	0.9	1.8	3.5
其他	2.4	4.9	6.8	6.8	7.1	7.3	7.5	7.6	7.8	3.1	5.8	3.3
中东	1.1	3.5	5.9	6.1	6.4	6.6	6.8	6.8	6.8	1.5	5.1	5.1
非洲	3.1	5.3	7.3	7.4	7.7	7.9	8.0	8.2	8.4	4.1	6.2	2.8
埃及	0.2	0.4	0.8	0.8	0.8	0.8	0.8	0.8	0.8	0.2	0.6	4.2
南非	0.6	0.8	1.0	1.0	1.0	1.1	1.1	1.1	1.1	0.8	0.8	1.5
其他	2.3	4.0	5.5	5.7	5.9	6.0	6.2	6.3	6.5	3.0	4.8	2.9
国际航空	1.0	1.7	2.2	2.3	2.3	2.3	2.4	2.5	2.5	1.3	1.9	2.7
国际水运	1.6	2.2	2.9	3.0	2.7	2.7	2.8	2.9	2.9	2.1	2.2	1.7
世界	76.8	101.2	125.4	127.5	128.8	131.1	132.7	134.1	135.6	100.0	100.0	1.6
OECD	42.0	52.0	52.8	51.9	51.6	52.2	51.7	51.9	52.3	54.7	38.5	0.6
非 OECD	32.2	45.3	67.5	70.4	72.3	73.9	75.8	76.7	77.9	42.0	57.4	2.5

数据来源：国际能源署，英国石油公司，中国国家统计局，国网能源研究院。

注　上角标 * 表示 1990—2016 年均增速。

2. 分品种终端能源消费结构

表 C-10　2000 年、2005 年分品种终端能源消费结构　　　　　　　　单位：%

地区 / 国家	2000					2005				
	煤炭	石油	天然气	电力	热力及其他	煤炭	石油	天然气	电力	热力及其他
北美	2.0	51.0	23.2	19.4	4.3	2.0	53.7	19.5	20.4	4.3
美国	2.1	51.3	23.3	19.5	3.8	2.0	54.0	19.6	20.6	3.8
加拿大	1.9	42.5	28.2	21.9	5.6	2.0	45.7	23.5	22.1	6.7
墨西哥	1.5	62.7	13.2	14.2	8.4	1.3	65.4	10.5	15.3	7.4
中南美	2.8	51.0	11.6	15.9	18.7	2.4	47.0	14.7	16.7	19.3
巴西	3.7	52.2	3.2	18.0	22.9	3.2	46.0	5.6	18.1	27.1
阿根廷	0.8	46.9	33.0	13.7	5.5	0.8	44.1	36.8	15.3	3.0
其他	2.4	51.1	13.6	14.3	18.6	2.1	48.9	17.2	15.7	16.1
欧洲	5.3	38.0	25.0	17.0	14.7	4.6	37.5	25.8	17.9	14.1
欧盟	4.4	45.9	23.2	18.5	8.0	3.6	44.9	23.3	19.4	8.8
英国	2.9	41.5	34.8	18.8	2.0	2.0	42.5	33.9	20.2	1.3
法国	2.7	49.7	19.7	20.3	7.6	2.4	47.5	20.5	21.5	8.1
德国	3.9	49.3	23.8	18.0	5.0	3.0	45.1	23.9	19.5	8.6
意大利	2.1	48.4	29.9	18.2	1.4	1.9	45.8	30.0	18.7	3.7
西班牙	1.6	61.0	14.4	19.0	4.1	1.4	56.7	17.8	20.4	3.7
俄罗斯	4.3	21.7	28.0	12.5	33.5	3.2	22.3	31.1	13.6	29.8
其他	10.1	29.4	27.9	17.5	15.1	10.4	29.0	28.6	17.9	14.1
亚太	19.3	37.0	4.8	14.0	24.8	22.0	34.8	5.6	16.0	21.5
澳大利亚	6.0	49.9	16.4	21.4	6.4	5.4	50.7	17.0	22.5	4.4
中国	37.3	22.1	1.5	10.9	28.1	38.1	23.3	2.4	14.7	21.4
印度	11.0	29.9	3.1	10.3	45.8	12.8	29.2	3.7	11.7	42.7
日本	7.4	60.8	6.8	23.8	1.2	8.1	57.9	8.4	24.5	1.2
韩国	7.1	62.8	8.6	17.8	3.6	5.5	56.7	11.4	21.9	4.5
印尼	3.8	40.4	9.5	5.6	40.6	6.2	39.7	10.1	6.9	37.1
其他	9.0	41.8	7.1	15.1	26.9	10.1	41.3	8.3	16.3	24.0
中东	0.2	59.8	27.8	12.0	0.2	0.3	58.9	28.0	12.6	0.3
非洲	5.0	24.1	3.8	8.4	58.7	4.7	24.4	5.6	9.1	56.2
埃及	1.3	64.4	12.6	17.7	4.2	1.0	55.2	21.6	18.8	3.4
南非	28.4	28.4	0.0	26.7	16.5	29.3	29.4	0.0	25.8	15.5
其他	0.8	18.8	3.5	3.7	73.1	0.4	19.6	4.6	4.5	70.9
世界	8.2	44.1	15.8	15.4	16.5	9.3	43.6	15.0	16.4	15.7
OECD	3.8	50.8	20.5	19.7	5.2	3.5	51.1	19.0	20.8	5.6
非 OECD	13.8	31.7	11.8	11.8	30.8	15.8	31.5	12.3	13.5	26.9

数据来源：国际能源署，英国石油公司，中国国家统计局，国网能源研究院。

表 C-11 2010 年、2016 年分品种终端能源消费结构　　　　　　　　　　　　　　单位：%

地区 / 国家	2010					2016[e]				
	煤炭	石油	天然气	电力	热力及其他	煤炭	石油	天然气	电力	热力及其他
北美	1.9	50.9	20.7	21.3	5.3	1.3	51.0	21.1	21.4	5.3
美国	1.8	50.3	21.3	21.5	5.1	1.1	50.8	21.5	21.4	5.2
加拿大	1.7	47.5	22.5	22.5	5.9	1.2	46.8	23.8	22.3	6.0
墨西哥	3.4	63.6	11.0	15.8	6.1	3.6	60.1	11.7	18.8	5.7
中南美	2.4	46.6	14.4	17.0	19.6	2.3	46.1	13.0	18.3	20.3
巴西	3.5	44.5	6.1	17.9	28.1	3.3	43.5	5.4	18.7	29.2
阿根廷	0.7	43.4	35.5	17.1	3.3	0.4	41.5	36.2	18.2	3.7
其他	1.6	49.8	17.4	16.0	15.2	1.9	50.4	14.3	17.9	15.6
欧洲	4.9	35.8	25.6	18.6	15.1	4.0	37.5	24.8	19.3	14.5
欧盟	3.4	41.8	23.0	20.2	11.5	3.0	41.9	22.4	21.1	11.6
英国	2.2	40.1	34.2	20.5	3.0	1.4	43.7	32.5	20.7	1.6
法国	2.1	44.3	20.4	23.7	9.4	1.8	45.4	19.5	25.0	8.2
德国	3.1	41.4	24.6	20.0	10.9	3.5	41.8	24.5	20.1	10.1
意大利	1.4	40.7	29.2	19.2	9.4	0.9	38.8	29.3	20.8	10.2
西班牙	1.1	54.2	16.1	22.8	5.8	0.7	51.6	16.5	25.1	6.1
俄罗斯	3.2	24.6	32.1	14.0	26.2	2.8	30.2	31.0	13.7	22.4
其他	12.1	29.1	26.6	18.9	13.3	9.1	32.2	24.4	20.6	13.7
亚太	26.2	32.2	6.5	18.6	16.5	23.5	33.4	7.1	20.8	15.1
澳大利亚	3.3	50.9	16.4	23.6	5.7	2.8	52.3	16.2	22.7	6.0
中国	41.8	23.4	3.7	18.8	12.3	35.5	26.0	5.6	22.5	10.4
印度	18.8	27.9	5.7	13.0	34.6	17.8	31.8	5.0	15.6	29.8
日本	7.6	52.9	9.7	28.4	1.3	8.0	51.8	10.0	28.0	2.2
韩国	6.1	51.9	13.1	24.5	4.5	6.7	53.8	11.3	24.5	3.8
印尼	5.4	41.4	10.8	8.6	33.8	7.0	37.4	9.8	10.7	35.1
其他	10.3	40.1	9.4	17.5	22.6	9.2	41.1	9.6	18.5	21.6
中东	0.3	50.5	35.0	14.0	0.2	0.5	47.5	36.5	15.3	0.3
非洲	3.5	26.8	5.5	9.2	55.1	3.3	27.0	6.1	9.3	54.3
埃及	0.4	55.7	20.6	20.3	3.0	0.3	52.9	19.0	24.2	3.6
南非	24.1	33.4	1.2	25.6	15.8	23.6	34.8	2.3	22.8	16.4
其他	0.3	21.6	4.1	4.7	69.2	0.3	22.4	5.1	5.2	67.1
世界	11.4	41.0	15.2	17.5	14.8	10.8	41.3	14.8	18.7	14.4
OECD	3.4	48.0	19.7	21.9	7.0	2.9	48.2	19.7	22.2	7.1
非 OECD	18.6	31.0	12.9	15.4	22.1	16.9	32.5	12.6	17.6	20.4

数据来源：国际能源署，英国石油公司，中国国家统计局，国网能源研究院。

3. 分部门终端能源消费结构

表 C-12　2000 年、2005 年分部门终端能源消费结构　　　　　　　　　　单位：%

地区 / 国家	2000					2005				
	工业	交通	居民	商业及其他	非能利用	工业	交通	居民	商业及其他	非能利用
北美	22.6	36.9	17.1	13.4	10.0	18.9	38.8	17.4	14.9	10.1
美国	21.5	38.0	17.1	13.5	9.9	17.6	39.9	17.4	15.1	10.0
加拿大	29.0	27.5	16.3	16.5	10.6	26.0	27.9	17.2	17.0	11.9
墨西哥	28.4	36.8	18.4	6.4	10.0	25.6	42.2	16.8	7.1	8.2
中南美	34.1	29.9	18.3	9.0	8.8	34.6	29.8	17.6	9.3	8.7
巴西	36.6	30.9	13.5	10.1	8.9	39.2	30.6	12.7	10.1	7.5
阿根廷	31.2	29.3	19.7	10.8	9.0	30.8	27.5	19.3	13.1	9.3
其他	32.4	29.0	22.7	7.2	8.6	31.2	29.7	22.1	7.3	9.7
欧洲	28.2	22.7	27.3	13.2	8.6	27.1	23.7	25.6	14.2	9.3
欧盟	26.2	25.8	24.6	13.9	9.4	24.7	26.3	24.7	14.9	9.4
英国	22.7	27.8	28.5	13.5	7.5	20.8	28.8	29.7	13.2	7.5
法国	20.9	27.6	25.0	16.3	10.3	18.5	26.4	25.6	19.6	9.9
德国	22.2	25.7	28.1	13.1	10.8	23.5	23.8	27.5	14.5	10.7
意大利	29.7	30.8	21.4	11.5	6.5	27.7	30.2	22.6	13.4	6.2
西班牙	28.8	35.3	14.0	10.8	11.0	29.8	35.8	14.8	11.4	8.2
俄罗斯	30.6	17.8	33.6	9.3	8.7	29.9	21.5	26.8	11.1	10.7
其他	32.8	16.9	29.1	16.0	5.1	32.7	17.0	27.3	15.8	7.3
亚太	32.9	16.8	30.6	10.4	9.3	36.1	16.3	27.5	10.5	9.6
澳大利亚	34.2	36.9	13.0	9.6	6.4	31.0	37.5	12.8	11.8	6.9
中国	40.3	10.8	34.6	6.7	7.6	45.6	11.7	27.6	7.4	7.7
印度	26.5	10.1	44.8	10.1	8.5	28.0	10.7	42.7	10.5	8.1
日本	28.2	25.8	14.2	19.7	12.1	27.4	24.6	14.6	21.2	12.2
韩国	30.3	20.7	11.8	17.5	19.7	27.8	20.8	13.1	16.7	21.6
印尼	25.3	18.0	43.6	5.0	8.1	26.4	18.6	41.6	5.2	8.2
其他	29.3	22.4	30.1	10.0	8.2	30.4	21.5	27.6	9.9	10.7
中东	29.4	29.1	19.3	9.6	12.6	27.1	30.0	20.5	9.2	13.3
非洲	15.6	14.6	59.6	6.1	4.1	16.4	15.4	58.3	6.4	3.5
埃及	31.3	30.4	21.2	6.9	10.2	32.8	24.2	19.5	11.1	12.4
南非	36.5	22.0	21.4	10.0	10.1	39.3	23.3	24.0	9.9	3.6
其他	9.7	11.4	71.5	5.2	2.3	9.8	12.7	69.9	5.1	2.4
世界	26.8	27.7	25.6	11.2	8.7	26.8	28.0	24.4	11.7	9.0
OECD	25.0	31.5	19.1	14.2	10.2	22.4	32.3	19.4	15.5	10.3
非 OECD	31.1	17.2	35.2	8.7	7.8	33.4	17.8	31.4	9.0	8.5

数据来源：国际能源署，英国石油公司，中国国家统计局，国网能源研究院。

表 C-13　2010 年、2016 年分部门终端能源消费结构　　　　　　　　　　　　　单位：%

地区 / 国家	2010					2016ᵉ				
	工业	交通	居民	商业及其他	非能利用	工业	交通	居民	商业及其他	非能利用
北美	19.0	38.8	17.7	15.5	9.1	17.8	40.1	17.4	16.1	8.6
美国	17.9	39.4	17.9	16.0	8.9	16.4	41.2	17.4	16.4	8.6
加拿大	22.5	31.1	17.6	16.9	11.9	20.9	30.9	18.2	18.0	12.0
墨西哥	27.9	43.6	15.2	7.0	6.3	30.0	41.3	15.9	9.4	3.3
中南美	34.8	31.3	16.4	9.6	7.9	29.8	34.2	17.7	11.2	7.1
巴西	37.8	33.2	11.2	9.8	8.0	33.2	35.7	12.1	11.6	7.4
阿根廷	28.8	27.7	22.1	13.2	8.1	26.0	28.5	25.1	14.2	6.2
其他	33.3	30.2	20.3	8.4	7.7	27.1	34.3	21.7	9.8	7.1
欧洲	24.8	24.1	26.3	15.0	9.8	23.8	24.6	26.9	15.5	9.3
欧盟	22.2	26.5	26.4	16.1	8.9	22.0	27.4	27.2	16.4	7.0
英国	18.2	29.2	32.8	14.1	5.7	17.4	31.5	32.1	15.3	3.7
法国	16.4	27.0	26.7	21.2	8.6	17.2	29.1	28.3	19.5	5.9
德国	24.2	23.2	27.3	15.5	9.9	24.3	24.5	26.4	16.9	8.0
意大利	22.5	28.8	26.5	15.0	7.1	20.5	28.7	31.6	16.3	2.8
西班牙	22.7	36.7	18.3	14.6	7.6	20.5	37.4	20.0	17.4	4.7
俄罗斯	28.3	21.6	25.0	10.3	14.9	26.4	20.0	26.8	10.0	16.8
其他	29.6	18.6	27.7	17.3	6.6	26.2	21.4	26.0	19.5	6.9
亚太	41.9	16.7	22.1	9.8	9.5	38.9	18.6	22.9	10.5	9.1
澳大利亚	29.6	39.2	13.4	12.0	5.8	28.6	39.8	14.0	13.7	3.9
中国	53.9	13.0	17.8	7.8	7.6	48.7	16.1	17.9	9.6	7.7
印度	33.1	13.4	35.6	10.8	7.1	32.0	15.1	34.6	10.2	8.0
日本	29.7	23.8	16.2	17.4	12.9	27.2	15.5	18.9	14.5	
韩国	28.5	19.0	12.6	15.6	24.3	26.9	19.1	11.5	15.4	27.1
印尼	27.7	23.1	36.7	5.5	6.9	24.7	25.6	40.1	4.2	5.3
其他	29.4	21.7	26.7	9.7	12.5	27.9	23.0	31.6	9.2	8.2
中东	32.1	27.9	18.3	8.5	13.2	29.1	27.4	19.3	8.9	15.2
非洲	16.4	17.0	56.0	6.6	3.9	14.9	18.2	56.5	6.8	3.6
埃及	27.2	28.1	20.9	11.2	12.7	22.0	31.9	25.0	11.2	9.9
南非	38.5	24.0	21.8	9.3	6.4	36.7	23.8	23.2	9.4	6.9
其他	11.1	14.2	66.9	5.5	2.3	10.3	15.6	66.0	5.8	2.3
世界	29.3	27.7	22.7	11.5	8.9	27.8	28.5	23.4	11.9	8.5
OECD	21.9	32.2	20.3	15.8	9.9	21.0	33.5	19.9	16.4	9.3
非 OECD	37.2	18.7	26.4	9.0	8.7	34.3	20.1	27.3	9.7	8.6

数据来源：国际能源署，英国石油公司，中国国家统计局，国网能源研究院。

C.3 能源供应

C.3.1 能源资源

表 C-14　2016 年世界煤炭储量及可采年限

国家	探明储量 （亿吨）	结构 （%）	可采年限 （年）
储量前十	10415	91.4	—
美国	2516	22.1	381
中国	2440	21.4	72
俄罗斯	1604	14.1	417
澳大利亚	1448	12.7	294
印度	948	8.3	137
德国	362	3.2	206
乌克兰	344	3.0	834
哈萨克斯坦	256	2.2	250
印尼	256	2.2	59
波兰	242	2.1	184
其他	979	8.6	—
世界	11393	100.0	153

数据来源：英国石油公司。

表 C-15　2016 年世界石油储量及可采年限

国家	探明储量 （亿吨）	结构 （%）	可采年限 （年）
储量前十	2077	86.3	—
委内瑞拉	470	19.5	341
沙特阿拉伯	366	15.2	59
加拿大	276	11.5	105
伊朗	218	9.0	94
伊拉克	206	8.6	94
俄罗斯	150	6.2	27
科威特	140	5.8	88
阿联酋	130	5.4	66
利比亚	63	2.6	310
美国	58	2.4	11
其他	331	13.7	—
中国	35	1.5	18
世界	2407	100.0	51

数据来源：英国石油公司。

表 C-16　2016 年世界天然气储量及可采年限

国家	探明储量 （万亿米³）	结构 （%）	可采年限 （年）
储量前十	5196	78.9	—
伊朗	1183	18.0	165
俄罗斯	1140	17.3	56
卡塔尔	858	13.0	134
土库曼斯坦	617	9.4	262
美国	308	4.7	12
沙特阿拉伯	298	4.5	77
阿联酋	215	3.3	98
委内瑞拉	201	3.1	166
中国	190	2.9	39
尼日利亚	187	2.8	118
其他	1393	21.1	—
世界	6589	100.0	53

数据来源：英国石油公司。

表 C-17　2016 年世界铀资源储量及可采年限

国家	储量 （万吨）	结构 （%）	可采年限 （年）
储量前十	500	87.4	—
澳大利亚	166	29.1	294
哈萨克斯坦	75	13.0	31
加拿大	51	8.9	38
俄罗斯	51	8.9	166
南非	32	5.6	820
尼日尔	29	5.1	71
巴西	28	4.8	6920
中国	27	4.8	169
纳米比亚	27	4.7	89
蒙古	14	2.5	—
其他国家	72	12.6	—
世界	572	100.0	95

数据来源：世界核能协会。

1. 一次能源生产总量

表 C-18　1980—2016 年分地区一次能源生产总量　　　　　　单位：亿吨标准煤

地区 / 国家	1980	2000	2010	2011	2012	2013	2014	2015	2016ᵉ	结构 (%) 1980	结构 (%) 2016	增速 (%) 1980—2016
北美	26.9	31.3	32.5	33.6	34.1	35.0	37.0	36.8	35.4	25.6	18.1	0.8
美国	21.7	22.9	23.8	24.8	25.1	25.9	27.6	27.7	26.4	20.6	13.4	0.5
加拿大	3.2	5.5	5.6	5.8	5.9	6.2	6.5	6.5	6.5	3.0	3.3	2.0
墨西哥	2.0	3.0	3.1	3.1	3.0	2.9	2.9	2.6	2.5	1.9	1.3	0.6
中南美	5.0	9.7	12.2	12.6	12.7	12.7	12.9	12.9	12.8	4.8	6.5	2.6
巴西	1.2	2.7	4.3	4.4	4.3	4.3	4.5	4.7	4.7	1.1	2.4	3.9
阿根廷	0.6	1.2	1.1	1.1	1.1	1.0	1.1	1.1	1.1	0.5	0.5	1.7
其他	3.3	5.8	6.8	7.2	7.3	7.3	7.4	7.2	7.0	3.1	3.6	2.1
欧洲	33.7	36.3	41.1	41.1	41.5	41.9	41.4	41.5	41.7	32.0	21.3	0.6
欧盟	—	13.6	12.6	12.1	12.2	12.3	12.1	12.0	11.9	0.0	6.1	-0.5*
英国	2.8	3.7	2.1	1.8	1.7	1.6	1.6	1.8	1.8	2.6	0.9	-1.1
法国	0.8	1.8	1.9	1.8	1.9	1.9	1.9	1.9	1.9	0.8	1.0	2.3
德国	2.6	1.9	1.9	1.9	1.9	1.9	1.9	1.9	1.9	2.5	0.9	-1.0
意大利	0.4	0.5	0.6	0.6	0.6	0.7	0.7	0.7	0.6	0.3	0.3	1.5
西班牙	0.3	0.5	0.7	0.6	0.6	0.7	0.7	0.6	0.6	0.3	0.3	1.9
俄罗斯	—	14.1	18.2	18.5	18.7	18.9	18.8	19.0	19.1	0.0	9.8	0.1*
其他	—	5.8	6.8	7.2	7.3	7.3	7.4	7.2	7.0	0.0	3.6	2.1*
亚太	17.9	35.2	59.5	61.9	62.7	64.8	66.3	66.8	65.1	17.0	33.2	3.6
澳大利亚	1.2	3.2	4.6	4.5	4.6	5.0	5.3	5.5	5.5	1.2	2.8	4.3
中国	8.9	16.6	33.4	35.5	36.2	37.3	38.0	38.3	36.3	8.5	18.5	4.0
印度	2.7	5.1	7.3	7.5	7.7	7.8	8.0	8.2	8.4	2.5	4.3	3.2
日本	0.7	1.5	1.4	0.8	0.5	0.6	0.6	0.7	0.7	0.7	0.4	-0.1
韩国	0.1	0.4	0.6	0.6	0.6	0.6	0.6	0.7	0.7	0.1	0.3	4.6
印尼	1.8	3.4	5.3	6.0	6.1	6.4	6.3	6.0	5.8	1.7	3.0	3.3
其他	3.3	5.8	6.8	7.2	7.3	7.3	7.4	7.2	7.0	3.1	3.6	2.1
中东	14.0	18.0	21.3	23.0	23.3	23.5	23.7	24.6	25.6	13.3	13.0	1.7
非洲	7.8	12.2	16.4	15.5	16.3	15.9	15.8	15.8	15.6	7.4	8.0	1.9
埃及	0.5	0.8	1.2	1.2	1.2	1.1	1.1	1.0	1.0	0.5	0.5	1.9
南非	1.0	2.1	2.3	2.3	2.3	2.4	2.4	2.4	2.4	1.0	1.2	2.3
其他	3.3	5.8	6.8	7.2	7.3	7.3	7.4	7.2	7.0	3.1	3.6	2.1
世界	105.3	142.7	183.0	187.8	190.5	193.8	197.0	198.5	196.2	100.0	100.0	1.7
OECD	42.1	54.0	55.4	55.3	55.7	57.0	59.2	59.5	58.2	39.9	29.7	0.9
非 OECD	63.3	88.7	127.6	132.5	134.8	136.8	137.9	138.9	138.0	60.1	70.3	2.2

数据来源：国际能源署，英国石油公司，中国国家统计局，国网能源研究院。

注　上角标 * 表示 1990—2016 年均增速。

2. 分品种一次能源生产结构

表 C-19   2000 年、2005 年分品种一次能源生产结构   单位：%

地区 / 国家	2000						2005					
	煤炭	石油	天然气	水能	核能	非水可再生能源	煤炭	石油	天然气	水能	核能	非水可再生能源
北美	26.3	24.9	28.4	6.7	9.1	4.7	27.0	25.1	27.2	6.7	9.3	4.8
美国	33.6	18.6	27.9	3.6	11.3	5.1	35.9	16.7	26.7	3.9	11.6	5.1
加拿大	9.0	23.5	38.8	21.2	4.3	3.1	7.7	27.3	36.8	19.6	5.0	3.6
墨西哥	2.6	75.2	12.7	3.6	0.9	5.1	2.2	76.5	12.9	2.6	1.0	4.7
中南美	5.0	51.5	12.8	18.4	0.4	11.9	6.0	48.1	14.8	18.1	0.5	12.6
巴西	1.4	33.7	3.2	36.4	0.7	24.6	1.0	35.4	3.9	32.1	0.9	26.6
阿根廷	0.2	46.6	40.4	7.7	1.6	3.5	0.0	39.7	46.7	9.0	1.8	2.7
其他	7.7	60.9	11.4	12.2	0.0	7.8	9.7	56.3	14.6	12.4	0.0	7.1
欧洲	17.3	28.1	33.0	7.3	10.5	3.8	16.2	29.2	33.2	6.5	10.3	4.6
欧盟	22.2	17.3	21.9	8.5	22.4	7.7	21.2	13.6	20.9	7.8	24.8	11.6
英国	7.1	46.8	37.4	0.4	7.4	0.8	6.1	40.9	40.6	0.6	9.5	2.3
法国	2.0	1.1	1.2	12.0	74.9	8.8	0.3	0.8	0.7	9.0	79.3	9.8
德国	45.6	2.4	11.9	3.7	28.8	7.6	41.2	2.6	10.5	3.2	26.9	15.6
意大利	0.0	14.2	42.6	31.3	0.0	11.9	0.2	20.0	32.3	26.7	0.0	20.9
西班牙	23.4	0.7	0.4	18.8	41.3	15.4	18.6	0.5	0.4	12.3	38.6	29.6
俄罗斯	13.0	31.7	47.7	3.8	3.1	0.7	13.1	37.5	42.8	3.2	2.8	0.6
其他	16.3	39.5	26.4	11.3	4.0	2.5	15.1	35.6	32.5	10.6	3.9	2.2
亚太	44.5	14.7	9.8	4.8	4.6	21.6	53.1	11.4	9.5	5.1	3.9	17.1
澳大利亚	72.5	11.0	12.6	1.6	0.0	2.3	76.2	8.7	11.8	1.3	0.0	2.0
中国	61.6	14.1	2.0	4.3	0.3	17.7	69.6	10.3	2.4	5.1	0.7	11.9
印度	36.7	9.3	6.5	4.7	1.1	41.8	39.8	7.9	6.3	5.9	0.9	39.1
日本	1.5	0.3	2.2	18.9	69.6	7.5	0.0	0.3	2.9	17.5	69.7	9.5
韩国	11.9	0.0	0.0	3.0	80.5	4.7	3.3	0.1	1.2	2.2	87.4	5.8
印尼	19.4	29.9	26.1	1.0	0.0	23.7	35.5	18.9	23.7	0.9	0.0	21.1
其他	10.1	20.3	29.7	6.9	2.6	30.4	12.9	19.1	33.0	6.5	2.2	26.2
中东	0.1	86.5	13.2	0.1	0.0	0.0	0.1	81.6	17.8	0.4	0.0	0.1
非洲	15.3	41.0	12.2	2.0	0.3	29.1	13.4	42.6	14.8	1.9	0.2	27.0
埃及	0.1	65.1	26.6	5.7	0.0	2.5	0.0	40.2	54.2	3.6	0.0	2.0
南非	87.6	0.5	1.0	0.2	2.0	8.7	88.0	0.4	1.1	0.2	1.6	8.7
其他	0.6	48.0	13.5	2.1	0.0	35.8	0.4	51.0	13.6	2.1	0.0	32.9
世界	22.8	34.2	20.6	5.9	5.9	10.6	25.9	32.3	20.5	5.7	5.4	10.2
OECD	25.5	23.7	23.9	8.0	13.5	5.4	26.4	21.8	23.7	7.7	14.0	6.3
非 OECD	21.1	40.5	18.6	4.7	1.3	13.8	25.6	37.4	18.9	4.8	1.2	12.1

数据来源：国际能源署，英国石油公司，中国国家统计局，国网能源研究院。

表 C-20　2010 年、2016 年分品种一次能源生产结构　　　　　　　　　　　单位：%

地区 / 国家	2010						2016ᵉ					
	煤炭	石油	天然气	水能	核能	非水可再生能源	煤炭	石油	天然气	水能	核能	非水可再生能源
北美	25.3	23.5	29.5	9.3	6.5	5.9	15.9	29.6	32.7	8.6	5.9	7.3
美国	31.9	16.8	29.7	11.4	3.6	6.7	19.5	24.8	34.5	10.2	3.0	8.0
加拿大	8.7	28.2	33.8	5.2	20.3	3.9	6.5	34.8	30.4	4.9	18.8	4.6
墨西哥	3.7	67.8	19.9	0.6	3.9	3.9	3.2	66.6	19.6	1.8	3.1	5.7
中南美	6.2	44.8	15.8	0.6	18.4	14.2	7.0	43.3	16.2	0.6	16.8	16.1
巴西	0.7	35.7	4.2	1.1	30.6	27.6	0.9	39.5	6.1	1.0	24.0	28.4
阿根廷	0.0	39.7	44.9	2.1	9.7	3.5	0.0	35.7	44.9	2.7	11.8	4.9
其他	10.6	51.3	18.2	0.0	12.2	7.6	12.1	47.0	18.5	0.0	12.8	9.6
欧洲	15.5	28.7	32.5	9.5	6.8	7.0	14.5	28.1	31.5	9.0	6.6	10.3
欧盟	18.3	10.6	18.1	23.5	9.7	19.8	15.6	8.7	12.7	22.7	8.4	31.9
英国	7.4	41.1	35.2	9.6	0.6	6.1	2.3	35.6	28.3	13.6	1.2	19.0
法国	0.1	0.7	0.5	74.0	10.8	13.8	0.0	0.6	0.0	73.9	8.0	17.5
德国	34.6	1.9	8.4	24.0	3.6	27.6	25.1	1.9	4.6	15.1	3.3	50.2
意大利	0.2	12.5	16.9	0.0	28.4	42.1	0.1	9.7	11.6	0.0	18.4	60.2
西班牙	7.2	0.3	0.1	30.7	20.9	40.8	2.0	0.6	0.1	33.0	11.6	52.6
俄罗斯	13.0	38.1	42.3	3.1	2.9	0.6	14.9	39.0	39.3	3.6	2.8	0.4
其他	16.4	34.0	33.0	3.8	10.3	2.6	12.1	47.0	18.5	0.0	12.8	9.6
亚太	58.6	9.3	9.8	3.2	6.0	13.2	56.6	8.3	9.8	2.4	8.1	14.8
澳大利亚	76.2	7.2	13.7	0.0	0.9	2.0	75.1	3.8	17.7	0.0	0.7	2.6
中国	73.6	8.7	3.4	0.7	6.9	6.7	67.2	8.0	4.5	2.0	10.4	8.0
印度	41.6	7.5	8.4	1.2	5.4	35.8	45.3	6.3	4.3	1.6	5.1	37.5
日本	0.0	0.3	3.2	65.4	18.6	12.5	0.0	0.4	4.7	4.2	41.2	49.6
韩国	2.4	0.1	1.2	84.1	2.1	10.0	1.6	0.0	0.4	81.8	0.8	15.5
印尼	49.9	12.5	20.0	0.0	1.1	16.5	56.1	9.9	15.1	0.0	0.8	18.1
其他	14.8	16.2	33.8	2.1	7.0	26.1	12.1	47.0	18.5	0.0	12.8	9.6
中东	0.0	73.3	26.3	0.0	0.3	0.1	0.0	71.7	28.0	0.0	0.3	0.0
非洲	12.8	40.9	15.2	0.2	2.2	28.7	13.9	32.9	15.0	0.2	2.5	35.6
埃及	0.0	39.7	54.5	0.0	3.5	2.3	0.0	48.2	44.3	0.0	4.5	3.0
南非	88.1	0.2	0.8	1.7	0.3	9.0	87.2	0.1	0.6	1.2	0.1	10.7
其他	0.3	48.4	14.1	0.0	2.4	34.8	12.1	47.0	18.5	0.0	12.8	9.6
世界	28.6	28.8	21.2	4.9	6.1	10.4	26.3	28.9	21.7	4.3	6.5	12.3
OECD	25.6	19.2	25.0	13.4	7.9	8.9	20.4	22.2	26.4	10.9	7.6	12.4
非 OECD	29.9	33.0	19.5	1.2	5.3	11.1	28.8	31.7	19.8	1.5	6.0	12.2

数据来源：国际能源署，英国石油公司，中国国家统计局，国网能源研究院。

C.4 电力消费

C.4.1 用电量

1. 分地区用电量

表 C-21　1980－2016 年分地区用电量　　　　　　　　单位：十亿千瓦·时

地区/国家	1980	1985	1990	1995	2000	2005	2010	2015	2016ᵉ	结构 (%) 1980	结构 (%) 2016	增速 (%) 1980－2016
北美	2615	2944	3471	3986	4558	4808	4893	4896	4943	34.3	21.6	1.8
美国	2241	2478	2924	3371	3857	4050	4143	4123	4129	29.4	18.0	1.7
加拿大	314	384	448	484	523	546	519	514	545	4.1	2.4	1.5
墨西哥	60	82	99	130	178	212	230	259	270	0.8	1.2	4.3
中南美	274	353	435	537	675	789	963	1090	1094	3.6	4.8	3.9
巴西	123	174	218	265	332	375	465	523	518	1.6	2.3	4.1
阿根廷	35	39	43	57	77	94	117	134	136	0.5	0.6	3.9
其他	116	141	175	215	266	320	381	433	440	1.5	1.9	3.8
欧洲	3267	3791	4263	3994	4296	4736	4966	4947	4990	42.9	21.8	1.2
欧盟	—	—	1957	2043	2288	2777	2930	2911	2930	—	12.8	1.6*
英国	264	273	307	324	360	379	358	331	331	3.5	1.4	0.6
法国	244	298	348	394	440	484	503	469	468	3.2	2.0	1.8
德国	454	501	527	517	546	589	594	579	573	6.0	2.5	0.6
意大利	175	192	235	261	302	332	326	309	310	2.3	1.4	1.6
西班牙	99	114	137	156	210	267	266	254	254	1.3	1.1	2.7
俄罗斯	—	—	990	757	762	828	916	949	966	—	4.2	-0.1*
其他	—	—	1316	1194	1246	1131	1120	1087	1093	—	4.8	-0.7*
亚太	1228	1586	2274	3114	3920	5479	7720	9865	10311	16.1	45.0	6.1
澳大利亚	87	110	146	163	195	213	236	237	238	1.1	1.0	2.8
中国	276	381	580	928	1254	2324	3938	5593	5841	3.6	25.5	8.8
印度	99	152	238	346	416	537	790	1127	1226	1.3	5.4	7.2
日本	551	643	841	965	1053	1091	1101	970	999	7.2	4.4	1.7
韩国	35	55	102	175	278	376	481	530	534	0.5	2.3	7.9
其他	180	245	368	537	725	938	1174	1409	1473	2.4	6.4	6.0
中东	65	132	185	255	341	468	678	867	881	0.9	3.8	7.5
非洲	175	230	284	327	404	500	589	671	689	2.3	3.0	3.9
埃及	17	24	38	46	67	95	130	160	171	0.2	0.7	6.7
南非	101	135	156	172	206	222	233	228	224	1.3	1.0	2.3
其他	58	71	90	108	130	183	225	282	294	0.8	1.3	4.6
世界	7624	9036	10912	12213	14193	16781	19809	22336	22908	100.0	100.0	3.1
OECD	5260	6013	7143	8057	9215	9947	10280	10141	10234	69.0	44.7	1.9
非 OECD	2364	3023	3769	4156	4979	6834	9529	12195	12673	31.0	55.3	4.8

数据来源：联合国，国际能源署，GlobalData，国网能源研究院。

注　上角标 * 表示 1990－2016 年均增速。

2. 人均用电量

表 C-22　1980—2016 年分地区人均用电量　　　　　　　　　单位：千瓦·时

地区/国家	1980	1985	1990	1995	2000	2005	2010	2015	2016^e	增速 (%) 1980—2016
北美	8079	8556	9495	10245	10999	11030	10634	10163	10170	0.6
美国	9753	10289	11579	12689	13680	13723	13425	12888	12814	0.8
加拿大	12793	14839	16166	16517	17009	16925	15197	14289	15004	0.4
墨西哥	867	1058	1165	1384	1751	1951	1963	2060	2116	2.5
中南美	928	1079	1207	1367	1591	1740	2006	2153	2140	2.3
巴西	1013	1279	1457	1632	1892	2007	2361	2539	2497	2.5
阿根廷	1234	1282	1299	1641	2078	2393	2847	3088	3090	2.6
其他	798	872	980	1099	1257	1408	1575	1685	1695	2.1
欧洲	4169	4691	5122	4720	5042	5487	5650	5531	5560	0.8
欧盟	—	—	5207	5410	6069	7297	7623	7622	7686	1.5*
英国	4688	4834	5363	5580	6108	6283	5652	5056	5030	0.2
法国	4511	5379	6103	6770	7383	7896	7980	7272	7237	1.3
德国	5797	6446	6666	6362	6694	7208	7343	7087	6995	0.5
意大利	3106	3367	4115	4565	5267	5649	5452	5192	5210	1.4
西班牙	2623	2947	3497	3901	5125	6057	5681	5473	5489	2.1
俄罗斯	—	—	6706	5105	5206	5766	6396	6598	6709	0.0*
其他	—	—	4262	3728	3790	3335	3188	2948	2938	-1.4*
亚太	500	587	764	967	1140	1503	2008	2443	2531	4.6
澳大利亚	5933	7021	8539	8992	10240	10539	10684	9951	9868	1.4
中国	278	356	494	748	977	1758	2896	4003	4161	7.8
印度	142	194	273	360	395	469	642	861	926	5.3
日本	4676	5278	6752	7639	8254	8502	8563	7576	7818	1.4
韩国	915	1340	2370	3863	5860	7712	9716	10484	10522	7.0
其他	302	365	491	646	798	954	1114	1248	1288	4.1
中东	734	1227	1454	1770	2105	2587	3290	3788	3782	4.7
非洲	365	416	448	452	494	541	561	562	563	1.2
埃及	556	726	1013	1104	1471	1952	2529	2902	3049	4.8
南非	2279	2680	2717	2704	2946	2892	2766	2434	2344	0.1
其他	143	151	167	176	186	229	247	270	274	1.8
世界	1722	1866	2060	2137	2324	2580	2863	3042	3085	1.6
OECD	5381	5906	6747	7309	8055	8394	8365	8012	8040	1.1
非 OECD	685	791	889	901	1003	1285	1675	2007	2060	3.1

数据来源：联合国，国际能源署，GlobalData，国网能源研究院。
注　上角标 * 表示 1990—2016 年均增速。

3. 分部门用电结构

表 C-23　1980 年、2000 年分地区分部门用电结构　　　　　　　单位：%

地区／国家	1980					2000				
	工业	交通	商业	居民	其他	工业	交通	商业	居民	其他
北美	38.2	0.2	26.8	34.0	0.7	34.6	0.2	31.6	33.1	0.4
美国	36.8	0.2	27.6	35.4	0.0	32.6	0.1	33.2	34.1	0.0
加拿大	44.7	0.8	23.9	28.0	2.6	42.2	0.9	26.1	28.7	2.0
墨西哥	52.8	0.8	13.8	17.6	15.0	56.9	0.8	12.1	24.9	5.4
中南美	51.9	0.5	18.1	25.0	4.5	45.8	0.4	22.5	27.7	3.6
巴西	57.6	0.7	20.4	19.6	1.7	45.7	0.4	23.9	26.0	4.0
阿根廷	52.6	0.8	18.2	27.0	1.4	46.2	0.7	24.1	28.3	0.7
其他	45.6	0.3	15.5	30.3	8.4	46.0	0.2	20.3	29.6	3.9
欧洲	56.5	4.6	13.9	20.8	4.2	43.8	4.1	21.1	27.7	3.4
欧盟	—	—	—	—	—	41.9	2.8	25.1	28.4	1.8
英国	37.2	1.3	23.0	36.7	1.7	34.6	2.6	27.5	34.0	1.3
法国	45.6	3.3	20.8	29.4	0.8	35.0	2.4	27.6	33.4	1.5
德国	50.9	3.1	14.9	29.4	1.8	43.8	3.3	25.9	27.0	0.0
意大利	58.8	3.0	12.8	23.7	1.6	52.0	3.1	20.7	22.4	1.8
西班牙	60.1	2.1	13.6	21.8	2.4	45.4	2.2	26.5	23.1	2.7
俄罗斯	—	—	—	—	—	51.3	10.0	10.6	23.1	5.0
其他	—	—	—	—	—	44.0	3.4	14.5	29.4	8.6
亚太	63.1	1.9	9.2	18.2	7.6	50.9	1.3	18.2	21.6	7.9
澳大利亚	41.0	1.1	19.5	36.6	1.7	44.6	1.4	24.2	28.2	1.7
中国	77.8	1.1	0.0	4.2	16.9	66.6	1.4	6.8	14.0	11.2
印度	60.9	2.5	5.6	10.6	20.4	42.1	2.2	6.8	20.9	28.1
日本	63.9	3.0	10.3	22.6	0.2	41.3	1.9	30.0	26.6	0.2
韩国	69.4	1.2	12.5	16.2	0.6	57.2	0.8	26.0	14.1	2.0
其他	48.5	0.2	16.1	21.3	13.9	44.5	0.2	20.6	28.2	6.6
中东	26.4	0.0	10.0	29.9	33.7	24.4	0.0	20.8	41.1	13.7
非洲	61.2	2.8	9.8	19.1	7.1	48.0	1.7	12.7	27.2	10.5
埃及	64.5	0.0	0.0	29.4	6.1	38.0	0.0	21.7	36.4	3.9
南非	63.5	4.7	11.2	14.6	6.0	55.7	3.1	9.9	16.5	14.9
其他	56.2	0.3	10.4	23.9	9.2	42.3	0.6	11.9	37.6	7.6
世界	50.8	2.4	17.7	25.2	3.9	42.4	1.7	23.6	28.1	4.1
OECD	45.6	1.5	21.2	30.4	1.3	38.9	1.2	28.8	30.0	1.0
非 OECD	63.0	4.4	9.6	13.2	9.8	49.0	2.6	13.7	24.6	10.1

数据来源：国际能源署，国网能源研究院。

表 C-24　2010 年、2015 年分地区分部门用电结构　　　　单位：%

地区 / 国家	2010					2015				
	工业	交通	商业	居民	其他	工业	交通	商业	居民	其他
北美	25.0	0.3	33.2	36.8	4.7	24.5	0.3	33.1	35.8	6.2
美国	21.8	0.2	35.1	38.2	4.7	21.3	0.2	36.0	37.1	5.4
加拿大	35.6	0.8	29.1	32.6	1.9	33.5	1.0	23.5	33.6	8.4
墨西哥	56.9	0.6	9.6	22.6	10.4	54.4	0.4	9.2	21.7	14.2
中南美	44.9	0.7	23.3	27.9	3.2	40.8	0.5	24.7	30.0	4.1
巴西	46.4	0.4	24.4	24.8	4.0	40.0	0.6	27.3	26.7	5.5
阿根廷	42.9	0.6	25.4	30.4	0.8	38.9	0.5	23.5	36.3	0.8
其他	43.6	1.2	21.3	30.9	3.0	42.3	0.4	21.9	32.0	3.4
欧洲	39.1	3.9	26.9	27.7	2.5	39.1	3.9	27.0	27.4	2.7
欧盟	36.2	2.1	29.9	29.9	1.8	36.4	2.3	30.5	29.0	1.9
英国	31.8	1.3	29.5	36.1	1.2	30.5	1.5	30.9	35.7	1.3
法国	26.4	2.3	32.6	36.4	2.3	25.2	2.4	34.4	35.9	2.1
德国	42.2	2.3	28.9	26.6	0.0	43.7	2.2	29.1	25.0	0.0
意大利	42.7	3.6	28.6	23.2	1.9	39.2	3.8	32.0	23.0	2.0
西班牙	30.0	1.3	34.3	30.9	3.5	32.8	2.6	31.0	30.2	3.4
俄罗斯	45.0	11.7	23.2	17.8	2.2	45.3	11.3	21.0	20.2	2.3
其他	44.2	2.9	18.8	28.5	5.6	42.9	2.5	20.7	28.2	5.6
亚太	54.8	2.3	15.3	20.3	7.3	54.9	2.6	13.8	20.1	8.6
澳大利亚	39.1	1.7	29.1	28.9	1.2	36.4	2.6	31.8	28.0	1.2
中国	68.5	3.4	5.6	14.9	7.7	65.9	3.7	6.2	15.5	8.7
印度	44.1	1.8	9.4	22.0	22.6	44.0	1.6	9.1	24.1	21.3
日本	32.9	1.8	34.8	29.9	0.6	32.1	1.9	34.4	28.2	3.3
韩国	50.8	0.5	32.9	13.6	2.2	53.0	0.4	30.7	12.9	3.0
其他	43.5	0.3	22.3	28.4	5.5	42.8	0.3	21.6	29.9	5.4
中东	21.5	0.0	24.2	43.7	10.5	20.0	0.1	26.6	43.3	10.1
非洲	43.7	0.9	17.2	31.0	7.3	41.4	0.9	17.5	33.0	7.2
埃及	32.5	0.0	22.5	41.0	3.9	25.4	0.4	26.0	43.6	4.5
南非	59.3	1.8	14.4	19.8	4.6	61.3	1.7	13.7	18.9	4.4
其他	35.3	0.5	16.8	35.6	11.7	36.0	0.6	15.3	37.3	10.8
世界	41.3	2.0	23.5	27.8	5.4	42.1	2.1	22.2	27.1	6.6
OECD	31.6	1.1	31.9	32.2	3.1	31.6	1.1	31.9	31.1	4.3
非 OECD	52.0	3.0	14.2	22.9	7.9	51.2	2.9	13.8	23.5	8.6

数据来源：国际能源署，国网能源研究院。

4. 人均生活用电量

表 C-25　1980—2016 年分地区人均生活用电量　　　　　　　　　　　单位：千瓦·时

地区 / 国家	1980	1985	1990	1995	2000	2005	2010	2015	2016e	增速 (%) 1980—2016
北美	2751	2892	3236	3414	3643	3866	3914	3774	3754	0.9
美国	3455	3625	4062	4349	4661	4999	5123	4914	4856	0.9
加拿大	3579	4200	5021	4867	4883	5016	4952	4997	5273	1.1
墨西哥	152	195	237	330	435	437	443	474	482	3.3
中南美	232	267	328	378	441	463	560	674	679	3.0
巴西	273	340	402	504	536	540	717	956	969	3.6
阿根廷	242	250	300	407	541	550	705	860	872	3.6
其他	241	271	316	334	373	434	486	565	572	2.4
欧洲	867	1035	1136	1286	1396	1465	1562	1535	1539e	1.6
欧盟	—	—	1466	1575	1723	2104	2283	2198	2201	1.6*
英国	1723	1773	1833	1935	2074	2265	2042	1850	1835	0.2
法国	1328	1850	1957	2149	2469	2586	2903	2655	2633	1.9
德国	1701	1976	2008	1793	1807	1950	1954	1789	1745	0.1
意大利	735	861	1011	1097	1179	1257	1267	1190	1191	1.3
西班牙	572	666	840	996	1186	1565	1756	1634	1631	3.0
俄罗斯	—	—	868	1041	1204	966	1142	1337	1390	1.8*
其他	—	—	627	1020	1116	916	908	865	861	1.2*
亚太	91	117	143	205	247	315	407	512	529	5.0
澳大利亚	2169	2332	2547	2617	2891	3055	3086	2955	2909	0.8
中国	12	25	22	98	137	254	430	634	664	11.9
印度	15	26	42	61	82	102	141	217	237	8.0
日本	1058	1318	1612	1999	2197	2403	2559	2127	2166	2.0
韩国	149	254	445	670	826	1097	1325	1374	1362	6.3
其他	64	87	118	172	225	267	317	395	411	5.3
中东	219	572	605	749	864	1161	1438	1776	1763	6.0
非洲	70	89	109	120	134	162	174	205	208	3.1
埃及	163	277	373	417	536	719	1038	1339	1421	6.2
南非	333	374	440	467	485	553	549	502	477	1.0
其他	34	43	55	61	70	87	88	112	115	3.4
世界	434	488	535	600	654	720	796	863	870	1.9
OECD	1637	1837	2066	2236	2416	2612	2697	2553	2542	1.2
非 OECD	90	125	149	208	246	297	383	497	513	4.9

数据来源：联合国，国际能源署，GlobalData，国网能源研究院。

注　上角标 * 表示 1990—2016 年均增速。

5. 电力消费强度

表 C-26　1980—2016 年分地区电力消费强度　　　　　　　　　　　　　　单位：千瓦·时 / 美元

地区 / 国家	1980	1985	1990	1995	2000	2005	2010	2015	2016ᵉ	增速 (%) 1980—2016
北美	0.33	0.32	0.32	0.33	0.31	0.28	0.28	0.25	0.25	-0.8
美国	0.34	0.32	0.32	0.33	0.30	0.28	0.28	0.25	0.24	-0.9
加拿大	0.40	0.43	0.44	0.44	0.39	0.36	0.32	0.29	0.30	-0.8
墨西哥	0.12	0.14	0.16	0.19	0.20	0.22	0.22	0.21	0.22	1.8
中南美	0.13	0.16	0.20	0.21	0.23	0.23	0.23	0.26	0.27	2.1
巴西	0.12	0.16	0.18	0.19	0.22	0.21	0.21	0.22	0.23	1.8
阿根廷	0.15	0.20	0.22	0.22	0.25	0.28	0.28	0.29	0.30	1.9
其他	0.13	0.16	0.21	0.22	0.24	0.25	0.25	0.32	0.34	2.6
欧洲	0.32	0.33	0.30	0.27	0.25	0.25	0.24	0.22	0.22	-1.0
欧盟	—	—	0.17	0.16	0.15	0.17	0.17	0.16	0.16	-0.1*
英国	0.21	0.20	0.19	0.18	0.17	0.16	0.15	0.12	0.12	-1.6
法国	0.16	0.18	0.18	0.19	0.19	0.19	0.19	0.17	0.17	0.1
德国	0.22	0.23	0.21	0.18	0.17	0.18	0.17	0.16	0.15	-1.1
意大利	0.13	0.13	0.13	0.14	0.15	0.15	0.15	0.15	0.15	0.4
西班牙	0.15	0.16	0.16	0.17	0.18	0.20	0.19	0.18	0.17	0.4
俄罗斯	—	—	0.70	0.86	0.80	0.65	0.60	0.57	0.58	-0.7*
其他	—	—	1.48	1.34	1.26	1.15	1.08	0.82	0.79	-2.4*
亚太	0.23	0.23	0.28	0.32	0.34	0.38	0.42	0.43	0.42	1.7
澳大利亚	0.20	0.22	0.24	0.24	0.23	0.21	0.21	0.18	0.18	-0.3
中国	0.81	0.67	0.70	0.63	0.56	0.65	0.65	0.63	0.61	-0.8
印度	0.36	0.43	0.51	0.58	0.52	0.48	0.48	0.49	0.50	0.9
日本	0.19	0.18	0.18	0.19	0.20	0.19	0.19	0.16	0.17	-0.3
韩国	0.25	0.25	0.28	0.32	0.39	0.42	0.44	0.42	0.41	1.4
其他	0.16	0.16	0.32	0.37	0.44	0.45	0.46	0.41	0.40	2.6
中东	0.04	0.10	0.12	0.13	0.15	0.16	0.19	0.20	0.20	4.6
非洲	0.24	0.27	0.33	0.36	0.36	0.34	0.31	0.30	0.30	0.6
埃及	0.09	0.12	0.17	0.20	0.25	0.30	0.35	0.38	0.41	4.4
南非	1.91	1.85	1.74	1.63	1.51	1.37	1.06	0.91	0.86	-2.2
其他	0.12	0.13	0.16	0.19	0.18	0.19	0.17	0.18	0.18	1.2
世界	0.27	0.29	0.29	0.29	0.28	0.29	0.30	0.30	0.30	0.2
OECD	0.24	0.23	0.25	0.25	0.24	0.24	0.23	0.21	0.21	-0.3
非 OECD	0.42	0.42	0.42	0.41	0.40	0.42	0.43	0.44	0.44	0.1

数据来源：联合国，世界银行，国际能源署，GlobalData，国网能源研究院。

注　上角标 * 表示 1990—2016 年均增速。

1. 发电能源占一次能源消费比重

表 C-27　1980－2016 年分地区发电能源占一次能源消费比重　　　　　　单位：%

地区 / 国家	1980	1985	1990	1995	2000	2005	2010	2015	2016^e	变化（个百分点）1980－2016
北美	30.4	33.6	37.3	38.7	40.1	41.7	43.5	43.6	43.7	13.2
美国	30.3	33.3	37.4	38.6	40.0	42.1	44.5	44.2	44.1	13.8
加拿大	37.1	43.4	43.9	45.6	45.3	43.8	42.5	43.7	44.0	6.9
墨西哥	16.6	18.9	22.4	26.3	31.3	33.2	33.4	37.2	38.1	21.5
中南美	22.2	26.5	29.3	31.8	34.2	35.5	35.9	38.4	39.0	16.7
巴西	23.9	28.4	30.2	32.2	34.7	35.0	36.7	37.9	38.2	14.3
阿根廷	20.6	23.5	24.2	26.0	30.0	33.1	33.8	35.9	36.4	15.8
其他	21.2	25.5	29.9	33.0	34.9	36.5	35.7	39.6	40.6	19.4
欧洲	28.1	31.0	31.9	34.7	37.2	38.5	39.7	40.7	40.9	12.8
欧盟	－	－	35.5	37.2	39.7	41.3	42.7	43.8	44.0	8.6*
英国	32.7	33.9	35.3	35.9	38.5	40.6	42.4	41.5	41.3	8.6
法国	29.7	38.1	42.8	45.7	46.9	48.2	49.3	51.9	52.5	22.8
德国	29.4	32.6	35.6	36.1	38.9	41.5	42.6	44.2	44.6	15.2
意大利	30.7	31.6	33.0	33.8	35.8	36.8	38.3	40.3	40.8	10.0
西班牙	34.2	39.2	37.2	37.0	40.1	44.9	48.1	48.3	48.3	14.1
俄罗斯	－	－	26.6	29.2	30.9	32.1	32.9	32.8	32.8	6.2*
其他	－	－	29.9	33.0	34.9	36.5	35.7	39.6	40.6	10.7*
亚太	19.5	21.9	24.6	27.4	30.9	33.6	37.4	40.9	41.7	22.3
澳大利亚	29.8	35.6	39.8	40.9	43.6	43.1	44.4	43.6	43.4	13.6
中国	11.4	13.4	16.3	20.7	25.3	30.6	36.7	41.9	43.2	31.8
印度	13.3	16.8	21.1	25.4	28.6	30.5	31.4	36.1	37.3	24.1
日本	36.7	40.8	42.7	44.1	46.2	47.4	52.6	52.7	52.8	16.1
韩国	21.1	23.3	25.9	28.8	35.5	42.0	46.0	45.9	45.9	24.7
其他	21.2	25.5	29.9	33.0	34.9	36.5	35.7	39.6	40.6	19.4
中东	16.8	21.4	23.5	23.2	26.9	28.2	30.4	32.4	32.9	16.1
非洲	14.8	17.0	17.8	18.4	19.8	20.7	21.4	21.9	22.0	7.2
埃及	24.7	26.1	28.5	31.9	41.5	38.8	43.6	49.5	51.0	26.3
南非	33.3	38.2	39.1	41.5	43.6	42.1	41.1	37.9	37.1	3.8
其他	21.2	25.5	29.9	33.0	34.9	36.5	35.7	39.6	40.6	19.4
世界	25.4	28.0	29.8	31.5	33.7	35.1	36.9	38.6	39.0	13.7
OECD	30.8	34.3	37.4	38.8	40.8	42.5	44.5	44.9	45.0	14.2
非 OECD	19.4	21.8	22.8	24.8	27.6	29.9	32.9	36.2	37.1	17.7

数据来源：国际能源署，国网能源研究院。

注　上角标 * 表示 1990－2016 年变化。

2. 电能占终端能源消费比重

表 C-28　1980—2016 年分地区电能占终端能源消费比重　　　　　　　单位：%

地区 / 国家	1980	1985	1990	1995	2000	2005	2010	2015	2016^e	变化（个百分点） 1980—2016
北美	13.4	15.5	17.6	18.9	19.4	20.4	21.3	21.3	21.4	8.0
美国	13.3	15.3	17.5	19.0	19.5	20.5	21.5	21.4	21.4	8.1
加拿大	16.8	20.9	22.2	21.7	21.6	22.4	22.5	22.4	22.3	5.5
墨西哥	7.5	8.4	10.3	11.8	13.1	15.4	15.8	18.5	18.8	11.3
中南美	10.1	12.4	13.8	14.8	16.0	16.7	17.0	18.1	18.3	8.2
巴西	10.6	14.2	16.3	17.1	18.0	18.1	17.9	18.6	18.7	8.1
阿根廷	9.7	10.8	11.5	11.5	13.7	15.3	17.1	18.0	18.2	8.6
其他	9.6	11.0	12.1	13.5	14.6	15.7	16.0	17.5	17.9	8.3
欧洲	12.4	13.9	14.5	15.6	17.0	17.9	18.6	19.3	19.3	6.9
欧盟	—	—	16.4	17.1	18.4	19.3	20.2	21.2	21.1	4.7*
英国	15.4	15.5	17.1	17.6	18.8	20.2	20.5	20.8	20.7	5.3
法国	12.7	15.7	18.2	19.3	20.3	21.6	23.7	24.7	25.0	12.3
德国	13.6	15.0	16.3	16.6	18.0	19.5	20.0	20.1	20.1	6.6
意大利	13.4	14.9	16.1	17.0	18.2	18.3	19.2	20.7	20.8	7.4
西班牙	16.0	18.6	17.8	17.6	19.0	20.4	22.8	25.0	25.1	9.1
俄罗斯	—	—	11.4	11.6	12.5	13.6	14.0	13.7	13.7	2.3*
其他	—	—	13.9	15.9	17.5	17.9	18.9	20.5	20.6	6.8*
亚太	8.2	9.0	10.5	12.2	14.4	16.0	18.5	20.5	20.8	12.7
澳大利亚	14.6	17.1	19.6	20.0	21.4	22.5	23.6	22.4	22.7	8.1
中国	4.4	4.9	6.0	8.4	11.4	14.5	18.8	22.0	22.5	18.1
印度	4.5	5.8	7.6	9.7	10.3	11.7	13.0	15.3	15.6	11.3
日本	19.0	21.1	23.1	23.8	25.4	26.2	28.4	28.0	28.0	9.0
韩国	9.0	11.4	12.5	13.4	17.8	21.9	24.5	24.5	24.5	15.5
其他	6.4	7.4	8.8	10.5	12.3	13.6	15.0	16.4	17.2	10.8
中东	6.9	9.5	10.3	10.7	12.2	12.6	14.0	15.1	15.3	8.4
非洲	6.4	7.1	7.6	7.6	8.4	9.0	9.2	9.3	9.3	2.9
埃及	10.0	10.3	13.4	15.2	17.7	18.8	20.3	24.0	22.8	12.8
南非	18.2	22.1	23.3	23.2	26.7	25.8	25.6	22.8	24.2	6.0
其他	2.9	3.0	3.3	3.5	3.7	4.5	4.7	5.2	5.2	2.3
世界	10.9	12.3	13.3	14.3	15.5	16.4	17.5	18.5	18.7	7.8
OECD	13.9	15.9	17.8	18.8	19.8	20.9	21.9	22.2	22.2	8.3
非 OECD	7.9	8.9	9.5	10.4	12.0	13.4	15.4	17.3	17.6	9.7

数据来源：国际能源署，国网能源研究院。

注　上角标 * 表示 1990—2016 年变化。

3. 终端分部门电能占比

表 C-29　1980 年、2000 年分地区终端分部门电能占比　　　　　　　单位：%

地区 / 国家	1980					2000				
	工业	交通	商业	居民	其他	工业	交通	商业	居民	其他
北美	17.1	0.1	33.8	27.4	0.9	29.6	0.1	50.2	37.3	0.7
美国	16.6	0.1	33.7	28.6	0.0	29.6	0.1	51.7	38.8	0.0
加拿大	23.3	0.4	34.1	25.8	4.8	31.7	0.7	39.9	36.2	3.4
墨西哥	11.7	0.2	34.5	7.7	9.5	25.5	0.3	44.3	17.2	6.7
中南美	15.3	0.2	63.2	10.5	4.2	21.4	0.2	74.4	24.2	4.4
巴西	16.7	0.3	70.5	9.5	1.6	22.5	0.2	80.6	34.8	5.3
阿根廷	18.1	0.2	37.2	14.6	1.0	20.4	0.3	60.5	19.8	0.7
其他	13.1	0.1	70.3	10.4	9.2	20.5	0.1	72.0	19.1	4.7
欧洲	18.2	3.5	17.0	14.4	3.0	26.4	3.0	41.1	17.2	4.4
欧盟	—	—	—	—	—	29.5	2.0	45.0	21.2	2.5
英国	19.1	0.9	36.4	20.6	2.7	28.9	1.8	46.2	22.4	2.5
法国	19.9	2.0	12.4	23.4	0.9	34.0	1.8	49.8	27.2	2.0
德国	21.8	2.3	17.6	18.0	1.4	35.4	2.3	41.9	17.2	0.0
意大利	22.6	1.7	81.3	11.2	2.1	31.9	1.8	42.2	19.1	3.6
西班牙	24.7	1.1	48.5	32.8	2.6	29.9	1.2	64.2	31.3	3.6
俄罗斯	—	—	—	—	—	21.0	7.0	24.4	8.6	4.9
其他	—	—	—	—	—	23.6	3.5	36.4	17.7	10.7
亚太	15.1	1.3	20.6	3.7	6.4	22.5	1.1	42.4	10.0	8.5
澳大利亚	15.9	0.5	55.4	41.2	3.0	27.8	0.8	71.2	46.3	4.1
中国	9.2	1.0	0.0	0.4	10.0	19.8	1.5	25.6	4.5	10.7
印度	11.5	1.2	6.0	0.8	15.1	16.3	2.2	20.6	4.8	18.9
日本	30.9	2.4	22.4	38.8	0.3	34.5	1.8	47.8	45.1	0.4
韩国	19.0	0.7	13.4	4.9	0.4	33.6	0.7	34.1	21.2	1.5
其他	10.9	0.1	46.0	3.0	9.7	19.2	0.1	60.6	10.1	6.5
中东	5.0	0.0	17.3	15.1	16.3	10.3	0.0	48.6	25.6	9.7
非洲	18.5	1.4	28.9	2.1	7.6	25.8	1.0	38.6	3.8	12.8
埃及	16.2	0.0	0.0	14.3	3.3	21.4	0.0	100	30.3	5.2
南非	22.2	4.4	53.7	15.1	15.9	40.7	3.8	67.0	20.5	24.6
其他	14.5	0.1	15.8	1.0	5.7	16.1	0.2	18.4	1.9	6.6
世界	16.9	1.1	24.8	11.6	3.4	24.8	0.9	46.3	17.0	5.4
OECD	19.8	0.8	29.5	22.4	1.5	30.6	0.8	48.4	30.8	1.6
非 OECD	13.5	2.7	13.7	3.2	5.9	19.2	1.8	39.6	8.3	9.7

数据来源：国际能源署，国网能源研究院。

表 C-30　2010 年、2015 年分地区终端分部门电能占比　　　　单位：%

地区 / 国家	2010					2015				
	工业	交通	商业	居民	其他	工业	交通	商业	居民	其他
北美	28.0	0.1	54.2	44.3	8.7	28.2	0.2	54.4	44.7	12.1
美国	26.3	0.1	55.2	46.0	9.1	26.5	0.1	56.0	46.2	11.0
加拿大	35.6	0.6	47.1	41.8	2.9	34.1	0.7	41.0	42.5	11.9
墨西哥	32.2	0.2	50.2	23.5	16.0	34.0	0.2	51.3	27.1	27.1
中南美	21.9	0.4	76.2	28.9	4.5	23.3	0.3	77.2	33.5	6.3
巴西	21.9	0.2	88.6	39.4	5.6	21.6	0.3	91.8	45.3	8.6
阿根廷	25.4	0.4	62.9	23.5	0.9	25.8	0.3	60.8	28.4	1.0
其他	20.9	0.6	68.2	24.3	4.4	24.9	0.2	67.3	28.0	5.7
欧洲	29.2	3.0	43.5	19.6	3.5	30.4	3.0	44.0	21.1	3.8
欧盟	32.9	1.6	46.3	22.9	3.1	33.7	1.7	48.9	24.9	3.6
英国	35.9	0.9	47.8	22.5	3.5	35.2	1.0	49.5	25.5	3.6
法国	38.1	2.0	53.7	32.3	3.6	36.2	2.0	55.8	34.8	4.2
德国	34.9	2.0	37.5	19.5	0.0	35.0	1.7	37.2	20.8	0.0
意大利	36.5	2.4	43.4	16.9	3.8	38.2	2.6	51.5	17.5	5.1
西班牙	30.2	0.8	73.7	38.5	6.8	36.2	1.8	61.7	40.5	9.2
俄罗斯	22.3	7.6	39.2	10.0	1.8	22.8	7.5	36.2	11.0	1.6
其他	28.2	2.9	35.1	19.4	7.6	31.7	2.4	33.7	22.7	9.2
亚太	24.2	2.6	49.8	17.0	10.0	27.7	2.8	48.9	19.8	12.3
澳大利亚	31.1	1.1	75.4	50.9	3.2	27.6	1.4	73.6	48.6	3.4
中国	23.9	5.0	29.9	15.7	12.1	28.6	5.2	33.6	20.8	14.6
印度	17.3	1.8	32.7	8.0	20.6	19.9	1.7	35.4	11.1	22.6
日本	31.6	2.2	58.4	52.4	1.3	32.0	2.2	54.1	53.2	6.4
韩国	43.6	0.6	62.0	26.5	2.0	45.9	0.6	62.0	28.8	2.4
其他	22.4	0.2	67.3	14.6	5.6	24.9	0.2	71.3	17.0	6.3
中东	9.4	0.0	61.2	33.3	9.1	9.7	0.0	70.6	36.9	9.0
非洲	24.4	0.5	49.0	5.1	9.1	25.3	0.5	46.2	5.4	10.5
埃及	24.3	0.0	100	39.9	4.1	26.7	0.3	100	44.6	7.7
南非	39.5	1.9	68.5	23.3	11.5	37.5	1.6	54.7	19.2	9.9
其他	15.1	0.2	30.1	2.5	10.8	17.7	0.2	28.4	2.9	11.7
世界	24.8	1.2	50.6	21.5	7.7	26.9	1.3	51.1	22.9	9.8
OECD	31.6	0.7	53.1	34.9	5.5	32.2	0.8	53.3	36.8	7.8
非 OECD	21.6	2.4	45.3	13.4	9.4	24.8	2.4	47.2	16.0	11.1

数据来源：国际能源署，国网能源研究院。

C.5 电力供应

C.5.1 总体情况

1. 总发电量

表 C-31 2000—2016 年分地区总发电量 单位：十亿千瓦·时

地区/国家	2000	2005	2010	2011	2012	2013	2014	2015	2016^e	结构 (%) 2000	结构 (%) 2016	增速 (%) 2000—2016
北美	4551	4842	4930	4943	4914	4931	4957	4968	4982	29.5	20.1	0.6
美国	3800	4051	4129	4097	4063	4060	4092	4097	4083	24.6	16.5	0.4
加拿大	551	555	542	569	570	589	580	582	601	3.6	2.4	0.5
墨西哥	200	235	259	277	281	281	286	290	298	1.3	1.2	2.5
中南美	777	918	1108	1149	1197	1238	1272	1272	1276	5.0	5.2	3.1
巴西	349	402	515	531	552	569	590	580	578	2.3	2.3	3.2
阿根廷	83	97	113	119	125	130	130	136	136	0.5	0.5	3.1
其他	345	419	479	499	520	539	553	556	562	2.2	2.3	3.1
欧洲	4654	5065	5254	5221	5276	5197	5146	5191	5211	30.2	21.1	0.7
欧盟	2436	2965	3123	3065	3058	3081	3031	3069	3077	15.8	12.4	1.5
英国	342	365	352	339	334	328	310	311	312	2.2	1.3	-0.6
法国	519	551	550	545	544	553	542	548	533	3.4	2.2	0.2
德国	514	559	570	553	570	554	567	588	590	3.3	2.4	0.9
意大利	267	293	298	300	297	287	278	280	283	1.7	1.1	0.4
西班牙	216	280	293	282	286	273	267	262	256	1.4	1.0	1.1
俄罗斯	873	948	1033	1050	1069	1062	1060	1067	1082	5.7	4.4	1.4
其他	1345	1151	1098	1106	1148	1054	1055	1054	1052	8.7	4.3	-1.5
亚太	4617	6335	8932	9396	9923	10503	10959	11054	11485	29.9	46.4	5.9
澳大利亚	210	229	252	254	251	250	248	252	257	1.4	1.0	1.3
中国	1374	2391	4174	4471	4889	5266	5563	5547	5794	8.9	23.4	9.4
印度	503	628	827	901	944	1004	1093	1155	1236	3.3	5.0	5.8
日本	1066	1129	1161	1154	1103	1133	1110	1087	1073	6.9	4.3	0.0
韩国	259	352	463	484	496	503	506	511	516	1.7	2.1	4.4
其他	1205	1606	2055	2132	2241	2347	2439	2502	2609	7.8	10.6	4.9
中东	438	613	842	876	904	957	1017	1085	1097	2.8	4.4	5.9
非洲	385	483	571	591	607	621	636	655	677	2.5	2.7	3.6
埃及	71	97	134	142	152	159	163	169	180	0.5	0.7	6.0
南非	195	227	241	244	239	238	237	232	233	1.3	0.9	1.1
其他	119	159	196	205	216	224	237	253	263	0.8	1.1	5.1
世界	15422	18255	21637	22176	22821	23447	23988	24225	24727	100.0	100.0	3.0
OECD	9392	10171	10554	10541	10511	10507	10475	10522	10560	60.9	42.7	0.7
非OECD	6030	8083	11083	11635	12310	12941	13513	13702	14168	39.1	57.3	5.5

数据来源：联合国，国际能源署，英国石油公司，GlobalData，国网能源研究院。

2. 发电量结构

表 C-32　2000 年、2005 年分地区分品种发电量结构　　　　　　　　　单位：%

地区/国家	2000								2005							
	煤电	油电	气电	水电	核电	风电	太阳能发电	生物质及其他发电	煤电	油电	气电	水电	核电	风电	太阳能发电	生物质及其他发电
北美	46	4	16	15	18	0	0	1	44	3	19	14	18	0	0	1
美国	52	3	16	8	20	0	0	1	49	3	19	7	19	0	0	1
加拿大	17	3	5	61	12	0	0	2	14	3	6	61	15	0	0	2
墨西哥	17	17	45	17	4	0	0	0	16	9	58	12	5	0	0	0
中南美	4	11	12	70	1	0	0	2	3	10	15	68	2	0	0	2
巴西	2	4	2	87	2	0	0	2	2	3	6	84	2	0	0	3
阿根廷	2	0	55	34	8	0	0	1	2	0	56	34	7	0	0	1
其他	5	19	13	61	0	0	0	1	5	19	15	60	0	0	0	1
欧洲	28	5	23	19	24	0	0	1	27	3	27	16	24	1	0	1
欧盟	25	6	18	16	32	1	0	2	29	3	21	11	30	2	0	2
英国	32	2	41	3	21	0	0	1	34	1	39	2	20	1	0	2
法国	5	2	3	14	76	0	0	1	7	1	3	10	79	0	0	1
德国	51	1	9	6	30	2	0	1	47	2	12	5	27	5	0	2
意大利	10	32	39	17	0	0	0	2	15	12	57	13	0	1	0	2
西班牙	35	10	9	16	26	2	0	1	29	8	28	7	19	8	0	1
俄罗斯	20	4	43	19	14	0	0	0	18	3	46	18	15	0	0	0
其他	32	2	15	37	12	0	0	2	22	2	21	40	11	1	0	3
亚太	54	9	14	11	11	0	0	1	58	6	14	12	8	0	0	1
澳大利亚	83	1	8	8	0	0	0	0	79	1	10	7	0	1	0	2
中国	78	3	1	16	1	0	0	0	78	2	0	16	2	0	0	0
印度	70	1	9	17	3	0	0	0	69	1	10	17	2	1	0	1
日本	21	17	23	8	28	0	0	2	28	16	22	7	24	0	0	2
韩国	37	10	11	4	39	0	0	0	37	6	16	3	38	0	0	0
其他	47	15	27	10	0	0	0	1	49	8	31	10	0	0	0	1
中东	7	30	61	2	0	0	0	0	6	27	63	4	0	0	0	0
非洲	53	2	23	18	3	0	0	0	49	2	28	18	2	0	0	0
埃及	0	5	75	20	0	0	0	0	0	4	83	13	0	0	0	0
南非	92	0	0	1	7	0	0	0	93	0	1	1	5	0	0	0
其他	25	4	29	40	0	0	0	0	22	4	34	39	0	0	0	1
世界	40	7	19	18	16	0	0	1	41	5	21	16	14	1	0	1
OECD	38	6	17	15	23	0	0	1	37	5	20	13	22	1	0	2
非 OECD	42	8	22	22	5	0	0	0	46	6	22	21	5	0	0	1

数据来源：国网能源研究院。

表 C-33　2010 年、2016 年分地区分品种发电量结构　　　　　　　　单位：%

地区/国家	2010								2016ᵉ							
	煤电	油电	气电	水电	核电	风电	太阳能发电	生物质及其他发电	煤电	油电	气电	水电	核电	风电	太阳能发电	生物质及其他发电
北美	39	1	24	14	18	2	0	1	26	1	33	14	18	5	1	2
美国	45	1	24	7	20	2	0	1	30	1	35	7	20	6	1	2
加拿大	12	2	7	61	15	2	0	2	8	1	9	61	15	5	1	2
墨西哥	14	5	64	15	2	0	0	0	13	3	66	10	4	4	0	1
中南美	4	10	18	63	2	0	0	4	6	8	21	53	2	3	0	5
巴西	2	3	8	78	3	0	0	6	3	2	12	66	3	6	0	9
阿根廷	2	1	60	29	6	0	0	0	2	2	63	25	6	0	0	1
其他	7	19	18	54	0	0	0	2	10	16	22	46	0	2	1	3
欧洲	24	2	30	17	22	3	0	2	21	1	27	17	21	6	2	4
欧盟	24	2	24	13	27	5	1	4	22	1	19	12	26	10	4	6
英国	28	1	47	2	16	3	0	3	9	1	45	2	21	12	0	10
法国	3	1	5	12	75	2	0	1	1	1	7	12	73	4	2	1
德国	42	1	15	5	23	7	2	6	40	1	13	5	13	13	6	9
意大利	13	3	58	18	0	3	1	3	16	1	46	15	0	6	8	7
西班牙	9	5	32	15	20	15	2	1	15	4	19	15	21	19	5	2
俄罗斯	20	3	45	16	15	0	0	0	17	2	47	17	17	0	0	0
其他	20	1	22	39	9	3	0	5	17	1	19	40	8	9	0	6
亚太	62	3	14	13	6	1	0	1	60	2	14	15	4	3	1	1
澳大利亚	71	2	18	5	0	2	0	1	63	2	19	7	0	5	3	1
中国	78	0	2	17	2	1	0	1	67	0	3	20	3	4	1	1
印度	67	0	12	14	2	2	0	1	75	0	4	12	3	4	1	1
日本	28	9	29	8	24	0	0	2	30	10	42	8	2	1	4	4
韩国	42	4	21	2	30	0	0	0	41	6	19	2	30	0	1	1
其他	50	5	31	12	0	0	0	1	51	4	30	12	0	0	0	1
中东	4	25	68	2	0	0	0	0	2	28	67	1	1	0	0	0
非洲	43	3	33	18	2	0	0	0	35	3	42	16	2	1	1	0
埃及	0	3	87	10	0	1	0	0	0	3	88	8	0	1	0	0
南非	92	0	0	2	5	0	0	0	88	0	0	2	6	1	1	0
其他	16	6	38	39	0	0	0	1	14	5	47	32	0	1	1	0
世界	42	3	23	16	12	2	0	2	39	3	24	17	10	4	1	2
OECD	34	2	25	13	21	3	0	2	27	2	29	14	18	6	2	3
非 OECD	50	4	21	19	4	1	0	1	48	4	20	19	4	3	1	1

数据来源：国网能源研究院。

3. 总发电装机

表 C-34　2000—2016 年分地区总发电装机容量　　　　　　　　　　　　单位：百万千瓦

地区/国家	2000	2005	2010	2011	2012	2013	2014	2015	2016^e	结构 (%) 2000	结构 (%) 2016	增速 (%) 2000—2016
北美	1011	1236	1328	1344	1365	1362	1379	1388	1415	29.6	21.7	2.1
美国	858	1058	1133	1149	1165	1162	1174	1175	1197	25.2	18.4	2.1
加拿大	112	123	132	133	134	134	138	143	143	3.3	2.2	1.5
墨西哥	41	54	62	63	66	66	68	70	75	1.2	1.2	3.9
中南美	174	203	241	251	262	275	286	299	316	5.1	4.9	3.8
巴西	74	93	113	117	121	128	135	142	151	2.2	2.3	4.6
阿根廷	24	26	31	32	33	33	34	35	36	0.7	0.5	2.4
其他	76	84	97	102	108	114	117	122	129	2.2	2.0	3.4
欧洲	1054	1135	1288	1327	1373	1397	1424	1444	1465	30.9	22.5	2.1
欧盟	581	710	867	897	930	964	977	987	999	17.0	15.3	3.4
英国	79	83	94	94	96	94	96	97	97	2.3	1.5	1.3
法国	115	116	124	127	129	129	130	130	131	3.4	2.0	0.8
德国	116	130	163	166	174	183	191	198	207	3.4	3.2	3.7
意大利	76	86	107	119	125	125	123	118	115	2.2	1.8	2.6
西班牙	56	77	103	105	108	108	107	106	105	1.6	1.6	4.1
俄罗斯	212	219	230	234	240	244	251	256	256	6.2	3.9	1.2
其他	261	207	191	196	203	189	195	201	210	7.7	3.2	-1.3
亚太	987	1292	1910	2062	2178	2323	2509	2710	2902	29.0	44.6	7.0
澳大利亚	42	46	56	57	64	64	67	69	68	1.2	1.0	3.1
中国	326	532	1007	1108	1168	1258	1377	1512	1639	9.5	25.2	10.6
印度	103	126	176	200	225	246	273	304	329	3.0	5.0	7.5
日本	258	277	287	289	295	303	316	323	333	7.6	5.1	1.6
韩国	48	61	77	79	82	87	94	98	105	1.4	1.6	5.1
其他	210	250	308	328	345	364	382	404	428	6.2	6.6	4.5
中东	96	127	191	204	214	227	240	253	260	2.8	4.0	6.4
非洲	87	93	113	116	122	130	134	143	154	2.6	2.4	3.6
埃及	15	19	25	27	29	31	32	35	39	0.4	0.6	6.2
南非	46	43	48	48	48	49	50	52	55	1.4	0.8	1.0
其他	26	31	40	41	45	50	52	56	60	0.8	0.9	5.4
世界	3409	4086	5070	5305	5515	5714	5972	6235	6511	100.0	100.0	4.1
OECD	2055	2390	2659	2715	2785	2814	2873	2910	2973	60.3	45.7	2.3
非 OECD	1354	1696	2411	2590	2730	2899	3099	3325	3538	39.7	54.3	6.2

数据来源：联合国，国际能源署，英国石油公司，GlobalData，国网能源研究院。

4. 发电装机结构

表 C-35　2000 年、2005 年分地区分品种发电装机结构　　　　　　　　单位：%

地区/国家	2000								2005							
	煤电	油电	气电	水电	核电	风电	太阳能发电	生物质及其他发电	煤电	油电	气电	水电	核电	风电	太阳能发电	生物质及其他发电
北美	35	8	27	17	11	0	0	1	29	6	39	15	9	1	0	1
美国	39	8	29	12	11	0	0	1	32	6	42	9	9	1	0	1
加拿大	13	6	10	61	9	0	0	1	13	6	10	60	10	1	0	1
墨西哥	12	21	39	24	3	0	0	1	10	15	52	20	3	0	0	1
中南美	3	13	17	63	1	0	0	3	3	12	20	61	1	0	0	3
巴西	2	5	3	84	1	0	0	4	2	5	11	76	2	0	0	4
阿根廷	3	2	51	38	4	0	0	2	2	1	53	38	4	0	0	2
其他	4	24	18	52	0	0	0	2	4	23	19	52	0	0	0	2
欧洲	26	7	24	24	16	1	0	1	24	6	26	23	15	4	0	2
欧盟	23	11	21	21	21	2	0	1	24	8	23	19	18	6	0	2
英国	32	4	42	5	16	1	0	1	27	4	46	5	14	2	0	1
法国	9	10	4	22	55	0	0	1	9	9	5	22	55	1	0	1
德国	43	6	18	8	18	5	0	1	37	5	16	8	16	14	2	3
意大利	8	27	30	25	9	0	0	1	10	18	38	23	8	2	0	1
西班牙	25	18	14	37	0	5	0	1	18	12	28	26	0	15	0	1
俄罗斯	22	2	45	21	9	0	0	1	22	2	44	21	10	0	0	1
其他	32	2	12	42	9	1	0	2	20	2	15	49	7	3	0	3
亚太	43	11	17	22	7	0	0	1	47	9	16	20	6	1	0	1
澳大利亚	57	9	12	21	0	0	0	1	61	4	14	18	0	2	0	2
中国	71	3	0	25	1	0	0	0	70	3	2	22	1	0	0	0
印度	60	1	10	25	2	1	0	0	56	1	10	26	2	4	0	1
日本	15	21	28	18	17	0	0	1	17	20	27	17	17	0	1	1
韩国	29	10	27	7	27	0	0	0	29	10	27	6	27	0	0	0
其他	30	15	30	23	0	0	0	1	30	12	36	20	0	0	0	1
中东	5	28	63	4	0	0	0	0	4	24	64	7	0	0	0	0
非洲	47	4	23	23	2	0	0	1	41	5	29	23	2	0	0	1
埃及	0	8	73	19	0	0	0	0	0	7	78	15	0	1	0	0
南非	89	0	1	5	4	0	0	0	88	0	5	4	4	0	0	0
其他	11	9	30	49	0	0	0	2	8	9	36	46	0	0	0	1
世界	33	9	23	23	10	1	0	1	31	8	28	21	9	1	0	1
OECD	29	10	23	21	14	1	0	1	26	8	31	19	13	2	0	1
非 OECD	38	8	24	26	4	0	0	1	40	7	24	25	4	0	0	1

数据来源：国网能源研究院。

表 C-36　2010 年、2016 年分地区分品种发电装机结构　　　　　　　　　　　　单位：%

地区 / 国家	2010								2016ᵉ							
	煤电	油电	气电	水电	核电	风电	太阳能发电	生物质及其他发电	煤电	油电	气电	水电	核电	风电	太阳能发电	生物质及其他发电
北美	27	6	39	14	9	3	0	1	22	4	41	14	8	7	3	1
美国	30	5	42	9	9	3	0	1	25	4	43	9	8	7	3	1
加拿大	11	5	13	57	10	3	0	1	6	4	12	56	9	8	2	1
墨西哥	10	12	55	19	2	1	0	1	8	10	57	17	2	5	1	1
中南美	3	14	20	57	1	1	0	4	4	13	20	52	1	4	1	6
巴西	2	6	11	71	2	1	0	7	2	6	10	64	1	7	0	9
阿根廷	2	3	56	34	3	0	0	2	2	5	54	31	5	1	0	2
其他	5	24	20	48	0	0	0	2	6	21	22	43	0	3	2	3
欧洲	21	5	28	21	13	7	4	2	17	3	27	21	11	11	7	3
欧盟	20	6	24	17	15	9	6	3	16	3	23	16	12	16	11	4
英国	25	4	47	5	11	6	0	2	16	0	42	5	10	19	2	6
法国	6	8	7	20	50	5	2	1	2	5	9	20	48	9	6	1
德国	28	3	15	7	12	16	15	4	24	2	15	7	8	24	20	4
意大利	11	9	40	18	6	5	11	1	7	2	40	19	6	8	16	3
西班牙	12	7	34	19	0	21	6	1	10	4	33	21	0	24	7	1
俄罗斯	21	2	46	21	10	0	0	1	19	2	48	20	10	0	0	1
其他	15	1	16	50	6	7	0	5	14	0	14	47	3	15	1	5
亚太	52	5	14	20	5	3	1	1	48	3	13	19	4	7	5	1
澳大利亚	51	3	23	16	0	3	2	1	39	4	29	13	0	6	8	1
中国	70	1	3	22	1	3	0	0	58	0	4	21	2	9	5	1
印度	54	1	10	23	2	8	0	2	60	1	8	15	2	9	3	3
日本	16	18	29	17	16	1	2	1	14	15	29	15	12	1	13	1
韩国	32	8	27	7	24	0	1	0	30	4	31	6	22	1	4	2
其他	32	5	35	21	0	0	0	7	35	4	33	21	0	1	1	4
中东	3	21	70	7	0	0	0	0	2	23	67	6	0	0	1	0
非洲	35	4	36	21	1	1	0	1	27	5	43	19	1	2	2	1
埃及	0	4	82	11	0	2	0	0	0	7	84	7	0	2	0	0
南非	85	0	6	4	4	0	0	0	76	0	8	6	3	3	3	0
其他	6	8	42	41	0	1	1	1	5	8	47	34	0	2	1	1
世界	33	6	27	20	9	4	1	1	31	5	26	19	6	7	5	2
OECD	24	7	32	17	12	4	2	2	19	5	32	17	10	8	6	2
非 OECD	43	5	22	24	3	3	0	1	41	4	20	21	3	6	3	1

数据来源：国网能源研究院。

C.5.2 分品种情况

1. 煤电

表 C-37 2000—2016 年分地区煤电发电量 　　　　　　　　单位：十亿千瓦·时

| 地区 / 国家 | 2000 | 2005 | 2010 | 2011 | 2012 | 2013 | 2014 | 2015 | 2016e | 结构 (%) | | 增速 (%) |
										2000	2016	2000—2016
北美	2097	2134	1953	1835	1608	1673	1675	1445	1314	34.4	13.8	-2.9
美国	1966	2013	1847	1733	1514	1581	1582	1352	1223	32.3	12.9	-2.9
加拿大	98	85	70	64	56	57	56	55	53	1.6	0.6	-3.8
墨西哥	32	36	36	38	38	35	38	38	37	0.5	0.4	0.9
中南美	28	29	43	46	55	71	75	76	80	0.5	0.8	6.9
巴西	8	7	8	8	9	16	20	20	18	0.1	0.2	5.0
阿根廷	2	2	2	3	2	2	3	3	3	0.0	0.0	4.2
其他	18	21	33	36	43	53	52	54	59	0.3	0.6	7.9
欧洲	1290	1328	1227	1270	1340	1291	1211	1173	1093	21.2	11.5	-1.0
欧盟	636	883	775	802	856	846	782	770	688	10.4	7.2	0.5
英国	111	126	100	101	133	121	93	70	28	1.8	0.3	-8.2
法国	26	38	19	13	18	20	8	9	7	0.4	0.1	-7.6
德国	267	265	242	241	255	266	253	250	240	4.4	2.5	-0.7
意大利	26	44	40	45	49	45	43	44	43	0.4	0.5	3.2
西班牙	81	81	26	47	59	43	47	54	38	1.3	0.4	-4.5
俄罗斯	178	171	204	204	209	202	190	185	182	2.9	1.9	0.1
其他	475	275	248	264	275	244	239	217	223	7.8	2.3	-4.6
亚太	2430	3663	5499	5843	6171	6576	6758	6619	6751	39.9	70.9	6.6
澳大利亚	174	181	180	172	172	159	152	159	163	2.9	1.7	-0.4
中国	1061	1872	3273	3529	3713	3981	4027	3854	3906	17.4	41.0	8.5
印度	357	435	562	613	691	746	836	896	945	5.9	9.9	6.3
日本	229	317	324	316	331	366	376	343	321	3.8	3.4	2.1
韩国	98	134	198	200	199	201	204	207	212	1.6	2.2	5.0
其他	511	723	963	1013	1064	1123	1164	1159	1204	8.4	12.6	5.5
中东	32	39	35	36	40	35	33	32	26	0.5	0.3	-1.2
非洲	219	257	265	269	263	259	258	255	254	3.6	2.7	0.9
埃及	0	0	0	0	0	0	0	0	0	0.0	0.0	—
南非	181	214	226	229	225	220	215	212	211	3.0	2.2	1.0
其他	38	42	39	40	39	39	42	43	43	0.6	0.4	0.7
世界	6096	7450	9023	9299	9477	9906	10009	9600	9517	100.0	100.0	2.8
OECD	3572	3805	3558	3458	3313	3378	3327	3053	2844	58.6	29.9	-1.4
非 OECD	2524	3646	5465	5841	6164	6528	6682	6547	6673	41.4	70.1	6.3

数据来源：国际能源署，GlobalData，国网能源研究院。

表 C-38　2000－2016 年分地区煤电装机容量　　　　　　单位：百万千瓦

| 地区 / 国家 | 2000 | 2005 | 2010 | 2011 | 2012 | 2013 | 2014 | 2015 | 2016^e | 结构 (%) | | 增速 (%) |
										2000	2016	2000－2016
北美	355	357	362	364	354	346	341	320	312	31.8	15.4	-0.8
美国	336	336	342	344	336	330	326	305	297	30.1	14.7	-0.8
加拿大	14	16	14	14	12	10	9	9	9	1.3	0.5	-2.7
墨西哥	5	5	6	6	6	6	6	6	6	0.4	0.3	1.6
中南美	6	6	8	9	10	11	11	12	13	0.5	0.6	5.3
巴西	1	1	2	2	2	3	3	3	3	0.1	0.2	5.6
阿根廷	1	1	1	1	1	1	1	1	1	0.1	0.0	2.0
其他	4	4	5	6	7	7	7	8	9	0.3	0.4	5.6
欧洲	280	273	275	274	274	267	262	261	256	25.0	12.7	-0.6
欧盟	131	169	181	180	179	176	168	166	156	11.8	7.7	1.1
英国	25	23	23	23	23	21	19	18	13	2.2	0.7	-3.8
法国	10	10	8	8	8	6	5	3	3	0.9	0.1	-7.4
德国	50	48	48	47	47	47	48	49	49	4.5	2.4	-0.1
意大利	7	9	13	13	12	12	9	9	9	0.6	0.4	1.8
西班牙	12	12	12	12	12	12	12	11	10	1.1	0.5	-1.1
俄罗斯	48	48	49	48	49	49	49	50	49	4.3	2.4	0.2
其他	100	56	45	46	46	43	45	45	50	9.0	2.5	-4.3
亚太	428	605	973	1052	1101	1167	1239	1322	1389	38.3	68.7	7.6
澳大利亚	25	29	30	30	30	29	29	29	26	2.2	1.3	0.4
中国	227	370	679	733	755	796	841	895	943	20.3	46.7	9.3
印度	61	69	94	112	130	145	165	185	192	5.5	9.5	7.4
日本	39	47	47	47	47	49	48	47	47	3.5	2.3	1.2
韩国	14	18	25	25	25	25	27	27	31	1.3	1.5	5.1
其他	62	73	98	105	114	123	129	138	150	5.6	7.4	5.6
中东	4	5	5	5	5	5	5	5	5	0.4	0.2	0.7
非洲	45	42	44	44	44	44	45	46	46	4.0	2.3	0.1
埃及	0	0	0	0	0	0	0	0	0	0.0	0.0	—
南非	42	38	40	41	41	41	41	42	42	3.7	2.1	0.0
其他	4	3	3	3	3	3	4	4	4	0.3	0.2	0.9
世界	1118	1288	1666	1748	1787	1841	1904	1967	2020	100.0	100.0	3.8
OECD	608	622	639	642	632	619	610	588	575	54.3	28.5	-0.3
非 OECD	511	666	1027	1105	1156	1222	1293	1379	1445	45.7	71.5	6.7

数据来源：国际能源署，GlobalData，国网能源研究院。

2. 油电

表 C-39　2000—2016 年分地区油电发电量　　　　　　　　　单位：十亿千瓦·时

地区 / 国家	2000	2005	2010	2011	2012	2013	2014	2015	2016ᵉ	结构 (%) 2000	结构 (%) 2016	增速 (%) 2000—2016
北美	161	157	57	50	41	45	48	40	36	15.7	4.6	-9.0
美国	111	122	37	30	23	27	30	28	24	10.9	3.0	-9.2
加拿大	17	15	9	8	8	8	9	4	4	1.7	0.5	-9.3
墨西哥	33	20	12	11	10	9	9	8	8	3.2	1.1	-8.2
中南美	83	92	106	102	108	120	129	127	105	8.1	13.4	1.5
巴西	14	11	14	12	16	22	32	26	12	1.3	1.5	-0.7
阿根廷	0	0	1	2	2	2	2	3	3	0.0	0.3	14.9
其他	69	81	91	89	90	96	95	99	91	6.7	11.5	1.7
欧洲	221	152	101	85	81	74	69	69	65	21.6	8.3	-7.3
欧盟	151	105	57	47	44	39	34	34	32	14.7	4.0	-9.3
英国	6	5	4	3	3	2	2	2	2	0.6	0.2	-7.6
法国	8	6	8	8	7	5	4	3	3	0.8	0.4	-5.3
德国	5	11	8	6	7	6	5	6	5	0.5	0.7	-0.2
意大利	86	36	10	8	7	5	5	5	3	8.4	0.4	-18.3
西班牙	23	23	16	12	11	10	10	9	10	2.2	1.2	-5.1
俄罗斯	33	24	32	29	28	28	27	27	26	3.3	3.3	-1.5
其他	36	23	11	9	9	7	7	8	8	3.6	1.0	-9.3
亚太	419	390	253	315	353	329	278	277	246	40.9	31.3	-3.3
澳大利亚	2	3	6	6	4	6	5	7	6	0.2	0.7	7.5
中国	46	57	13	9	6	5	4	4	3	4.5	0.4	-15.6
印度	3	7	3	2	4	3	2	1	0	0.3	0.0	-13.6
日本	183	183	106	160	202	182	137	120	107	17.9	13.6	-3.3
韩国	26	20	20	23	27	29	27	31	30	2.6	3.9	1.0
其他	158	119	105	116	110	103	102	114	99	15.5	12.6	-2.9
中东	130	161	212	230	251	261	286	312	313	12.7	39.8	5.6
非洲	10	12	18	18	20	21	18	17	21	1.0	2.6	4.4
埃及	4	4	4	2	4	4	4	2	6	0.3	0.8	3.7
南非	0	0	0	0	0	0	0	0	0	0.0	0.0	—
其他	7	8	15	16	17	17	15	14	14	0.7	1.8	4.8
世界	1024	964	748	801	854	850	828	841	786	100.0	100.0	-1.6
OECD	556	491	261	299	341	312	260	241	219	54.3	27.8	-5.7
非 OECD	468	473	488	502	513	538	568	600	567	45.7	72.2	1.2

数据来源：国际能源署，GlobalData，国网能源研究院。

表 C-40　2000—2016 年分地区油电装机容量　　　　　　　　　　　　单位：百万千瓦

地区 / 国家	2000	2005	2010	2011	2012	2013	2014	2015	2016ᵉ	结构 (%) 2000	结构 (%) 2016	增速 (%) 2000—2016
北美	83	80	76	71	67	64	60	56	55	25.9	18.6	-2.5
美国	67	64	62	57	54	50	47	42	42	21.1	14.1	-3.0
加拿大	7	8	7	6	6	6	6	6	6	2.1	2.0	-0.8
墨西哥	9	8	8	7	7	8	7	7	7	2.7	2.5	-1.0
中南美	24	26	34	35	37	39	38	39	41	7.6	14.0	3.4
巴西	4	4	7	7	7	8	8	9	9	1.2	3.0	5.3
阿根廷	0	0	1	1	2	2	2	2	2	0.1	0.6	9.4
其他	20	21	26	27	28	29	29	29	31	6.2	10.4	2.7
欧洲	76	70	62	60	55	50	46	39	37	23.8	12.5	-4.4
欧盟	64	59	52	50	46	43	39	32	30	20.0	10.2	-4.6
英国	3	3	4	4	2	1	1	0	0	0.9	0.0	-26.8
法国	11	10	10	10	9	9	9	9	7	3.5	2.4	-2.7
德国	7	6	6	6	5	5	4	4	4	2.3	1.5	-3.0
意大利	22	17	11	11	10	10	7	3	3	7.0	0.9	-12.7
西班牙	9	8	7	6	6	5	4	4	4	2.7	1.2	-5.3
俄罗斯	5	5	6	6	6	6	6	6	6	1.6	1.9	0.6
其他	7	6	4	4	3	1	1	2	1	2.2	0.4	-11.1
亚太	106	113	97	99	98	96	94	96	91	33.1	30.9	-0.9
澳大利亚	4	2	2	2	3	3	3	3	3	1.2	1.0	-1.8
中国	10	18	7	8	6	6	5	4	4	3.0	1.3	-5.4
印度	1	1	1	1	1	1	1	1	1	0.3	0.3	-0.2
日本	54	55	51	52	53	51	51	51	49	17.0	16.6	-0.6
韩国	5	6	6	5	5	5	4	4	4	1.5	1.4	-1.0
其他	32	30	29	31	29	30	30	33	30	10.1	10.2	-0.4
中东	26	31	41	42	46	47	56	58	62	8.3	20.9	5.4
非洲	4	5	5	6	6	7	7	8	9	1.3	3.1	4.9
埃及	1	1	1	1	1	1	1	2	3	0.4	0.9	5.7
南非	0	0	0	0	0	0	0	0	0	0.0	0.0	—
其他	3	3	4	5	5	6	6	6	6	1.0	2.2	4.6
世界	319	324	315	313	310	302	301	296	295	100.0	100.0	-0.5
OECD	213	204	190	183	177	166	158	147	142	66.7	48.2	-2.5
非 OECD	106	120	125	130	133	136	144	149	153	33.3	51.8	2.3

数据来源：国际能源署，GlobalData，国网能源研究院。

3. 气电

表 C-41　2000—2016 年分地区气电发电量　　　　　　单位：十亿千瓦·时

地区 / 国家	2000	2005	2010	2011	2012	2013	2014	2015	2016ᵉ	结构 (%) 2000	结构 (%) 2016	增速 (%) 2000—2016
北美	733	942	1204	1252	1475	1372	1362	1588	1658	25.4	28.1	5.2
美国	615	774	999	1025	1238	1138	1139	1347	1414	21.3	24.0	5.3
加拿大	30	34	43	50	51	48	46	57	55	1.0	0.9	3.8
墨西哥	88	134	162	176	186	186	177	185	189	3.1	3.2	4.9
中南美	97	136	193	191	236	268	286	292	273	3.4	4.6	6.6
巴西	9	25	42	33	55	79	92	90	67	0.3	1.1	13.8
阿根廷	41	50	63	69	78	78	78	82	81	1.4	1.4	4.3
其他	48	61	88	89	103	110	116	120	125	1.7	2.1	6.2
欧洲	1048	1353	1522	1474	1353	1275	1240	1253	1362	36.3	23.1	1.7
欧盟	459	653	775	706	588	527	478	507	599	15.9	10.1	1.7
英国	140	146	168	140	96	92	97	96	138	4.9	2.3	-0.1
法国	14	15	30	31	23	20	14	22	35	0.5	0.6	5.8
德国	47	70	87	84	74	65	59	60	78	1.6	1.3	3.2
意大利	106	167	172	164	149	125	109	123	125	3.7	2.1	1.0
西班牙	21	79	96	83	72	57	48	51	51	0.7	0.9	5.7
俄罗斯	375	439	468	486	491	494	497	495	515	13.0	8.7	2.0
其他	214	260	279	282	274	254	265	250	248	7.4	4.2	0.9
亚太	643	875	1235	1334	1403	1429	1465	1519	1566	22.3	26.5	5.7
澳大利亚	16	24	45	49	49	51	54	52	51	0.6	0.9	7.4
中国	7	12	69	96	110	116	133	167	188	0.2	3.2	23.1
印度	48	61	100	93	65	43	40	47	49	1.7	0.8	0.1
日本	252	258	334	396	434	439	450	457	461	8.7	7.8	3.8
韩国	28	58	96	104	114	128	112	101	101	1.0	1.7	8.3
其他	292	463	591	595	631	652	675	694	716	10.1	12.1	5.8
中东	267	382	576	593	595	640	680	726	739	9.2	12.5	6.6
非洲	97	147	207	225	249	261	275	294	305	3.3	5.2	7.4
埃及	52	81	117	125	134	141	144	152	158	1.8	2.7	7.2
南非	0	0	0	1	2	4	4	4	1	0.0	0.0	—
其他	44	66	90	100	113	117	126	138	145	1.5	2.5	7.7
世界	2885	3834	4937	5068	5311	5246	5307	5672	5902	100.0	100.0	4.6
OECD	1591	2067	2631	2687	2834	2692	2649	2885	3045	55.2	51.6	4.1
非 OECD	1294	1768	2306	2381	2476	2554	2657	2787	2858	44.8	48.4	5.1

数据来源：国际能源署，GlobalData，国网能源研究院。

表 C-42　2000—2016 年分地区气电装机容量　　　　　　　　　　单位：百万千瓦

地区 / 国家	2000	2005	2010	2011	2012	2013	2014	2015	2016ᵉ	结构 (%) 2000	结构 (%) 2016	增速 (%) 2000—2016
北美	272	479	523	532	543	544	552	564	574	33.8	34.2	4.8
美国	245	439	470	480	488	491	497	507	514	30.5	30.7	4.7
加拿大	11	12	18	17	18	17	18	19	18	1.3	1.1	3.3
墨西哥	16	28	34	35	37	37	37	38	42	2.0	2.5	6.4
中南美	30	42	52	54	57	61	61	63	65	3.7	3.9	5.0
巴西	2	11	13	13	13	14	14	14	15	0.3	0.9	12.3
阿根廷	13	14	17	18	18	18	18	19	20	1.6	1.2	2.7
其他	15	17	22	23	25	29	29	30	31	1.9	1.8	4.7
欧洲	255	301	368	377	387	393	401	401	401	31.7	23.9	2.9
欧盟	121	160	217	220	225	229	232	229	228	15.1	13.6	4.0
英国	33	38	44	42	42	40	39	36	36	4.1	2.2	0.6
法国	5	5	9	9	11	10	10	11	12	0.6	0.7	5.5
德国	20	21	26	27	27	28	29	29	30	2.5	1.8	2.5
意大利	25	35	48	50	51	50	53	50	48	3.1	2.8	4.2
西班牙	7	20	33	33	33	33	33	32	32	0.8	1.9	10.4
俄罗斯	95	98	105	109	113	115	119	122	122	11.8	7.3	1.6
其他	39	43	46	48	50	49	50	51	51	4.8	3.0	1.7
亚太	166	208	270	286	304	322	352	367	383	20.6	22.8	5.4
澳大利亚	5	7	13	14	17	17	19	19	20	0.7	1.2	8.5
中国	1	11	26	33	38	43	57	66	70	0.1	4.2	30.8
印度	10	13	18	18	20	22	23	25	25	1.3	1.5	5.7
日本	72	74	84	85	88	91	94	93	97	9.0	5.8	1.8
韩国	13	16	20	22	22	26	30	32	33	1.6	1.9	6.1
其他	64	88	109	114	119	123	129	132	138	7.9	8.3	4.9
中东	60	82	134	144	150	161	165	175	179	7.4	10.7	7.1
非洲	22	30	45	48	53	59	61	67	74	2.8	4.4	7.9
埃及	11	15	21	23	25	26	28	30	33	1.4	1.9	7.0
南非	1	1	3	3	3	3	3	4	4	0.1	0.3	12.3
其他	10	14	22	22	25	29	30	33	37	1.3	2.2	8.3
世界	804	1142	1392	1442	1495	1540	1593	1636	1676	100.0	100.0	4.7
OECD	487	742	865	882	904	915	936	947	962	60.6	57.4	4.3
非 OECD	317	401	527	560	591	625	656	689	715	39.4	42.6	5.2

数据来源：国际能源署，GlobalData，国网能源研究院。

4. 水电

表 C-43　2000－2016 年分地区水电发电量　　　　　　　　　　单位：十亿千瓦·时

地区 / 国家	2000	2005	2010	2011	2012	2013	2014	2015	2016^e	结构 (%) 2000	结构 (%) 2016	增速 (%) 2000－2016
北美	693	686	675	757	711	710	703	682	707	25.3	17.2	0.1
美国	304	297	286	345	298	290	282	271	287	11.1	7.0	-0.4
加拿大	357	362	351	376	380	392	383	381	390	13.0	9.5	0.6
墨西哥	33	28	37	36	32	28	39	31	30	1.2	0.7	-0.6
中南美	548	616	691	734	721	700	687	667	679	20.0	16.5	1.3
巴西	304	337	403	428	415	391	373	360	383	11.1	9.3	1.4
阿根廷	26	30	31	29	27	33	33	35	32	0.9	0.8	1.2
其他	218	248	257	277	278	276	280	272	264	7.9	6.4	1.2
欧洲	898	812	858	773	830	882	858	846	879	32.7	21.4	-0.1
欧盟	399	338	409	341	368	404	407	372	378	14.5	9.2	-0.3
英国	10	9	7	9	8	8	9	9	8	0.3	0.2	-1.4
法国	72	55	68	50	64	76	69	59	65	2.6	1.6	-0.6
德国	32	26	27	24	28	29	25	25	27	1.2	0.7	-1.0
意大利	47	38	54	48	44	55	60	47	42	1.7	1.0	-0.7
西班牙	37	19	46	33	24	41	43	31	40	1.3	1.0	0.5
挪威	143	137	117	122	143	129	136	139	145	5.2	3.5	0.1
瑞典	44	41	38	34	40	40	20	40	33	1.6	0.8	-1.8
瑞士	39	33	38	34	40	40	40	40	36	1.4	0.9	-0.4
俄罗斯	165	174	167	166	166	181	176	170	186	6.0	4.5	0.8
其他	335	301	282	265	297	297	275	304	315	12.2	7.7	-0.4
亚太	519	752	1164	1201	1364	1436	1596	1658	1707	18.9	41.6	7.7
澳大利亚	16	15	14	17	14	18	18	13	17	0.6	0.4	0.3
中国	218	389	698	700	863	902	1060	1114	1159	7.9	28.2	11.0
印度	85	107	119	136	129	140	134	150	145	3.1	3.5	3.4
日本	85	80	91	92	84	85	87	91	87	3.1	2.1	0.1
韩国	11	10	10	12	12	14	14	11	12	0.4	0.3	0.6
其他	104	150	232	245	261	277	282	279	287	3.8	7.0	6.6
中东	8	23	18	20	21	24	20	20	16	0.3	0.4	4.2
非洲	76	91	111	113	114	120	127	122	117	2.8	2.8	2.7
埃及	14	12	13	13	13	13	13	14	14	0.5	0.3	-0.1
南非	3	3	5	5	4	4	4	4	5	0.1	0.1	4.0
其他	60	76	93	95	97	103	110	104	98	2.2	2.4	3.1
世界	2743	2980	3516	3599	3761	3872	3990	3996	4104	100.0	100.0	2.5
OECD	1412	1319	1384	1422	1421	1437	1426	1402	1429	51.5	34.8	0.1
非 OECD	1332	1661	2133	2176	2341	2436	2564	2594	2676	48.5	65.2	4.5

数据来源：国际可再生能源署，国际水电协会，GlobalData，国网能源研究院。

表 C-44　2000—2016 年分地区水电装机容量　　　　单位：百万千瓦

地区 / 国家	2000	2005	2010	2011	2012	2013	2014	2015	2016e	结构 (%) 2000	结构 (%) 2016	增速 (%) 2000—2016
北美	176	183	188	188	188	189	190	193	195	22.5	15.7	0.7
美国	99	99	101	101	101	102	102	102	102	12.6	8.2	0.2
加拿大	68	73	75	76	76	76	76	80	81	8.6	6.5	1.1
墨西哥	10	11	12	12	12	12	12	12	13	1.2	1.0	1.7
中南美	115	128	143	146	149	151	156	161	170	14.7	13.6	2.5
巴西	61	71	81	82	84	86	89	92	97	7.8	7.8	2.9
阿根廷	10	10	11	11	11	11	11	11	11	1.2	0.9	1.0
其他	44	47	52	53	53	54	56	58	62	5.6	5.0	2.2
欧洲	252	263	274	277	283	288	291	296	301	32.2	24.1	1.1
欧盟	119	133	148	149	149	150	151	153	154	15.2	12.4	1.6
英国	4	4	4	4	4	4	4	5	5	0.5	0.4	0.4
法国	25	25	25	25	25	25	25	25	26	3.2	2.0	0.1
德国	9	11	11	11	11	11	11	11	11	1.2	0.9	1.1
意大利	20	21	22	22	22	22	22	22	22	2.6	1.8	0.6
西班牙	18	18	19	19	19	19	19	20	20	2.3	1.6	0.7
挪威	28	28	30	30	31	31	31	31	32	3.6	2.6	0.8
瑞典	17	16	17	17	16	16	16	16	16	2.1	1.3	0.0
瑞士	13	13	14	14	14	14	14	14	15	1.7	1.2	0.7
俄罗斯	44	46	47	47	49	50	51	51	51	5.6	4.1	1.0
其他	73	79	86	88	91	95	97	100	103	9.4	8.2	2.1
亚太	213	259	384	408	431	466	494	515	532	27.2	42.6	5.9
澳大利亚	9	9	9	9	9	9	9	9	9	1.2	0.7	-0.3
中国	79	117	216	233	249	280	305	320	332	10.2	26.6	9.4
印度	25	32	40	42	42	43	44	46	48	3.3	3.8	4.0
日本	46	47	48	48	49	49	50	50	50	5.9	4.0	0.5
韩国	3	4	6	6	6	6	6	6	6	0.4	0.5	4.6
其他	49	50	65	69	75	79	80	84	87	6.3	6.9	3.6
中东	4	10	13	13	14	14	15	17	17	0.5	1.4	9.3
非洲	22	24	27	27	28	29	29	29	33	2.8	2.7	2.6
埃及	3	3	3	3	3	3	3	3	3	0.4	0.2	0.1
南非	2	2	2	2	2	2	2	2	3	0.3	0.3	2.6
其他	17	18	22	22	23	24	24	24	27	2.2	2.1	2.9
世界	782	866	1029	1060	1093	1137	1175	1210	1248	100.0	100.0	3.0
OECD	438	449	464	467	471	484	488	495	503	56.0	40.3	0.9
非 OECD	344	418	565	592	621	653	687	715	746	44.0	59.7	5.0

数据来源：国际可再生能源署，国际水电协会，GlobalData，国网能源研究院。

5. 核电

表 C-45　1980－2016 年分地区核电发电量　　　　　　　　　单位：十亿千瓦·时

地区 / 国家	1980	1985	1990	1995	2000	2005	2010	2015	2016e	结构 (%) 1980	结构 (%) 2016	增速 (%) 1980－2016
北美	288	438	651	775	833	881	898	905	911	45.3	36.8	3.3
美国	250	379	578	674	756	783	807	798	805	39.3	32.5	3.3
加拿大	38	59	70	94	69	87	86	96	96	6.0	3.9	2.6
墨西哥	0	0	3	8	8	10	6	11	10	0.0	0.4	—
中南美	2	8	9	9	11	16	20	20	23	0.3	0.9	6.7
巴西	0	3	2	2	6	9	14	14	15	0.0	0.6	—
阿根廷	2	5	7	7	6	6	7	7	8	0.3	0.3	3.6
欧洲	260	714	948	1007	1109	1193	1142	1105	1081	40.9	43.7	4.0
欧盟	—	—	592	757	814	925	871	815	798	23.5	32.2	1.2*
英国	32	54	59	71	73	75	57	64	65	5.1	2.6	2.0
法国	57	213	298	359	395	431	410	419	386	9.0	15.6	5.4
德国	41	120	139	146	161	155	133	87	80	6.5	3.2	1.8
西班牙	5	27	52	53	59	55	59	55	56	0.8	2.3	7.0
俄罗斯	—	—	110	92	120	138	159	183	184	6.9	7.4	2.0*
其他	—	—	246	158	174	131	112	107	99	10.6	4.0	-3.4*
亚太	85	162	275	389	478	525	556	397	441	13.4	17.8	4.7
中国	0	0	0	12	16	50	71	161	198	0.0	8.0	—
印度	3	4	5	7	14	16	20	35	35	0.4	1.4	7.3
日本	79	145	187	276	306	281	280	4	18	12.5	0.7	-4.1
韩国	3	12	50	60	104	138	142	157	154	0.5	6.2	11.3
其他	0	0	0	1	1	2	3	4	5	0.0	0.2	12.9
中东	0	0	0	0	0	0	0	3	6	0.0	0.2	—
非洲	0	5	8	11	13	12	13	11	15	0.0	0.6	—
南非	0	5	8	11	13	12	13	11	15	0.0	0.6	—
世界	635	1328	1890	2191	2444	2626	2630	2441	2476	100.0	100.0	3.9
OECD	574	1165	1626	1933	2128	2236	2192	1878	1876	90.4	75.8	3.3
非 OECD	61	163	265	258	316	390	438	563	600	9.6	24.2	6.6

数据来源：国际原子能机构，世界核能协会，国际能源署，GlobalData，国网能源研究院。

注　上角标 * 表示 1990－2016 年均增速。

表 C-46　1980－2016 年分地区核电装机容量　　　　　　　　　　　　　　　　　单位：百万千瓦

地区／国家	1980	1985	1990	1995	2000	2005	2010	2015	2016ᵉ	结构 (%) 1980	结构 (%) 2016	增速 (%) 1980－2016
北美	56	84	111	114	108	112	115	114	115	42.1	29.4	2.0
美国	51	74	96	98	96	98	101	99	100	38.2	25.5	1.9
加拿大	5	10	14	15	10	13	13	14	14	3.9	3.5	2.7
墨西哥	0	0	1	1	1	1	1	1	2	0.0	0.4	—
中南美	0	2	2	2	2	3	3	4	4	0.3	0.9	6.7
巴西	0	1	1	1	1	2	2	2	2	0.0	0.5	—
阿根廷	0	1	1	1	1	1	1	2	2	0.3	0.4	4.5
欧洲	59	125	159	166	171	172	170	163	163	44.2	41.8	2.9
欧盟	—	—	102	118	123	130	131	120	120	25.9	30.8	2.6*
英国	6	10	11	13	12	12	10	9	9	4.8	2.3	0.9
法国	14	37	56	59	63	63	63	63	63	10.8	16.1	4.2
德国	10	18	21	21	21	20	20	11	11	7.8	2.8	0.1
西班牙	1	6	7	7	7	8	8	7	7	0.8	1.8	5.4
俄罗斯	—	—	19	20	20	22	23	25	26	6.5	6.7	1.2*
其他	—	—	39	28	29	20	17	17	17	11.9	4.3	-3.1*
亚太	18	34	44	58	68	79	85	100	107	13.4	27.2	5.1
中国	0	0	0	2	2	7	10	27	31	0.0	8.0	—
印度	1	1	1	2	3	3	4	5	6	0.6	1.6	5.8
日本	15	24	31	40	43	48	47	40	40	11.2	10.2	2.8
韩国	1	4	7	9	13	17	19	22	23	0.4	5.9	10.9
其他	0	0	0	0	0	0	0	1	1	0.2	0.3	3.8
中东	0	0	0	0	0	0	0	1	1	0.0	0.2	—
非洲	0	2	2	2	2	2	2	2	2	0.0	0.5	—
南非	0	2	2	2	2	2	2	2	2	0.0	0.5	—
世界	133	246	318	341	350	368	375	383	391	100.0	100.0	3.0
OECD	117	208	271	290	297	309	312	297	298	88.3	76.3	2.6
非 OECD	16	38	47	52	53	59	64	86	93	11.7	23.7	5.1

数据来源：国际原子能机构，世界核能协会，国际能源署，GlobalData，国网能源研究院。

注　上角标 * 表示 1990－2016 年均增速。

6. 风电

表 C-47　2000－2016 年分地区风电发电量　　　　　　　　单位：十亿千瓦·时

地区 / 国家	2000	2005	2010	2011	2012	2013	2014	2015	2016ᵉ	结构 (%) 2000	结构 (%) 2016	增速 (%) 2000－2016
北美	5.9	19.5	105.1	132.7	156.9	191.9	212.9	225.9	265.6	18.4	27.9	26.9
美国	5.6	17.9	95.1	120.9	141.9	169.7	183.9	190.7	225.9	17.5	23.8	26.0
加拿大	0.3	1.6	8.7	10.2	11.3	18.0	22.5	26.4	29.2	0.8	3.1	34.1
墨西哥	0.0	0.0	1.2	1.6	3.7	4.2	6.4	8.7	10.5	0.1	1.1	49.0
中南美	0.3	0.5	3.5	4.4	7.9	10.3	18.7	31.6	44.7	0.8	4.7	38.1
巴西	0.0	0.1	2.2	2.7	5.1	6.6	12.2	21.6	32.8	0.0	3.5	91.5
阿根廷	0.0	0.1	0.0	0.0	0.4	0.5	0.6	0.6	0.6	0.1	0.1	19.0
其他	0.2	0.4	1.3	1.6	2.5	3.3	5.8	9.3	11.3	0.7	1.2	27.9
欧洲	23.1	72.6	153.4	186.0	213.9	246.2	265.4	317.6	315.4	72.0	33.2	17.8
欧盟	22.5	70.8	149.4	179.7	206.1	235.9	253.2	301.9	299.9	70.1	31.5	17.6
英国	0.9	2.9	10.3	15.7	19.8	28.4	32.0	40.3	37.4	3.0	3.9	25.8
法国	0.1	1.0	9.9	12.1	14.9	15.1	17.2	21.2	20.8	0.2	2.2	41.6
德国	9.5	27.2	37.8	48.9	50.7	51.7	57.4	79.2	77.2	29.7	8.1	14.0
意大利	0.6	2.3	9.1	9.9	13.4	14.9	15.2	14.8	17.6	1.8	1.8	24.0
西班牙	4.7	21.3	44.3	42.9	49.5	55.6	52.0	49.3	48.8	14.8	5.1	15.7
丹麦	4.2	6.6	7.8	9.8	10.3	11.2	13.1	14.1	12.7	13.2	1.3	7.1
俄罗斯	0.0	0.0	0.0	0.0	0.0	0.0	0.0	0.0	0.0	0.0	0.0	7.7
其他	0.6	1.9	4.0	6.2	7.8	10.2	12.2	15.6	15.5	1.9	1.6	22.6
亚太	2.6	11.9	81.3	110.9	147.0	187.8	213.7	242.4	314.6	8.0	33.1	35.1
澳大利亚	0.1	1.3	5.1	6.1	7.0	8.0	10.3	11.5	12.8	0.4	1.3	32.8
中国	0.6	2.1	49.1	71.7	103.0	139.6	158.6	180.7	233.7	2.0	24.6	44.5
印度	1.6	5.9	19.5	24.0	27.4	30.0	33.5	37.4	51.0	4.9	5.4	24.3
日本	0.1	1.9	4.0	4.6	4.7	4.3	5.0	5.2	7.0	0.3	0.7	29.6
韩国	0.0	0.1	0.8	0.9	0.9	1.2	1.2	1.4	1.8	0.1	0.2	34.3
其他	0.1	0.4	2.9	3.8	4.0	4.8	5.2	6.4	8.3	0.3	0.9	32.5
中东	0.0	0.1	0.2	0.2	0.2	0.4	0.4	0.5	0.7	0.1	0.1	19.4
非洲	0.2	0.7	2.1	2.5	2.8	3.5	5.3	7.8	9.9	0.7	1.0	27.3
埃及	0.1	0.4	1.2	1.5	1.6	1.3	1.3	1.4	1.9	0.3	0.2	20.0
南非	0.0	0.0	0.0	0.0	0.0	0.0	1.1	2.5	3.4	0.0	0.4	—
其他	0.1	0.3	0.9	1.0	1.2	2.2	3.0	3.9	4.6	0.3	0.5	26.8
世界	32.0	105.3	345.6	436.6	528.8	639.9	716.3	825.8	950.8	100.0	100.0	23.6
OECD	29.3	95.6	272.0	330.0	384.8	442.4	489.5	552.9	596.5	91.4	62.7	20.7
非 OECD	2.8	9.7	73.6	106.6	143.9	197.5	226.8	272.9	354.3	8.6	37.3	35.4

数据来源：国际可再生能源署，全球风能理事会，英国石油公司，GlobalData，国网能源研究院。

表 C-48　2000—2016 年分地区风电装机容量　　　　　　　　单位：百万千瓦

| 地区 / 国家 | 2000 | 2005 | 2010 | 2011 | 2012 | 2013 | 2014 | 2015 | 2016ᵉ | 结构 (%) | | 增速 (%) |
										2000	2016	2000—2016
北美	2.5	9.6	43.6	51.5	68.7	69.9	76.5	87.1	97.0	14.3	20.8	25.7
美国	2.4	8.9	39.1	45.7	59.1	60.0	64.2	72.6	81.3	13.7	17.4	24.7
加拿大	0.1	0.7	4.0	5.3	7.8	7.8	9.7	11.2	12.0	0.5	2.6	35.6
墨西哥	0.0	0.0	0.5	0.6	1.8	2.1	2.6	3.3	3.7	0.1	0.8	40.1
中南美	0.1	0.2	1.5	2.2	3.1	3.6	7.5	11.3	14.7	0.5	3.1	37.5
巴西	0.0	0.0	0.9	1.4	1.9	2.2	4.9	7.6	10.1	0.1	2.2	46.7
阿根廷	0.0	0.0	0.0	0.1	0.1	0.2	0.2	0.2	0.2	0.1	0.0	18.7
其他	0.1	0.1	0.5	0.7	1.0	1.2	2.4	3.4	4.4	0.3	0.9	31.6
欧洲	12.8	41.5	86.2	96.4	109.4	121.0	133.7	147.5	161.8	73.7	34.6	17.2
欧盟	12.7	39.6	84.3	94.0	106.2	117.0	128.6	141.5	154.4	73.4	33.0	16.9
英国	0.4	1.3	5.4	6.6	9.0	11.3	13.1	14.3	16.2	2.5	3.5	25.4
法国	0.0	0.7	5.9	6.7	7.5	8.2	9.1	10.2	11.5	0.2	2.5	42.9
德国	6.1	18.3	26.9	28.7	31.0	33.5	38.6	44.6	49.6	35.2	10.6	14.0
意大利	0.4	1.5	5.8	6.9	8.1	8.5	8.7	9.1	9.4	2.1	2.0	22.5
西班牙	2.2	10.1	20.7	21.5	22.8	23.0	23.0	22.9	23.0	12.7	4.9	15.8
丹麦	2.4	3.1	3.8	4.0	4.2	4.8	4.9	5.1	5.2	13.8	1.1	5.0
俄罗斯	0.0	0.0	0.0	0.0	0.0	0.0	0.0	0.0	0.0	0.0	0.0	—
其他	0.0	1.9	1.8	2.4	3.2	4.0	5.1	6.0	7.4	0.3	1.6	37.2
亚太	1.8	7.8	48.4	68.7	87.2	105.2	128.9	167.3	189.4	10.6	40.5	33.6
澳大利亚	0.0	0.7	1.9	2.1	2.6	3.2	3.8	4.2	4.3	0.2	0.9	35.6
中国	0.4	1.3	29.6	46.4	61.6	76.7	96.8	131.6	149.0	2.0	31.9	45.9
印度	1.3	4.4	13.1	16.1	18.4	20.2	22.5	25.1	28.7	7.3	6.1	21.5
日本	0.1	1.0	2.3	2.4	2.6	2.6	2.8	2.8	3.0	0.8	0.6	21.3
韩国	0.0	0.1	0.4	0.4	0.5	0.6	0.6	0.9	1.0	0.0	0.2	38.0
其他	0.0	0.2	1.2	1.3	1.6	1.8	2.5	2.7	3.4	0.2	0.7	31.4
中东	0.0	0.0	0.1	0.1	0.1	0.1	0.2	0.3	0.4	0.1	0.1	25.5
非洲	0.1	0.2	0.9	1.0	1.2	1.8	2.4	3.4	3.9	0.8	0.8	23.4
埃及	0.1	0.2	0.6	0.6	0.6	0.6	0.6	0.8	0.8	0.4	0.2	16.1
南非	0.0	0.0	0.0	0.0	0.0	0.3	0.6	1.1	1.5	0.0	0.3	—
其他	0.1	0.1	0.3	0.5	0.6	1.0	1.3	1.5	1.6	0.4	0.4	22.5
世界	17.3	59.4	180.7	220.0	269.6	301.6	349.2	416.8	467.2	100.0	100.0	22.9
OECD	15.2	51.2	120.6	138.2	168.0	180.7	199.3	225.7	248.0	87.7	53.1	19.1
非 OECD	2.1	8.2	60.2	81.8	101.6	120.9	149.9	191.1	219.3	12.3	46.9	33.6

数据来源：国际可再生能源署，全球风能理事会，英国石油公司，GlobalData，国网能源研究院。

7. 太阳能发电

表 C-49　2000－2016 年分地区太阳能发电量　　　　　　　　　单位：十亿千瓦·时

地区/国家	2000	2005	2010	2011	2012	2013	2014	2015	2016ᵉ	结构 (%)		增速 (%)
										2000	2016	2000－2016
北美	0.7	1.0	4.2	6.8	11.1	17.5	26.9	37.6	53.3	55.9	16.2	31.1
美国	0.7	1.0	3.9	6.2	10.1	15.9	24.6	34.4	49.5	53.8	15.0	30.7
加拿大	0.0	0.0	0.3	0.6	0.9	1.5	2.1	2.9	3.4	1.5	1.0	38.4
墨西哥	0.0	0.0	0.0	0.0	0.1	0.1	0.2	0.2	0.4	0.6	0.1	29.2
中南美	0.0	0.0	0.1	0.2	0.4	0.6	1.3	2.9	4.8	2.4	1.5	37.1
巴西	0.0	0.0	0.0	0.0	0.0	0.0	0.1	0.1	0.1	0.0	0.0	—
阿根廷	0.0	0.0	0.0	0.0	0.0	0.0	0.0	0.0	0.0	0.0	0.0	—
智利	0.0	0.0	0.0	0.0	0.0	0.0	0.5	1.3	2.5	0.0	0.8	—
其他	0.0	0.0	0.1	0.2	0.4	0.6	0.7	1.5	2.2	2.4	0.7	30.5
欧洲	0.1	1.6	23.4	47.5	71.8	86.8	99.2	109.9	113.9	10.3	34.6	52.7
欧盟	0.1	1.5	23.4	47.5	71.6	86.2	98.3	108.4	111.6	9.5	33.9	53.4
英国	0.0	0.0	0.1	0.2	0.3	0.5	0.8	1.1	1.5	0.2	0.5	50.1
法国	0.0	0.0	0.6	2.1	4.0	4.7	5.9	7.3	8.1	0.5	2.5	57.0
德国	0.1	1.3	11.7	19.6	26.4	31.0	36.1	38.7	38.1	4.8	11.6	49.7
意大利	0.0	0.0	1.9	10.8	18.9	21.6	22.3	23.0	22.8	1.4	6.9	56.3
西班牙	0.0	0.1	7.2	9.4	12.0	13.1	13.7	13.9	13.5	1.4	4.1	51.5
俄罗斯	0.0	0.0	0.0	0.0	0.0	0.0	0.0	0.1	0.1	0.0	0.0	—
其他	0.0	0.1	0.0	0.0	0.2	0.6	0.9	1.4	2.2	0.8	0.7	39.4
亚太	0.4	1.8	6.0	10.8	17.9	34.0	65.5	98.0	150.3	31.2	45.6	45.0
澳大利亚	0.0	0.0	0.4	1.5	2.6	3.8	4.9	6.0	7.2	1.6	2.2	44.3
中国	0.0	0.1	0.8	2.0	4.4	8.9	25.5	39.7	68.2	1.9	20.7	64.5
印度	0.0	0.0	0.1	0.8	1.9	3.5	5.1	8.3	15.0	0.1	4.5	77.6
日本	0.3	1.6	3.8	5.2	7.0	14.3	24.5	36.0	48.5	26.1	14.7	36.6
韩国	0.0	0.0	0.8	0.9	1.1	1.6	2.6	4.0	5.2	0.4	1.6	54.3
其他	0.0	0.1	0.2	0.4	0.9	1.8	3.0	4.1	6.3	1.2	1.9	46.2
中东	0.0	0.0	0.1	0.3	0.5	0.7	1.3	1.5	2.3	0.0	0.7	—
非洲	0.0	0.0	0.3	0.6	0.8	1.0	2.2	3.7	4.9	0.2	1.5	61.9
埃及	0.0	0.0	0.0	0.1	0.1	0.1	0.0	0.1	0.1	0.0	0.0	—
南非	0.0	0.0	0.0	0.1	0.1	0.1	1.2	2.5	3.0	0.0	0.9	—
其他	0.0	0.0	0.2	0.4	0.7	0.8	0.9	1.1	1.7	0.2	0.5	51.8
世界	1.3	4.4	34.1	66.2	102.5	140.6	196.3	253.6	329.4	100.0	100.0	41.6
OECD	1.2	4.2	32.5	61.8	94.1	122.8	159.3	195.1	233.9	92.7	71.0	39.3
非 OECD	0.1	0.2	1.6	4.4	8.3	17.8	37.1	58.5	95.5	7.3	29.0	54.3

数据来源：国际可再生能源署，英国石油公司，GlobalData，国网能源研究院。

表 C-50　2000－2016 年分地区太阳能发电装机容量　　　　　　　　　单位：百万千瓦

地区 / 国家	2000	2005	2010	2011	2012	2013	2014	2015	2016ᵉ	结构 (%) 2000	结构 (%) 2016	增速 (%) 2000－2016
北美	0.6	0.7	3.6	6.2	9.9	14.3	18.5	26.1	37.8	50.3	12.7	29.3
美国	0.6	0.7	3.4	5.6	8.6	13.0	16.5	23.4	34.7	48.6	11.7	28.9
加拿大	0.0	0.0	0.2	0.5	1.2	1.2	1.8	2.5	2.7	1.1	0.9	39.0
墨西哥	0.0	0.0	0.0	0.0	0.1	0.1	0.1	0.2	0.4	0.6	0.1	28.5
中南美	0.0	0.0	0.1	0.2	0.3	0.5	0.8	1.8	3.2	0.0	1.1	—
巴西	0.0	0.0	0.0	0.0	0.0	0.0	0.0	0.0	0.1	0.0	0.0	—
阿根廷	0.0	0.0	0.0	0.0	0.0	0.0	0.0	0.0	0.0	0.0	0.0	—
智利	0.0	0.0	0.0	0.0	0.0	0.1	0.3	0.6	1.7	0.0	0.6	—
其他	0.0	0.0	0.1	0.1	0.3	0.4	0.5	1.2	1.4	0.0	0.5	—
欧洲	0.2	2.3	30.4	53.3	72.0	83.4	91.2	100.2	106.8	16.5	36.0	48.0
欧盟	0.2	2.3	30.4	53.1	71.5	82.2	89.6	97.9	103.5	14.7	34.9	48.8
英国	0.0	0.0	0.1	0.2	0.4	0.8	1.1	1.4	1.7	0.2	0.6	52.2
法国	0.0	0.0	1.0	2.8	4.0	4.7	5.7	6.8	7.3	0.6	2.5	54.4
德国	0.1	2.1	17.6	25.0	32.6	36.3	38.2	39.8	40.7	9.3	13.7	44.4
意大利	0.0	0.0	3.6	13.1	16.8	18.2	18.6	18.9	19.3	1.6	6.5	54.1
西班牙	0.0	0.1	4.7	5.5	6.6	7.1	7.1	7.2	7.3	1.0	2.4	49.2
俄罗斯	0.0	0.0	0.0	0.0	0.0	0.0	0.0	0.1	0.1	0.0	0.0	—
其他	0.0	0.0	(0.0)	0.2	0.5	1.2	1.6	2.2	3.2	1.8	1.1	36.6
亚太	0.4	1.6	5.3	10.3	15.4	37.5	61.2	93.1	144.4	31.0	48.6	45.0
澳大利亚	0.0	0.1	0.4	1.4	2.4	3.3	4.0	4.4	5.2	2.0	1.8	39.6
中国	0.0	0.0	0.4	2.3	3.6	16.2	25.2	43.0	77.6	1.6	26.1	68.1
印度	0.0	0.0	0.0	0.6	0.9	1.3	3.5	5.4	9.6	0.0	3.2	—
日本	0.3	1.4	3.6	4.9	6.6	13.6	23.3	33.3	41.6	27.0	14.0	35.3
韩国	0.0	0.0	0.7	0.7	1.0	1.5	2.5	3.6	4.5	0.3	1.5	55.1
其他	0.0	0.1	0.2	0.4	0.9	1.7	2.7	3.4	5.8	0.1	2.0	72.0
中东	0.0	0.0	0.1	0.2	0.3	0.6	0.9	1.2	1.8	0.0	0.6	—
非洲	0.0	0.0	0.3	0.4	0.5	0.8	1.7	2.0	2.9	2.1	1.0	34.4
埃及	0.0	0.0	0.0	0.0	0.0	0.0	0.0	0.0	0.1	0.0	0.0	—
南非	0.0	0.0	0.0	0.0	0.1	0.3	1.1	1.1	1.7	0.7	0.6	40.0
其他	0.0	0.0	0.2	0.3	0.4	0.4	0.5	0.8	1.1	1.5	0.4	29.4
世界	1.2	4.7	39.8	70.5	98.4	137.1	174.4	224.3	296.9	100.0	100.0	40.9
OECD	1.1	4.5	37.9	65.2	89.0	111.3	135.7	162.7	192.7	93.0	64.9	37.8
非 OECD	0.1	0.2	2.0	5.3	9.5	25.8	38.7	61.7	104.2	7.0	35.1	55.9

数据来源：国际可再生能源署，英国石油公司，GlobalData，国网能源研究院。

8. 生物质发电

表 C-51　2000—2016 年分地区生物质发电量　　　　　　单位：十亿千瓦·时

地区/国家	2000	2005	2010	2011	2012	2013	2014	2015	2016e	结构 (%) 2000	结构 (%) 2016	增速 (%) 2000—2016
北美	64.3	69.7	72.8	73.1	75.0	77.9	84.6	81.8	80.8	40.8	16.2	1.4
美国	54.8	59.7	61.7	62.3	64.1	66.9	70.8	67.4	66.3	34.7	13.3	1.2
加拿大	8.9	9.2	10.3	10.1	10.0	9.8	12.5	12.6	12.6	5.7	2.5	2.2
墨西哥	0.6	0.8	0.7	0.6	0.9	1.2	1.4	1.8	1.9	0.4	0.4	6.9
中南美	12.8	19.7	40.4	43.9	47.9	55.1	61.1	65.2	68.7	8.1	13.8	11.1
巴西	7.9	13.6	31.6	32.2	35.3	40.5	46.4	49.0	50.8	5.0	10.2	12.4
阿根廷	0.6	0.9	1.6	1.7	1.8	2.0	1.6	1.7	1.9	0.4	0.4	7.0
其他	4.3	5.2	7.2	9.9	10.8	12.6	13.1	14.4	16.0	2.7	3.2	8.5
欧洲	39.4	73.7	124.3	134.2	150.4	159.7	169.7	180.5	189.6	25.0	38.1	10.3
欧盟	38.6	73.5	122.4	132.2	148.0	156.8	166.5	177.3	186.1	24.4	37.4	10.3
英国	3.7	8.8	11.5	12.5	14.2	17.6	22.0	28.8	29.6	2.4	5.9	13.8
法国	2.7	3.5	4.4	5.0	4.9	4.8	5.3	5.9	6.4	1.7	1.3	5.5
德国	4.6	14.0	33.1	37.2	44.3	46.3	49.1	50.0	51.2	2.9	10.3	16.2
意大利	4.2	7.3	9.4	10.8	12.5	17.1	18.7	19.4	19.6	2.7	3.9	10.1
西班牙	2.1	3.6	4.0	4.6	5.0	5.8	5.4	5.8	5.5	1.3	1.1	6.4
瑞典	4.1	7.5	12.2	11.5	12.2	11.5	10.7	10.8	11.8	2.6	2.4	6.8
俄罗斯	0.0	0.0	0.0	0.0	0.0	0.0	0.0	0.0	0.0	0.0	0.0	12.0
其他	0.9	0.1	1.9	2.0	2.4	2.9	3.2	3.3	3.4	0.5	0.7	9.1
亚太	40.2	56.0	91.8	108.1	116.4	128.5	132.3	146.4	156.2	25.4	31.4	8.9
澳大利亚	1.0	4.4	2.8	2.1	3.0	3.2	3.5	3.6	3.8	0.6	0.8	8.6
中国	3.5	7.4	34.8	41.6	44.2	51.3	44.4	52.7	64.7	2.2	13.0	19.9
印度	1.5	3.7	10.7	12.9	14.7	16.2	18.0	19.6	16.6	1.0	3.3	16.0
日本	20.3	27.3	27.4	27.6	28.5	30.1	34.8	37.8	38.6	12.8	7.7	4.1
韩国	0.0	0.1	0.7	0.6	1.0	1.7	3.7	4.0	4.7	0.0	1.0	41.4
印尼	2.9	4.0	5.7	6.3	6.6	6.6	6.9	6.9	7.0	1.8	1.4	5.6
泰国	0.5	1.9	3.4	11.4	11.6	12.7	15.0	15.0	16.3	0.3	3.3	23.9
其他	10.3	7.3	6.3	5.6	6.7	6.7	6.0	6.8	4.5	6.6	0.9	-5.1
中东	0.0	0.0	0.1	0.3	0.3	0.3	0.4	0.4	0.5	0.0	0.1	39.2
非洲	1.1	1.5	2.1	2.3	2.4	2.5	2.6	2.7	2.0	0.7	0.4	3.8
埃及	0.0	0.0	0.0	0.0	0.0	0.0	0.0	0.0	0.0	0.0	0.0	—
南非	0.4	0.4	0.4	0.4	0.4	0.5	0.4	0.4	0.5	0.3	0.1	1.2
其他	0.7	1.2	1.8	1.8	2.0	2.0	2.2	2.2	1.5	0.4	0.3	5.1
世界	157.8	220.6	331.5	361.8	392.5	424.0	450.7	477.0	497.7	100.0	100.0	7.4
OECD	132.8	175.5	230.2	250.1	270.1	276.1	296.7	308.5	316.2	84.1	63.5	5.6
非 OECD	25.0	45.1	101.3	111.6	122.4	147.9	154.0	168.5	181.5	15.9	36.5	13.2

数据来源：国际可再生能源署，英国石油公司，GlobalData，国网能源研究院。

表 C-52　2000－2016 年分地区生物质发电装机容量　　　　　　　　单位：百万千瓦

地区 / 国家	2000	2005	2010	2011	2012	2013	2014	2015	2016ᵉ	结构 (%) 2000	结构 (%) 2016	增速 (%) 2000－2016
北美	11.3	10.7	12.6	12.5	13.3	14.4	15.1	15.8	16.0	33.5	15.3	2.2
美国	9.6	9.1	10.4	10.5	11.2	12.3	12.4	13.0	13.0	28.6	12.4	1.9
加拿大	1.3	1.0	1.7	1.6	1.7	1.6	2.0	2.1	2.1	4.0	2.0	2.8
墨西哥	0.3	0.5	0.4	0.4	0.4	0.5	0.6	0.7	0.9	1.0	0.9	6.5
中南美	5.1	5.3	11.1	12.4	13.9	16.2	16.9	17.8	19.0	15.1	18.2	8.5
巴西	3.2	3.4	7.9	9.0	9.9	11.6	12.3	13.3	14.2	9.5	13.6	9.7
阿根廷	0.5	0.5	0.6	0.6	0.6	0.6	0.7	0.7	0.7	1.6	0.6	1.2
其他	1.3	1.4	2.6	2.7	3.3	3.9	3.9	3.8	4.1	4.0	3.9	7.2
欧洲	9.5	18.2	27.3	30.5	32.5	33.1	34.6	36.2	37.2	28.3	35.7	8.9
欧盟	8.8	18.1	25.6	28.8	30.8	31.3	32.5	34.1	35.0	26.1	33.6	9.0
英国	0.8	1.6	2.2	3.2	3.1	3.8	4.3	4.8	5.2	2.3	5.0	12.6
法国	0.6	0.7	0.9	0.9	1.0	1.0	1.1	1.1	1.3	1.9	1.3	4.6
德国	1.1	3.3	6.1	7.1	7.5	8.0	8.2	8.4	8.6	3.3	8.3	13.7
意大利	0.7	1.1	1.8	2.3	3.2	3.3	3.4	3.4	3.4	2.0	3.3	10.6
西班牙	0.3	0.5	0.9	0.9	1.0	1.0	1.0	1.0	1.0	0.9	1.0	8.1
瑞典	1.6	3.6	4.1	4.3	4.4	4.1	4.5	4.8	4.9	4.7	4.7	7.3
俄罗斯	1.3	1.3	1.2	1.2	1.2	1.2	1.4	1.4	1.4	3.8	1.3	0.5
其他	0.3	0.3	0.4	0.5	0.5	0.6	0.7	0.8	0.8	1.0	0.8	5.6
亚太	7.0	10.6	14.7	16.3	17.6	20.1	22.5	25.4	30.8	20.7	29.5	9.7
澳大利亚	0.4	0.8	0.8	0.8	0.8	0.8	0.8	0.8	0.8	1.3	0.8	4.3
中国	1.1	1.9	3.4	3.8	4.6	6.1	6.7	8.0	9.3	3.3	8.9	14.2
印度	0.4	1.0	3.0	3.8	4.0	4.3	5.1	5.6	9.0	1.1	8.7	21.8
日本	2.7	3.3	1.6	1.8	1.5	1.5	1.6	1.9	2.1	7.9	2.0	-1.6
韩国	0.0	0.1	0.2	0.2	0.5	1.0	1.6	1.7	2.0	0.0	1.9	—
印尼	0.3	1.1	1.9	1.9	2.0	1.7	1.7	1.7	1.7	0.9	1.7	11.6
泰国	0.6	1.0	1.8	2.0	2.2	2.6	2.8	3.2	3.4	1.8	3.3	11.5
其他	1.5	1.5	1.9	2.0	2.0	2.1	2.1	2.4	2.5	4.4	2.4	3.2
中东	0.0	0.0	0.0	0.1	0.1	0.1	0.1	0.1	0.1	0.0	0.1	32.6
非洲	0.8	0.7	0.8	0.8	1.0	1.1	1.2	1.3	1.3	2.4	1.2	2.8
埃及	0.0	0.0	0.0	0.0	0.0	0.0	0.0	0.0	0.0	0.0	0.0	—
南非	0.2	0.2	0.1	0.1	0.1	0.1	0.1	0.1	0.1	0.7	0.1	-3.2
其他	0.6	0.5	0.6	0.7	0.8	0.9	1.1	1.1	1.1	1.7	1.1	4.3
世界	33.7	45.5	66.5	72.6	78.4	85.0	90.4	96.5	104.3	100.0	100.0	7.3
OECD	25.6	33.9	43.2	45.9	49.5	52.7	55.3	58.2	60.3	75.8	57.8	5.5
非 OECD	8.2	11.6	23.3	26.7	28.9	32.3	35.1	38.3	44.0	24.2	42.2	11.1

数据来源：国际可再生能源署，英国石油公司，GlobalData，国网能源研究院。

C.6 碳排放

1. 二氧化碳排放总量

表 C-53　1980－2016 年分地区二氧化碳排放量　　　　　　　　　　　单位：亿吨

地区／国家	1980	2000	2010	2011	2012	2013	2014	2015	2016ᵉ	结构 (%)		增速 (%)
										1980	2016	1980－2016
北美	54.9	67.6	65.4	64.2	63.3	63.9	64.7	62.8	61.5	29.3	18.0	0.3
美国	48.2	58.5	55.0	53.6	52.5	53.1	53.8	52.1	51.1	25.7	15.0	0.2
加拿大	4.4	5.4	5.6	5.7	5.8	5.9	6.0	5.9	5.7	2.4	1.7	0.7
墨西哥	2.3	3.7	4.8	5.0	5.0	4.9	4.8	4.8	4.7	1.2	1.4	2.0
中南美	5.8	8.9	11.9	12.1	12.7	12.9	13.3	13.0	12.9	3.1	3.8	2.3
巴西	1.8	3.2	4.0	4.2	4.5	4.8	5.1	4.9	4.8	1.0	1.4	2.7
阿根廷	1.0	1.4	1.9	1.9	1.9	1.9	2.0	2.0	2.0	0.5	0.6	1.9
其他	2.9	4.3	6.0	6.0	6.2	6.2	6.2	6.1	6.1	1.6	1.8	2.1
欧洲	78.6	65.5	66.0	66.1	66.3	64.4	62.1	61.9	62.0	41.9	18.2	-0.7
欧盟	－	39.3	37.3	35.7	35.3	34.4	32.6	32.9	33.5	－	9.8	-0.8*
英国	5.9	5.5	5.0	4.6	4.8	4.6	4.2	4.0	3.9	3.2	1.1	-1.1
法国	4.8	3.8	3.5	3.2	3.3	3.3	3.0	3.0	3.1	2.5	0.9	-1.2
德国	10.8	8.4	7.7	7.4	7.6	7.7	7.3	7.4	7.5	5.8	2.2	-1.0
意大利	3.5	4.4	4.0	3.9	3.7	3.4	3.2	3.3	3.5	1.9	1.0	0.0
西班牙	2.0	2.9	2.7	2.8	2.7	2.5	2.4	2.6	2.8	1.1	0.8	0.9
俄罗斯	－	15.4	16.3	17.3	17.7	17.0	16.9	16.7	16.5	－	4.8	-1.4*
其他	－	10.7	12.4	13.1	13.3	13.0	12.6	12.2	11.9	－	3.5	-1.4*
亚太	35.2	77.2	138.5	147.7	152.0	156.9	159.0	160.1	162.0	18.8	47.4	4.3
澳大利亚	2.2	3.4	4.0	3.9	4.0	3.9	3.8	3.8	3.8	1.2	1.1	1.6
中国	14.7	34.3	81.7	89.1	91.1	94.9	95.2	95.6	95.1	7.9	27.9	5.3
印度	2.7	9.3	16.6	17.5	18.7	19.3	20.9	21.4	22.4	1.4	6.6	6.1
日本	9.5	12.3	11.7	12.2	12.6	12.8	12.3	11.9	11.7	5.1	3.4	0.6
韩国	1.2	4.6	6.0	6.3	6.3	6.3	6.3	6.5	6.9	0.7	2.0	4.9
印尼	0.7	2.8	4.0	4.1	4.2	4.3	4.6	4.6	4.7	0.4	1.4	5.5
其他	4.2	10.5	14.6	14.7	15.1	15.5	16.0	16.3	17.3	2.3	5.1	4.0
中东	3.1	9.6	16.0	16.5	17.3	17.8	18.6	18.7	19.5	1.6	5.7	5.3
非洲	4.3	7.5	10.8	10.8	11.4	11.6	11.9	12.1	12.1	2.3	3.5	2.9
埃及	0.4	1.0	1.9	1.9	2.0	2.0	2.0	2.1	2.1	0.2	0.6	4.6
南非	2.3	3.5	4.6	4.4	4.4	4.7	4.8	4.7	4.5	1.2	1.3	1.9
其他	1.6	2.9	4.4	4.5	5.0	5.0	5.1	5.3	5.5	0.8	1.6	3.6
世界	187.3	244.5	319.6	328.5	333.5	338.4	340.7	340.3	341.3	100.0	100.0	1.7
OECD	110.9	129.8	128.0	126.2	125.7	125.4	123.9	122.4	121.7	59.2	35.6	0.3
非 OECD	71.0	106.4	180.6	191.2	197.2	202.2	205.7	206.3	208.2	37.9	61.0	3.0

数据来源：国际能源署，政府间气候变化专门委员会，英国石油公司，国网能源研究院。

注　上角标 * 表示 1990－2016 年均增速。

2. 人均碳排放

表 C-54　1980—2016 年分地区人均碳排放　　　　　　　　单位：吨二氧化碳

地区 / 国家	1980	1990	2000	2010	2011	2012	2013	2014	2015	2016ᵉ	增速 (%) 1980—2016
北美	16.97	15.73	16.31	14.21	13.83	13.49	13.49	13.55	13.04	12.65	-0.8
美国	20.98	19.88	20.74	17.82	17.22	16.77	16.83	16.94	16.27	15.85	-0.8
加拿大	18.07	15.93	17.70	16.34	16.52	16.60	16.64	16.94	16.49	15.83	-0.4
墨西哥	3.31	3.36	3.60	4.09	4.18	4.11	4.00	3.89	3.83	3.66	0.3
中南美	1.96	1.77	2.11	2.47	2.49	2.58	2.61	2.65	2.56	2.52	0.7
巴西	1.51	1.38	1.81	2.02	2.11	2.25	2.38	2.49	2.36	2.30	1.2
阿根廷	3.65	3.26	3.89	4.54	4.57	4.58	4.48	4.56	4.65	4.64	0.7
其他	2.01	1.83	2.04	2.49	2.44	2.51	2.48	2.46	2.38	2.34	0.4
欧洲	10.03	9.86	7.68	7.51	7.49	7.49	7.25	6.96	6.92	6.90	-1.0
欧盟	—	11.03	10.44	9.70	9.29	9.20	8.97	8.52	8.62	8.79	-0.9*
英国	10.52	10.03	9.34	7.84	7.13	7.40	7.12	6.46	6.16	5.95	-1.6
法国	8.80	6.38	6.44	5.61	5.11	5.14	5.14	4.64	4.69	4.82	-1.7
德国	13.83	12.27	10.30	9.53	9.18	9.33	9.52	9.01	9.04	9.12	-1.1
意大利	6.29	6.77	7.59	6.68	6.51	6.19	5.68	5.40	5.62	5.94	-0.2
西班牙	5.24	5.51	7.20	5.84	5.89	5.83	5.28	5.24	5.56	5.96	0.4
俄罗斯	—	15.94	10.53	11.42	12.08	12.33	11.82	11.72	11.63	11.46	-1.3*
其他	—	5.55	3.25	3.53	3.70	3.71	3.61	3.46	3.32	3.21	-2.1*
亚太	1.43	1.77	2.24	3.60	3.80	3.87	3.96	3.98	3.97	3.98	2.9
澳大利亚	14.75	15.36	17.71	17.88	17.57	17.36	16.79	16.28	16.17	15.75	0.2
中国	1.48	1.96	2.67	6.01	6.51	6.63	6.87	6.85	6.84	6.78	4.3
印度	0.38	0.64	0.89	1.35	1.40	1.48	1.51	1.61	1.63	1.70	4.2
日本	8.04	8.91	9.64	9.10	9.47	9.77	9.94	9.58	9.27	9.17	0.4
韩国	3.28	5.79	9.78	12.08	12.60	12.69	12.57	12.50	12.86	13.52	4.0
印尼	0.47	0.82	1.30	1.63	1.66	1.68	1.70	1.81	1.79	1.81	3.8
其他	0.94	1.15	1.50	1.80	1.78	1.81	1.83	1.86	1.87	1.96	2.1
中东	3.48	4.47	5.91	7.76	7.80	8.00	8.10	8.27	8.18	8.36	2.5
非洲	0.89	0.97	0.91	1.03	1.00	1.03	1.02	1.03	1.02	0.99	0.3
埃及	0.94	1.50	1.49	2.21	2.25	2.28	2.23	2.23	2.22	2.18	2.4
南非	7.67	8.25	7.58	8.88	8.39	8.28	8.66	8.72	8.53	7.99	0.1
其他	0.39	0.41	0.42	0.48	0.48	0.52	0.50	0.51	0.51	0.52	0.8
世界	4.23	4.09	4.00	4.62	4.69	4.70	4.72	4.69	4.64	4.60	0.2
OECD	11.34	10.85	11.34	10.42	10.20	10.10	10.02	9.85	9.67	9.56	-0.5
非 OECD	2.06	2.26	2.14	3.17	3.31	3.37	3.41	3.43	3.39	3.38	1.4

数据来源：联合国，国网能源研究院。

注　上角标 * 表示 1990—2016 年均增速。

3. 碳排放强度

表 C-55　1980－2016 年分地区二氧化碳排放强度　　　　单位：吨二氧化碳 / 万美元

地区 / 国家	1980	1990	2000	2010	2011	2012	2013	2014	2015	2016^e	增速 (%) 1980－2016
北美	7.02	5.37	4.53	3.71	3.58	3.45	3.42	3.38	3.20	3.08	-2.3
美国	7.38	5.54	4.60	3.68	3.52	3.38	3.36	3.33	3.13	3.02	-2.4
加拿大	5.68	4.35	4.05	3.46	3.43	3.42	3.38	3.39	3.30	3.15	-1.6
墨西哥	4.43	4.63	4.16	4.56	4.55	4.37	4.26	4.10	3.98	3.77	-0.5
中南美	2.75	2.89	3.05	2.84	2.77	2.84	2.81	2.92	3.15	3.22	0.4
巴西	1.81	1.73	2.06	1.80	1.83	1.93	2.00	2.09	2.08	2.13	0.5
阿根廷	4.53	5.49	4.75	4.42	4.24	4.34	4.19	4.41	4.43	4.57	0.0
其他	3.38	3.95	3.98	3.91	3.71	3.70	3.58	3.72	4.57	4.66	0.9
欧洲	7.64	5.70	3.83	3.24	3.17	3.17	3.05	2.88	2.80	2.74	-2.8
欧盟	—	3.50	2.66	2.19	2.07	2.05	1.99	1.86	1.83	1.83	-2.5*
英国	4.81	3.49	2.63	2.03	1.84	1.89	1.79	1.59	1.49	1.42	-3.3
法国	3.19	1.90	1.63	1.34	1.20	1.21	1.21	1.08	1.09	1.11	-2.9
德国	5.31	3.78	2.69	2.26	2.10	2.12	2.16	2.01	1.99	1.97	-2.7
意大利	2.57	2.21	2.11	1.88	1.82	1.78	1.66	1.58	1.62	1.69	-1.2
西班牙	3.03	2.48	2.56	1.91	1.95	1.98	1.82	1.78	1.82	1.89	-1.3
俄罗斯	—	16.63	16.20	10.72	10.78	10.63	10.02	9.88	10.09	9.97	-2.0*
其他	—	14.71	8.01	6.66	6.59	6.46	6.02	5.54	4.89	4.54	-4.4*
亚太	6.65	6.51	6.65	7.58	7.71	7.58	7.46	7.22	6.90	6.66	0.0
澳大利亚	4.94	4.28	3.99	3.46	3.38	3.27	3.13	2.99	2.94	2.83	-1.5
中国	43.18	27.67	15.32	13.40	13.33	12.65	12.22	11.42	10.73	10.01	-4.0
印度	9.84	11.91	11.63	10.04	9.88	10.03	9.72	9.80	9.29	9.11	-0.2
日本	3.18	2.37	2.30	2.05	2.14	2.17	2.16	2.08	1.98	1.94	-1.4
韩国	8.84	6.84	6.52	5.47	5.52	5.46	5.28	5.10	5.13	5.26	-1.4
印尼	3.81	4.78	6.08	5.24	5.08	4.92	4.77	4.90	4.68	4.55	0.5
其他	4.47	7.85	8.77	8.02	7.71	7.60	7.48	7.27	6.67	6.62	1.1
中东	1.91	3.56	4.10	4.45	4.37	4.41	4.42	4.46	4.34	4.42	2.4
非洲	5.89	7.09	6.56	5.66	5.57	5.77	5.65	5.56	5.43	5.33	-0.3
埃及	7.89	9.60	7.62	8.50	8.67	8.80	8.59	8.54	8.32	8.01	0.0
南非	11.90	13.90	12.99	12.20	11.31	11.07	11.47	11.52	11.27	10.67	-0.3
其他	3.27	3.96	4.02	3.32	3.37	3.69	3.50	3.44	3.42	3.48	0.2
世界	6.73	5.72	4.89	4.85	4.83	4.78	4.73	4.63	4.50	4.40	-1.2
OECD	4.98	3.97	3.45	2.93	2.83	2.79	2.74	2.65	2.54	2.48	-1.9
非 OECD	12.68	10.71	8.60	8.14	8.14	8.01	7.84	7.66	7.49	7.30	-1.5

数据来源：联合国，国网能源研究院。

注　上角标 * 表示 1990—2016 年均增速。

附录D 展望结果

　　展望结果部分呈现了高能效情景下 2050 年全球能流图，以及自主减排、高能效情景下大区及主要国家的一次能源、发电能源、终端能源分部门的分品种需求，以及分品种发电装机容量与发电量、分部门碳排放、关键能源经济指标等。

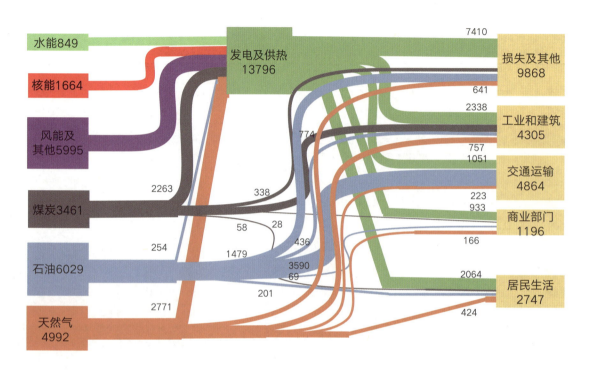

（单位：百万吨标准煤）

图 D-1　高能效情景下 2050 年全球能流图

表 D-1 全球展望结果 单位：百万吨标准煤

类别	自主减排情景					高能效情景				
	2025	2035	2050	结构(%)	增速(%)	2025	2035	2050	结构(%)	增速(%)
一次能源需求	21601	23832	25956	100	0.8	21064	22292	22991	100	0.5
煤	5993	5842	4485	17	-0.6	5601	4981	3461	15	-1.3
油	7039	7479	7423	29	0.5	6753	6809	6029	26	-0.1
气	4972	5656	6225	24	1.1	4746	5084	4992	22	0.5
水	616	718	850	3	1.7	616	718	849	4	1.7
核	1129	1339	1651	6	1.6	1132	1345	1664	7	1.6
非水可再生能源	1852	2798	5322	21	2.6	2216	3355	5995	26	2.9
发电能源需求	7758	9439	13735	100	2.3	7592	9155	13423	100	2.2
煤	3354	3391	2950	21	0.0	3056	2770	2263	17	-0.7
油	273	278	255	2	-0.8	270	275	254	2	-0.8
气	1705	2175	3227	23	2.9	1667	2036	2771	21	2.4
水	616	718	827	6	1.6	616	718	827	6	1.6
核	1129	1339	2038	15	2.2	1132	1345	2062	15	2.2
非水可再生能源	681	1537	4439	32	7.9	852	2010	5246	39	8.4
终端能源需求	15615	17302	18838	100	1.0	15200	16308	16702	100	0.6
煤	1710	1697	1302	7	-0.4	1651	1531	996	6	-1.1
油	6304	6725	6690	36	0.6	6048	6120	5420	32	0.0
气	2333	2580	2682	14	0.8	2195	2258	2012	12	0.0
电	3156	4164	6342	34	2.7	3220	4362	6723	40	2.9
热及其他	2113	2135	1821	10	-0.2	2086	2038	1551	9	-0.6
工业	4490	4942	5234	28	0.9	4380	4663	4665	28	0.5
煤	1340	1331	1046	20	-0.3	1293	1196	774	17	-1.2
油	483	517	521	10	0.5	464	475	436	9	0.0
气	894	995	1007	19	0.8	852	885	757	16	0.0
电	1303	1629	2231	43	2.2	1323	1681	2338	50	2.3
交通	4629	5186	5721	30	1.1	4486	4851	4926	29	0.7
油	4223	4585	4640	81	0.8	4036	4116	3590	73	0.0
气	178	217	275	5	2.0	170	197	223	5	1.4
电	120	286	738	13	7.9	176	447	1051	21	9.0
居民消费	3310	3653	4086	22	1.0	3249	3524	3765	23	0.7
煤	103	91	62	2	-1.5	103	89	58	2	-1.7
油	287	263	213	5	-1.0	281	254	201	5	-1.1
气	663	686	641	16	0.2	601	563	424	11	-1.0
电	868	1204	2012	49	3.2	876	1238	2064	55	3.3
商业	1229	1377	1527	8	1.0	1182	1238	1272	8	0.5
煤	72	79	38	2	-0.9	67	62	28	2	-1.7
油	126	120	90	6	-0.9	116	99	69	5	-1.6
气	279	286	266	17	0.1	262	239	166	13	-1.3
电	647	779	1019	67	1.8	632	735	933	73	1.5
其他	559	599	609	3	0.8	536	563	556	3	0.5
非能利用	1397	1546	1660	9	0.9	1367	1469	1518	9	0.7

类别	自主减排情景					高能效情景				
	2025	2035	2050	结构(%)	增速(%)	2025	2035	2050	结构(%)	增速(%)
发电装机	9209	13153	22267	100	3.7	9890	14648	24591	100	4.0
煤	2449	2563	2140	10	0.2	2308	2234	1875	8	-0.1
油	309	312	319	1	0.2	302	307	320	1	0.2
气	2110	2755	3467	16	2.2	2092	2578	3019	12	1.8
水	1514	1744	2011	9	1.5	1514	1744	2011	8	1.5
核	500	532	636	3	1.5	501	534	641	3	1.5
风	1132	2215	4899	22	7.3	1521	2967	6137	25	8.0
光	1018	2755	8291	37	10.9	1480	4027	10189	41	11.5
生物质及其他	176	275	504	2	4.8	171	257	400	2	4.1

类别	自主减排情景					高能效情景				
	2025	2035	2050	结构(%)	增速(%)	2025	2035	2050	结构(%)	增速(%)
发电量	32106	42471	64838	100	2.9	32778	44565	68921	100	3.0
煤	11195	11498	9645	15	0.0	10552	10076	8478	12	-0.4
油	906	972	1069	2	0.7	898	965	1069	2	0.7
气	7497	9910	12957	20	2.4	7438	9386	11545	17	2.1
水	5013	5850	6920	11	1.6	5013	5850	6918	10	1.6
核	3032	3597	4436	7	1.7	3041	3614	4470	6	1.7
风	2422	5379	13468	21	8.3	3234	7333	16976	25	9.0
光	1230	3975	13819	21	12.1	1813	6151	17580	26	12.9
生物质及其他	812	1290	2525	4	4.9	790	1189	1886	3	4.0

类别	自主减排情景					高能效情景				
	2025	2035	2050	结构(%)	增速(%)	2025	2035	2050	结构(%)	增速(%)
总排放	382	396	366	100	0.2	362	342	263	100	-0.8
发电碳排放	127	136	128	35	0.6	118	113	93	36	-0.3
工业	62	64	57	16	0.1	60	56	37	14	-1.1
交通	94	102	104	28	0.8	90	92	81	31	0.1
居民	20	19	17	5	-0.4	19	17	13	5	-1.1
商业	9	9	7	2	-0.3	9	8	5	2	-1.4
其他	7	6	5	1	-0.7	6	6	4	2	-1.2
非能利用	14	15	16	4	1.0	13	13	9	3	-0.8

类别	单位	自主减排情景			高能效情景		
		2025	2035	2050	2025	2035	2050
人均能源需求	吨标准煤/人	2.67	2.70	2.69	2.60	2.53	2.38
人均电力需求	千瓦·时/人	3514	4253	5902	3587	4458	6261
人均碳排放	吨/人	4.71	4.49	3.79	4.47	3.98	3.02
单位GDP能源需求	吨标准煤/万美元	2.14	1.75	1.29	2.09	1.64	1.14
单位GDP电力需求	千瓦·时/美元	0.28	0.28	0.28	0.29	0.29	0.30
单位GDP碳排放	千克/美元	0.38	0.29	0.18	0.36	0.26	0.15
单位能源碳排放	吨/吨标准煤	1.77	1.66	1.41	1.72	1.57	1.27
单位电力碳排放	克/（千瓦·时）	410	331	205	373	271	158

类别	自主减排情景					高能效情景				
	2025	2035	2050	结构(%)	增速(%)	2025	2035	2050	结构（%）	增速(%)
一次能源需求	3778	3801	3606	100	-0.1	3620	3554	3296	100	-0.4
煤	462	380	254	7	-2.3	350	257	186	6	-3.2
油	1383	1286	997	28	-1.0	1305	1161	830	25	-1.5
气	1245	1285	1166	32	0.1	1174	1108	901	27	-0.7
水	93	99	105	3	0.7	93	99	105	3	0.7
核	360	381	402	11	0.4	363	387	414	13	0.5
非水可再生能源	235	371	682	19	3.2	336	542	861	26	3.9
发电能源需求	1436	1601	1906	100	-3.3	1385	1552	1904	100	-3.3
煤	401	328	217	11	-7.2	289	207	152	8	-8.1
油	7	4	2	0	-13.1	6	4	2	0	-13.2
气	435	514	560	29	-2.2	424	449	445	23	-2.8
水	93	99	105	5	-4.2	93	99	105	5	-4.2
核	360	381	402	21	-2.5	363	387	414	22	-2.4
非水可再生能源	141	275	620	33	2.0	211	406	786	41	2.7
终端能源需求	2727	2755	2630	100	0.0	2618	2577	2397	100	-0.3
煤	36	33	26	1	-1.0	36	33	25	1	-1.1
油	1318	1231	960	37	-0.9	1245	1114	801	33	-1.4
气	594	583	479	18	-0.5	547	494	356	15	-1.3
电	644	787	1073	41	1.9	660	823	1132	47	2.0
热及其他	135	120	92	3	-1.3	131	113	82	3	-1.6
工业	517	539	535	20	0.3	506	510	485	20	0.0
煤	35	32	25	5	-1.0	35	31	24	5	-1.2
油	47	46	40	8	-0.4	45	43	36	7	-0.7
气	221	216	168	31	-0.7	212	198	141	29	-1.1
电	163	201	270	51	2.0	162	196	256	53	1.8
交通	1105	1086	962	37	-0.3	1061	1033	911	38	-0.4
油	1008	947	727	76	-0.8	946	849	590	65	-1.4
气	35	37	35	4	0.6	35	37	35	4	0.6
电	17	63	173	18	13.8	38	111	260	29	15.2
居民消费	467	480	482	18	0.2	432	421	412	17	-0.2
煤	0	0	0	0	0.3	0	0	0	0	0.1
油	35	27	14	3	-3.1	34	26	13	3	-3.3
气	185	180	149	31	-0.5	152	124	79	19	-2.3
电	220	246	296	61	1.1	219	248	302	73	1.2
商业	352	360	361	14	0.2	346	348	340	14	0.0
煤	1	1	1	0	0.2	1	1	1	0	0.0
油	21	17	11	3	-2.3	21	17	10	3	-2.5
气	124	119	98	27	-0.6	119	108	74	22	-1.4
电	199	216	245	68	0.8	198	216	249	73	0.9
其他	94	110	117	4	1.3	86	94	91	4	0.6
非能利用	192	180	173	7	-0.6	187	171	158	7	-0.9

单位：百万千瓦

类别	自主减排情景					高能效情景				
	2025	2035	2050	结构(%)	增速(%)	2025	2035	2050	结构(%)	增速(%)
发电装机	1796	2366	3639	100	2.8	1962	2700	4073	100	3.1
煤	310	266	189	5	-1.5	220	164	128	3	-2.6
油	47	35	24	1	-2.3	40	30	25	1	-2.2
气	712	840	915	25	1.4	695	731	723	18	0.7
水	206	217	226	6	0.4	206	217	226	6	0.4
核	123	130	138	4	0.5	124	132	142	3	0.6
风	230	428	812	22	6.6	346	593	991	24	7.2
光	148	423	1297	36	11.8	310	807	1801	44	12.9
生物质及其他	20	26	38	1	2.5	20	26	38	1	2.5

单位：十亿千瓦·时

类别	自主减排情景					高能效情景				
	2025	2035	2050	结构(%)	增速(%)	2025	2035	2050	结构(%)	增速(%)
发电量	6107	7476	10218	100	2.1	6256	7812	10772	100	2.2
煤	1299	1115	790	8	-1.7	925	688	534	5	-2.8
油	27	19	11	0	-3.6	23	15	11	0	-3.6
气	2091	2507	2792	27	1.6	2041	2189	2216	21	1.0
水	757	806	851	8	0.6	757	806	851	8	0.6
核	967	1023	1080	11	0.5	975	1040	1112	10	0.6
风	647	1244	2471	24	7.1	982	1735	3027	28	7.7
光	216	630	2031	20	12.1	451	1207	2829	26	13.1
生物质及其他	103	132	192	2	2.5	103	132	192	2	2.5

单位：亿吨

类别	自主减排情景					高能效情景				
	2025	2035	2050	结构(%)	增速(%)	2025	2035	2050	结构(%)	增速(%)
总排放	61	57	45	100	-0.9	55	46	28	100	-2.3
发电碳排放	18	18	15	34	-0.8	15	12	8	30	-2.5
工业	6	5	4	9	-0.7	5	5	2	8	-2.6
交通	22	21	16	36	-0.8	21	19	13	47	-1.4
居民	4	4	3	6	-0.9	3	3	2	6	-2.5
商业	3	2	2	4	-0.9	2	2	1	5	-1.6
其他	1	1	1	1	-0.9	1	1	0	2	-1.6
非能利用	2	2	2	3	-0.6	2	1	1	2	-3.3

类别	单位	自主减排情景			高能效情景		
		2025	2035	2050	2025	2035	2050
人均能源需求	吨标准煤/人	7.29	6.82	5.90	6.99	6.38	5.39
人均电力需求	千瓦·时/人	11014	12503	15536	11287	13072	16401
人均碳排放	吨/人	11.72	10.21	7.44	10.62	8.67	5.92
单位GDP能源需求	吨标准煤/万美元	1.57	1.30	0.93	1.50	1.21	0.85
单位GDP电力需求	千瓦·时/美元	0.24	0.24	0.25	0.24	0.25	0.26
单位GDP碳排放	千克/美元	0.25	0.19	0.12	0.23	0.16	0.09
单位能源碳排放	吨/吨标准煤	1.61	1.50	1.26	1.52	1.36	1.10
单位电力碳排放	克/(千瓦·时)	301	236	150	241	169	108

表 D-3　美国展望结果　　　　　　　　　　　　　　　　　　　　　　　　单位：百万吨标准煤

类别	自主减排情景					高能效情景				
	2025	2035	2050	结构(%)	增速(%)	2025	2035	2050	结构(%)	增速(%)
一次能源需求	3104	3081	2849	100	-0.3	2957	2857	2585	100	-0.5
煤	426	349	230	8	-2.4	316	230	167	6	-3.3
油	1125	1032	782	27	-1.1	1053	926	650	25	-1.6
气	1022	1060	968	34	0.1	956	895	720	28	-0.7
水	37	39	40	1	0.8	37	39	40	2	0.8
核	306	315	330	12	0.2	309	322	341	13	0.3
非水可再生能源	189	286	499	18	2.7	286	445	666	26	3.6
发电能源需求	1192	1293	1481	100	-4.0	1143	1245	1485	100	-4.0
煤	375	307	201	14	-7.4	266	189	140	9	-8.3
油	5	3	2	0	-13.6	4	3	2	0	-13.2
气	359	421	454	31	-2.7	351	363	354	24	-3.4
水	37	39	40	3	-6.8	37	39	40	3	-6.8
核	306	315	330	22	-3.0	309	322	341	23	-2.9
非水可再生能源	110	208	454	31	1.1	176	330	607	41	1.9
终端能源需求	2249	2246	2098	100	-0.1	2149	2089	1905	100	-0.4
煤	27	25	20	1	-1.0	27	24	19	1	-1.1
油	1080	994	756	36	-1.0	1012	894	629	33	-1.5
气	502	494	408	19	-0.4	459	411	291	15	-1.4
电	529	634	839	40	1.7	543	666	896	47	1.9
热及其他	111	99	76	4	-1.3	108	94	70	4	-1.5
工业	397	411	396	19	0.2	387	387	359	19	-0.1
煤	26	24	18	5	-1.1	26	23	18	5	-1.2
油	29	27	23	6	-0.8	29	26	21	6	-1.1
气	181	177	136	34	-0.7	173	160	111	31	-1.2
电	119	147	193	49	2.0	118	142	184	51	1.8
交通	935	909	784	37	-0.4	892	859	738	39	-0.6
油	848	785	579	74	-1.0	789	701	474	64	-1.6
气	29	31	28	4	0.5	29	30	28	4	0.5
电	14	56	151	19	15.1	33	93	211	29	16.2
居民消费	390	400	400	19	0.2	359	347	335	18	-0.3
煤	0	0	0	0	—	0	0	0	0	—
油	25	18	7	2	-4.0	24	17	7	2	-4.3
气	162	159	136	34	-0.4	132	107	66	20	-2.4
电	188	208	243	61	1.0	187	209	250	74	1.1
商业	312	320	320	15	0.2	306	307	298	16	0.0
煤	1	1	1	0	0.2	1	1	1	0	0.0
油	15	13	8	2	-2.3	15	12	7	2	-2.5
气	109	106	91	28	-0.4	104	94	66	22	-1.3
电	180	193	214	67	0.7	179	193	218	73	0.8
其他	56	57	55	3	0.2	52	50	47	2	-0.3
非能利用	159	149	143	7	-0.6	154	139	128	7	-0.9

类别	自主减排情景					高能效情景				
	2025	2035	2050	结构(%)	增速(%)	2025	2035	2050	结构(%)	增速(%)
发电装机	1490	1908	2835	100	2.6	1642	2200	3229	100	3.0
煤	297	255	179	6	-1.5	208	153	119	4	-2.6
油	39	31	22	1	-1.8	35	28	25	1	-1.5
气	633	742	802	28	1.3	617	640	626	19	0.6
水	104	109	111	4	0.3	104	109	111	3	0.3
核	102	105	110	4	0.3	103	107	114	4	0.4
风	170	309	529	19	5.8	284	468	694	21	6.7
光	130	338	1055	37	11.5	275	675	1514	47	12.6
生物质及其他	16	20	26	1	2.0	16	20	26	1	2.0

类别	自主减排情景					高能效情景				
	2025	2035	2050	结构(%)	增速(%)	2025	2035	2050	结构(%)	增速(%)
发电量	4893	5864	7761	100	1.8	5027	6157	8285	100	2.0
煤	1223	1052	738	10	-1.7	853	629	489	6	-2.9
油	21	15	10	0	-3.0	19	14	11	0	-2.7
气	1766	2101	2321	30	1.6	1724	1811	1810	22	0.8
水	297	314	329	4	0.6	297	314	329	4	0.6
核	822	847	886	11	0.3	831	864	918	11	0.4
风	490	919	1654	21	6.4	816	1394	2171	26	7.2
光	191	516	1688	22	11.8	405	1030	2423	29	12.9
生物质及其他	82	100	135	2	2.0	82	100	135	2	2.0

类别	自主减排情景					高能效情景				
	2025	2035	2050	结构(%)	增速(%)	2025	2035	2050	结构(%)	增速(%)
总排放	50	47	37	100	-1.0	45	37	22	100	-2.4
发电碳排放	16	16	13	35	-0.9	13	10	7	32	-2.6
工业	4	4	3	9	-0.8	4	3	1	7	-3.0
交通	19	17	13	35	-1.0	17	16	11	48	-1.5
居民	3	3	2	6	-0.8	3	2	1	6	-2.7
商业	2	2	2	5	-0.7	2	2	1	6	-1.5
其他	1	0	0	1	-1.0	0	0	0	1	-2.2
非能利用	1	1	1	3	-0.6	1	1	0	2	-3.3

类别	单位	自主减排情景			高能效情景		
		2025	2035	2050	2025	2035	2050
人均能源需求	吨标准煤/人	9.00	8.37	7.15	8.57	7.76	6.49
人均电力需求	千瓦·时/人	13629	15310	18706	14002	16074	19969
人均碳排放	吨/人	14.59	12.72	9.25	13.02	10.58	7.21
单位GDP能源需求	吨标准煤/万美元	1.53	1.25	0.88	1.45	1.16	0.80
单位GDP电力需求	千瓦·时/美元	0.23	0.23	0.23	0.24	0.24	0.25
单位GDP碳排放	千克/美元	0.25	0.19	0.11	0.22	0.16	0.09
单位能源碳排放	吨/吨标准煤	1.62	1.52	1.29	1.52	1.36	1.11
单位电力碳排放	克/(千瓦·时)	335	264	169	263	183	118

类别	自主减排情景					高能效情景				
	2025	2035	2050	结构(%)	增速(%)	2025	2035	2050	结构(%)	增速(%)
一次能源需求	1069	1235	1488	100	1.3	1014	1114	1301	100	0.9
煤	53	52	40	3	-0.5	51	48	34	3	-1.0
油	463	519	564	38	0.9	444	472	460	35	0.3
气	249	282	313	21	1.2	229	241	240	18	0.5
水	93	104	127	9	1.3	93	104	127	10	1.3
核	9	11	16	1	1.9	9	11	16	1	1.9
非水可再生能源	202	268	427	29	2.2	188	238	424	33	2.2
发电能源需求	318	398	574	100	-6.6	314	398	605	100	-6.4
煤	29	28	16	3	-13.8	28	26	15	3	-14.0
油	40	40	30	5	-6.7	40	39	30	5	-6.7
气	97	112	122	21	-6.3	88	96	101	17	-6.8
水	93	104	127	22	-3.7	93	104	127	21	-3.7
核	9	11	16	3	-11.1	9	11	16	3	-11.1
非水可再生能源	51	104	262	46	-0.5	56	121	316	52	-0.2
终端能源需求	807	929	1136	100	1.4	783	874	1028	100	1.1
煤	16	17	17	2	0.1	16	15	14	1	-0.4
油	389	442	494	43	1.2	372	398	398	39	0.5
气	107	124	147	13	1.4	99	106	107	10	0.5
电	158	209	346	30	2.9	161	224	394	38	3.3
热及其他	137	137	132	12	-0.1	135	131	115	11	-0.5
工业	234	263	345	30	1.3	227	247	315	31	1.0
煤	15	16	16	5	0.1	15	15	14	4	-0.5
油	50	53	60	18	0.6	46	44	45	14	-0.3
气	51	60	75	22	1.6	46	47	39	13	-0.3
电	60	78	136	39	2.8	63	86	162	51	3.3
交通	300	352	410	36	1.5	289	328	364	35	1.2
油	252	294	328	80	1.4	243	269	267	73	0.8
气	13	16	20	5	1.7	13	15	18	5	1.4
电	4	12	37	9	12.4	4	16	57	16	13.8
居民消费	126	143	179	16	1.3	124	136	161	16	1.0
煤	0	0	0	0	1.2	0	0	0	0	0.9
油	21	21	22	13	0.2	21	22	22	14	0.2
气	19	20	16	9	0.0	16	16	15	9	-0.3
电	46	61	100	56	2.8	46	60	95	59	2.7
商业	51	59	67	6	1.5	50	56	60	6	1.1
煤	0	0	0	0	1.4	0	0	0	0	1.1
油	6	6	6	9	0.7	5	5	4	7	-0.6
气	4	4	4	6	0.9	4	4	4	6	0.6
电	40	47	55	82	1.6	39	45	50	84	1.4
其他	43	50	57	5	1.5	41	47	54	5	1.3
非能利用	53	62	79	7	1.5	52	59	73	7	1.3

类别	自主减排情景					高能效情景				
	2025	2035	2050	结构(%)	增速(%)	2025	2035	2050	结构(%)	增速(%)
发电装机	420	619	1197	100	3.9	442	699	1449	100	4.5
煤	16	16	11	1	-0.4	15	16	10	1	-0.4
油	50	51	41	3	0.1	50	51	41	3	0.1
气	82	96	107	9	1.5	78	89	99	7	1.3
水	190	214	265	22	1.4	190	214	265	18	1.4
核	4	5	6	1	1.7	4	5	6	0	1.7
风	30	75	242	20	9.2	46	113	325	22	10.1
光	16	111	446	37	17.0	30	169	643	44	18.2
生物质及其他	32	50	79	7	4.3	29	42	59	4	3.5

类别	自主减排情景					高能效情景				
	2025	2035	2050	结构(%)	增速(%)	2025	2035	2050	结构(%)	增速(%)
发电量	1601	2121	3503	100	2.9	1637	2267	3992	100	3.3
煤	97	98	62	2	-0.6	95	97	61	2	-0.6
油	143	147	120	3	-0.2	143	147	120	3	-0.2
气	346	407	460	13	1.3	328	378	429	11	1.1
水	757	848	1038	30	1.3	757	848	1038	26	1.3
核	24	29	42	1	2.1	24	29	42	1	2.1
风	91	229	743	21	9.4	138	342	1005	25	10.4
光	26	179	750	21	17.2	47	271	1081	27	18.5
生物质及其他	118	183	286	8	4.3	106	154	215	5	3.5

类别	自主减排情景					高能效情景				
	2025	2035	2050	结构(%)	增速(%)	2025	2035	2050	结构(%)	增速(%)
总排放	15	16	17	100	0.8	14	15	13	100	0.0
发电碳排放	3	3	3	18	0.3	3	3	2	18	-0.5
工业	2	3	3	17	0.8	2	2	2	14	-0.6
交通	6	7	7	42	1.4	5	6	6	46	0.8
居民	1	1	1	4	0.1	1	1	1	6	0.0
商业	0	0	0	1	0.8	0	0	0	1	-0.2
其他	1	1	1	4	0.9	1	1	0	3	-0.5
非能利用	1	1	1	4	1.5	0	1	1	5	0.9

类别	单位	自主减排情景			高能效情景		
		2025	2035	2050	2025	2035	2050
人均能源需求	吨标准煤/人	1.95	2.09	2.34	1.84	1.89	2.04
人均电力需求	千瓦·时/人	2472	3054	4681	2527	3262	5325
人均碳排放	吨/人	2.71	2.79	2.74	2.57	2.50	2.20
单位GDP能源需求	吨标准煤/万美元	1.87	1.64	1.16	1.77	1.48	1.01
单位GDP电力需求	千瓦·时/美元	0.24	0.24	0.23	0.24	0.25	0.26
单位GDP碳排放	千克/美元	0.26	0.22	0.14	0.25	0.20	0.11
单位能源碳排放	吨/吨标准煤	1.39	1.33	1.17	1.39	1.32	1.08
单位电力碳排放	克/(千瓦·时)	204	163	89	188	139	68

类别	自主减排情景					高能效情景				
	2025	2035	2050	结构(%)	增速(%)	2025	2035	2050	结构(%)	增速(%)
一次能源需求	464	547	675	100	1.3	449	492	580	100	0.9
煤	24	24	21	3	-0.6	23	22	18	3	-0.9
油	199	224	245	36	1.1	193	209	210	36	0.6
气	57	64	76	11	1.2	54	57	56	10	0.3
水	51	59	80	12	1.7	51	59	80	14	1.7
核	6	7	12	2	2.2	6	7	12	2	2.2
非水可再生能源	127	167	242	36	1.8	122	137	204	35	1.3
发电能源需求	122	164	266	100	-8.6	122	166	278	100	-8.5
煤	7	8	5	2	-16.8	7	8	5	2	-16.8
油	8	9	12	5	-9.0	8	9	12	4	-9.1
气	19	21	27	10	-10.3	19	21	26	10	-10.3
水	51	59	80	30	-5.0	51	59	80	29	-5.0
核	6	7	12	4	-11.8	6	7	12	4	-11.8
非水可再生能源	32	59	130	49	-2.5	32	62	143	51	-2.2
终端能源需求	375	431	526	100	1.4	364	408	484	100	1.2
煤	10	11	11	2	0.0	10	10	10	2	-0.4
油	174	196	213	40	1.1	168	182	181	37	0.6
气	23	28	35	7	1.9	22	23	21	4	0.4
电	77	104	176	33	3.1	78	109	194	40	3.4
热及其他	91	93	92	17	0.1	87	84	78	16	-0.3
工业	118	134	175	33	1.3	115	127	162	33	1.1
煤	10	10	10	6	-0.1	10	9	9	6	-0.4
油	17	18	18	10	0.3	15	15	16	10	-0.1
气	17	20	24	14	1.7	15	16	11	7	-0.6
电	29	40	73	42	3.2	30	41	78	48	3.4
交通	146	169	192	37	1.4	143	162	180	37	1.2
油	112	129	138	72	1.2	110	121	116	64	0.7
气	4	5	6	3	1.7	4	4	5	3	1.5
电	2	8	26	14	13.2	2	11	37	21	14.4
居民消费	40	47	60	11	1.5	38	43	55	11	1.2
煤	0	0	0	0	—	0	0	0	0	—
油	9	9	9	16	0.0	10	10	11	19	0.3
气	0	0	0	0	-1.1	0	0	0	0	-1.3
电	19	24	38	64	2.5	20	25	39	72	2.6
商业	23	27	30	6	1.5	23	26	26	5	1.1
煤	0	0	0	0	—	0	0	0	0	—
油	1	1	1	2	-1.4	1	1	1	2	-1.8
气	0	1	1	3	3.8	0	1	1	3	3.4
电	21	25	29	95	1.6	21	24	25	95	1.2
其他	22	26	29	6	1.5	21	24	29	6	1.5
非能利用	25	29	39	7	1.7	24	27	33	7	1.3

类别	自主减排情景					高能效情景				
	2025	2035	2050	结构(%)	增速(%)	2025	2035	2050	结构(%)	增速(%)
发电装机	191	282	537	100	3.9	197	306	611	100	4.3
煤	5	6	4	1	0.4	5	6	4	1	0.4
油	11	12	16	3	1.7	11	12	16	3	1.7
气	18	20	26	5	1.8	18	20	26	4	1.8
水	107	125	171	32	1.8	107	125	171	28	1.8
核	2	2	4	1	2.1	2	2	4	1	2.1
风	21	42	107	20	7.8	27	60	166	27	9.2
光	4	35	149	28	28.5	7	50	183	30	29.2
生物质及其他	24	38	62	11	4.5	21	30	42	7	3.3

单位：十亿千瓦·时

类别	自主减排情景					高能效情景				
	2025	2035	2050	结构(%)	增速(%)	2025	2035	2050	结构(%)	增速(%)
发电量	737	1000	1694	100	3.1	750	1053	1872	100	3.4
煤	31	36	23	1	0.4	31	36	23	1	0.4
油	31	38	51	3	2.0	31	38	51	3	2.0
气	82	92	121	7	0.8	82	92	121	6	0.8
水	417	485	652	39	1.7	417	485	652	35	1.7
核	16	20	31	2	2.4	16	20	31	2	2.4
风	67	138	345	20	8.2	86	195	538	29	9.6
光	6	56	247	15	25.8	11	80	303	16	26.6
生物质及其他	88	136	223	13	4.4	76	107	152	8	3.3

单位：亿吨

类别	自主减排情景					高能效情景				
	2025	2035	2050	结构(%)	增速(%)	2025	2035	2050	结构(%)	增速(%)
总排放	6	6	7	100	0.9	5	5	5	100	0.1
发电碳排放	1	1	1	13	0.8	1	1	1	12	-0.1
工业	1	1	1	16	0.6	1	1	1	13	-0.8
交通	2	3	3	46	1.2	2	3	3	52	0.7
居民	0	0	0	3	0.0	0	0	0	5	0.3
商业	0	0	0	0	0.1	0	0	0	0	-0.3
其他	0	0	0	4	0.7	0	0	0	4	0.2
非能利用	0	0	0	5	1.8	0	0	0	5	0.7

类别	单位	自主减排情景			高能效情景		
		2025	2035	2050	2025	2035	2050
人均能源需求	吨标准煤/人	2.09	2.35	2.74	2.02	2.11	2.36
人均电力需求	千瓦·时/人	2988	3859	6184	3043	4060	6834
人均碳排放	吨/人	2.48	2.63	2.67	2.39	2.42	2.24
单位GDP能源需求	吨标准煤/万美元	1.67	1.50	1.03	1.62	1.35	0.89
单位GDP电力需求	千瓦·时/美元	0.24	0.25	0.23	0.24	0.26	0.26
单位GDP碳排放	千克/美元	0.20	0.17	0.10	0.19	0.16	0.08
单位能源碳排放	吨/吨标准煤	1.19	1.12	0.97	1.18	1.15	0.95
单位电力碳排放	克/(千瓦·时)	90	76	50	88	71	44

表 D-6　欧洲展望结果　　　　　　　　　　　　　单位：百万吨标准煤

类别	自主减排情景					高能效情景				
	2025	2035	2050	结构(%)	增速(%)	2025	2035	2050	结构(%)	增速(%)
一次能源需求	3777	3689	3553	100	-0.4	3739	3604	3339	100	-0.5
煤	504	402	329	9	-2.1	485	370	278	8	-2.6
油	1064	957	747	21	-1.2	1032	887	629	19	-1.7
气	1353	1336	1218	34	-0.2	1302	1214	952	29	-0.9
水	124	139	155	4	1.1	124	139	155	5	1.1
核	393	375	347	10	-0.6	393	375	347	10	-0.6
非水可再生能源	339	480	757	21	2.4	403	619	978	29	3.2
发电能源需求	1212	1342	1657	100	-3.7	1237	1418	1806	100	-3.5
煤	219	183	171	10	-7.8	214	174	158	9	-8.0
油	13	9	6	0	-10.9	12	8	5	0	-11.5
气	293	327	363	22	-3.4	291	322	354	20	-3.4
水	124	139	155	9	-3.2	124	139	155	9	-3.2
核	393	375	347	21	-2.9	393	375	347	19	-2.9
非水可再生能源	169	308	615	37	1.9	203	399	786	44	2.7
终端能源需求	2687	2652	2565	100	-0.2	2674	2583	2321	100	-0.5
煤	113	111	104	4	-0.3	110	101	81	3	-1.0
油	954	867	687	27	-1.1	927	805	578	25	-1.6
气	684	669	585	23	-0.4	654	595	414	18	-1.4
电	576	690	944	37	1.7	602	760	1076	46	2.1
热及其他	361	315	245	10	-1.4	382	322	172	7	-2.4
工业	664	667	674	26	0.0	659	647	613	26	-0.3
煤	75	75	71	11	-0.2	73	67	51	8	-1.1
油	66	60	51	8	-1.0	65	58	46	8	-1.3
气	199	198	185	27	-0.2	192	180	140	23	-0.9
电	217	243	299	44	1.1	224	256	317	52	1.3
交通	671	642	565	22	-0.5	663	619	513	22	-0.8
油	581	534	412	73	-1.0	563	483	318	62	-1.7
气	43	39	36	6	-1.0	40	33	26	5	-1.9
电	29	56	109	19	4.9	43	90	161	31	6.1
居民消费	675	670	662	26	-0.1	684	669	590	25	-0.4
煤	22	21	20	3	-0.5	21	20	17	3	-0.8
油	54	41	21	3	-3.3	52	38	19	3	-3.5
气	256	240	176	27	-1.0	243	206	98	17	-2.6
电	168	214	321	48	2.3	175	238	374	63	2.8
商业	317	311	306	12	-0.1	312	300	277	12	-0.4
煤	11	11	10	3	-0.1	11	10	9	3	-0.4
油	25	20	14	5	-2.1	24	19	13	5	-2.4
气	87	80	63	20	-0.9	81	68	39	14	-2.3
电	146	157	187	61	0.8	144	157	193	70	0.9
其他	75	70	65	3	-0.7	74	68	61	3	-0.9
非能利用	286	291	292	11	0.1	281	280	266	11	-0.1

类别	自主减排情景					高能效情景				
	2025	2035	2050	结构(%)	增速(%)	2025	2035	2050	结构(%)	增速(%)
发电装机	1798	2324	3500	100	2.6	2031	2828	4343	100	3.2
煤	227	198	197	6	-0.8	227	198	197	5	-0.8
油	27	19	12	0	-3.3	27	19	12	0	-3.3
气	463	523	571	16	1.0	463	523	571	13	1.0
水	344	377	408	12	0.9	344	377	408	9	0.9
核	159	152	140	4	-0.4	159	152	140	3	-0.4
风	332	603	1003	29	5.6	455	847	1434	33	6.7
光	187	363	1039	30	6.9	298	623	1450	33	7.9
生物质及其他	59	89	131	4	3.7	59	89	131	3	3.7

类别	自主减排情景					高能效情景				
	2025	2035	2050	结构(%)	增速(%)	2025	2035	2050	结构(%)	增速(%)
发电量	5857	7035	9655	100	1.9	6134	7776	11051	100	2.3
煤	937	790	752	8	-1.3	937	790	752	7	-1.3
油	47	34	23	0	-3.0	47	34	23	0	-3.0
气	1612	1866	2133	22	1.5	1612	1866	2133	19	1.5
水	1012	1134	1259	13	1.1	1012	1134	1259	11	1.1
核	1056	1007	932	10	-0.5	1056	1007	932	8	-0.5
风	672	1280	2340	24	5.9	835	1726	3217	29	6.8
光	224	474	1560	16	7.9	337	769	2078	19	8.8
生物质及其他	298	450	656	7	3.8	298	450	656	6	3.8

类别	自主减排情景					高能效情景				
	2025	2035	2050	结构(%)	增速(%)	2025	2035	2050	结构(%)	增速(%)
总排放	56	50	42	100	-1.1	54	45	30	100	-2.0
发电碳排放	11	11	11	26	0.2	11	10	9	29	-0.5
工业	7	7	6	14	-0.3	7	6	4	13	-1.6
交通	13	12	9	22	-1.0	13	11	7	24	-1.8
居民	6	5	5	9	-1.3	6	5	3	8	-2.6
商业	2	2	2	4	-1.1	2	2	1	4	-2.0
其他	1	1	1	1	-2.4	1	1	1	2	-2.0
非能利用	3	3	3	7	0.2	3	2	2	7	-0.6

类别	单位	自主减排情景			高能效情景		
		2025	2035	2050	2025	2035	2050
人均能源需求	吨标准煤/人	4.07	3.94	3.81	4.03	3.85	3.58
人均电力需求	千瓦·时/人	5833	6934	9551	6104	7659	10918
人均碳排放	吨/人	6.00	5.38	4.53	5.80	4.94	3.69
单位GDP能源需求	吨标准煤/万美元	1.40	1.15	0.89	1.38	1.13	0.84
单位GDP电力需求	千瓦·时/美元	0.20	0.20	0.22	0.21	0.22	0.25
单位GDP碳排放	千克/美元	0.21	0.16	0.11	0.20	0.14	0.09
单位能源碳排放	吨/吨标准煤	1.47	1.37	1.19	1.44	1.28	1.03
单位电力碳排放	克/(千瓦·时)	191	151	112	179	132	93

类别	自主减排情景					高能效情景				
	2025	2035	2050	结构(%)	增速(%)	2025	2035	2050	结构(%)	增速(%)
一次能源需求	1983	1809	1617	100	-1.0	1953	1760	1533	100	-1.1
煤	221	140	85	5	-4.1	216	132	75	5	-4.5
油	638	530	363	22	-2.0	619	485	294	19	-2.6
气	523	491	403	25	-0.7	490	431	301	20	-1.5
水	50	53	56	3	0.8	50	53	56	4	0.8
核	262	222	167	10	-1.8	262	222	167	11	-1.8
非水可再生能源	289	372	544	34	1.9	316	436	642	42	2.4
发电能源需求	666	693	824	100	-5.6	678	732	889	100	-5.4
煤	110	66	41	5	-11.5	110	66	41	5	-11.5
油	5	3	2	0	-14.2	5	3	2	0	-14.2
气	99	115	122	15	-6.3	99	115	122	14	-6.3
水	50	53	56	7	-6.0	50	53	56	6	-6.0
核	262	222	167	20	-4.9	262	222	167	19	-4.9
非水可再生能源	140	234	437	53	1.0	152	273	502	57	1.4
终端能源需求	1466	1366	1251	100	-0.7	1455	1331	1136	100	-1.0
煤	42	35	27	2	-1.8	40	31	21	2	-2.5
油	584	492	343	27	-1.9	567	450	277	24	-2.5
气	328	300	232	19	-1.1	307	259	154	14	-2.3
电	351	406	550	44	1.4	361	439	606	53	1.7
热及其他	161	133	98	8	-1.9	181	152	78	7	-2.6
工业	330	310	296	24	-0.6	328	300	267	24	-0.9
煤	26	22	17	6	-1.8	25	19	12	4	-2.8
油	32	26	20	7	-2.0	32	26	18	7	-2.2
气	105	96	79	27	-1.0	100	86	60	23	-1.8
电	120	126	150	51	0.6	124	131	149	56	0.6
交通	415	371	293	23	-1.2	413	361	266	23	-1.5
油	379	320	207	71	-2.0	367	285	150	56	-2.9
气	4	4	4	1	-0.7	4	4	3	1	-0.9
电	15	34	74	25	6.7	25	60	106	40	7.8
居民消费	372	359	352	28	-0.3	368	351	312	27	-0.7
煤	12	11	9	3	-1.0	11	10	8	3	-1.3
油	39	31	20	6	-2.6	37	28	17	6	-2.9
气	136	123	88	25	-1.3	122	98	38	12	-3.6
电	108	131	189	54	1.9	108	140	217	70	2.3
商业	199	192	188	15	-0.3	194	182	169	15	-0.6
煤	1	1	0	0	-9.1	1	1	0	0	-9.4
油	17	14	9	5	-2.5	16	13	8	5	-2.8
气	60	53	37	20	-1.5	56	46	28	16	-2.4
电	103	109	130	69	0.7	98	102	123	73	0.5
其他	28	24	22	2	-1.8	30	25	22	2	-1.8
非能利用	122	111	101	8	-0.9	122	111	101	9	-0.9

类别	自主减排情景					高能效情景				
	2025	2035	2050	结构(%)	增速(%)	2025	2035	2050	结构(%)	增速(%)
发电装机	1118	1361	1984	100	2.1	1177	1511	2214	100	2.4
煤	119	77	53	3	-3.2	119	77	53	2	-3.2
油	22	15	9	0	-3.6	22	15	9	0	-3.6
气	262	294	301	15	0.8	262	294	301	14	0.8
水	164	171	174	9	0.4	164	171	174	8	0.4
核	106	90	67	3	-1.6	106	90	67	3	-1.6
风	235	378	509	26	3.7	258	478	644	29	4.4
光	156	260	759	38	6.0	192	309	855	39	6.4
生物质及其他	53	77	112	6	3.5	53	77	112	5	3.5

类别	自主减排情景					高能效情景				
	2025	2035	2050	结构(%)	增速(%)	2025	2035	2050	结构(%)	增速(%)
发电量	3339	3868	5238	100	1.5	3434	4182	5769	100	1.8
煤	499	307	194	4	-3.9	499	307	194	3	-3.9
油	22	15	8	0	-4.0	22	15	8	0	-4.0
气	715	830	895	17	1.6	715	830	895	16	1.6
水	409	432	452	9	0.6	409	432	452	8	0.6
核	704	596	447	9	-1.7	704	596	447	8	-1.7
风	515	923	1435	27	4.6	567	1168	1814	31	5.3
光	192	358	1217	23	7.2	236	426	1370	24	7.5
生物质及其他	282	407	590	11	3.5	282	407	590	10	3.5

类别	自主减排情景					高能效情景				
	2025	2035	2050	结构(%)	增速(%)	2025	2035	2050	结构(%)	增速(%)
总排放	27	22	16	100	-2.1	26	19	10	100	-3.3
发电碳排放	5	4	3	20	-1.9	5	3	2	22	-3.0
工业	3	3	2	14	-1.4	3	2	1	12	-3.1
交通	8	7	5	29	-1.9	8	6	3	33	-2.8
居民	3	3	2	13	-1.6	3	2	1	12	-3.1
商业	1	1	1	5	-1.9	1	1	1	6	-2.6
其他	0	0	0	1	-2.8	0	0	0	2	-3.7
非能利用	1	1	1	6	-0.9	1	1	1	7	-1.8

类别	单位	自主减排情景			高能效情景		
		2025	2035	2050	2025	2035	2050
人均能源需求	吨标准煤/人	3.86	3.53	3.21	3.80	3.44	3.05
人均电力需求	千瓦·时/人	6172	7168	9878	6348	7750	10880
人均碳排放	吨/人	5.25	4.31	3.13	5.05	3.90	2.49
单位GDP能源需求	吨标准煤/万美元	0.94	0.74	0.56	0.93	0.72	0.53
单位GDP电力需求	千瓦·时/美元	0.15	0.15	0.17	0.15	0.16	0.19
单位GDP碳排放	千克/美元	0.13	0.09	0.05	0.12	0.08	0.04
单位能源碳排放	吨/吨标准煤	1.36	1.22	0.97	1.33	1.14	0.82
单位电力碳排放	克/（千瓦·时）	143	98	61	139	91	55

类别	自主减排情景					高能效情景				
	2025	2035	2050	结构(%)	增速(%)	2025	2035	2050	结构(%)	增速(%)
一次能源需求	217	201	180	100	-1.0	215	194	167	100	-1.2
煤	7	4	2	1	-8.0	7	4	2	1	-7.7
油	78	67	47	26	-1.7	77	62	37	22	-2.3
气	72	61	45	25	-1.9	69	54	34	20	-2.7
水	1	2	1	1	1.8	1	2	1	1	1.8
核	26	26	26	15	0.0	26	26	26	16	0.0
非水可再生能源	33	42	59	33	2.6	35	47	66	40	2.9
发电能源需求	72	78	96	100	-11.2	73	83	104	100	-11.0
煤	1	0	0	0	-34.8	1	0	0	0	-34.9
油	0	0	0	0	-26.7	0	0	0	0	-26.7
气	16	14	12	13	-12.3	16	14	12	12	-12.3
水	1	2	1	1	-15.3	1	2	1	1	-15.3
核	26	26	26	27	-9.8	26	26	26	25	-9.8
非水可再生能源	27	37	56	59	-4.8	29	42	64	62	-4.4
终端能源需求	161	149	134	100	-0.8	159	143	122	100	-1.1
煤	3	2	1	1	-2.8	3	2	2	1	-2.6
油	70	60	43	32	-1.7	69	56	34	28	-2.3
气	46	40	28	21	-1.8	44	34	19	16	-3.0
电	37	43	60	45	1.4	38	48	66	54	1.7
热及其他	5	4	2	1	-4.2	5	3	1	1	-4.6
工业	28	26	24	18	-0.8	28	25	22	18	-1.1
煤	2	2	1	5	-2.7	2	2	1	6	-2.3
油	4	4	3	14	-1.2	4	4	3	15	-1.4
气	9	8	6	24	-1.7	9	7	5	21	-2.3
电	11	11	13	55	0.4	11	11	12	56	0.3
交通	55	51	42	32	-0.9	55	50	39	32	-1.1
油	52	44	30	70	-1.8	51	40	22	55	-2.7
气	0	0	0	0	—	0	0	0	0	—
电	2	6	12	29	9.3	3	9	17	44	10.3
居民消费	44	40	37	27	-1.0	43	37	32	26	-1.4
煤	1	0	0	1	-2.7	1	0	0	1	-3.1
油	2	2	1	3	-3.3	2	2	1	3	-3.6
气	26	22	15	41	-2.2	25	18	8	25	-3.9
电	13	15	20	54	1.2	14	16	23	70	1.5
商业	21	19	18	14	-0.7	21	19	17	14	-1.0
煤	0	0	0	0	-0.7	0	0	0	0	-1.0
油	1	1	0	0	-10.0	1	0	0	0	-10.3
气	9	7	5	29	-1.7	8	7	4	24	-2.5
电	11	11	13	70	0.3	11	11	12	75	0.2
其他	3	3	3	3	0.3	3	3	3	2	0.0
非能利用	11	10	9	7	-0.6	10	10	9	7	-0.6

类别	自主减排情景					高能效情景				
	2025	2035	2050	结构(%)	增速(%)	2025	2035	2050	结构(%)	增速(%)
发电装机	109	134	214	100	2.6	113	158	241	100	2.9
煤	2	0	0	0	-23.5	2	0	0	0	-23.5
油	0	0	0	0	-14.2	0	0	0	0	-14.2
气	20	17	14	7	-2.6	20	17	14	6	-2.6
水	7	7	6	3	1.0	7	7	6	3	1.0
核	9	10	10	5	0.2	9	10	10	4	0.2
风	49	61	73	34	4.8	53	69	88	36	5.3
光	15	32	102	48	13.0	15	48	115	48	13.4
生物质及其他	6	7	8	4	1.5	6	7	8	3	1.5

类别	自主减排情景					高能效情景				
	2025	2035	2050	结构(%)	增速(%)	2025	2035	2050	结构(%)	增速(%)
发电量	338	393	538	100	1.6	348	433	598	100	1.9
煤	4	0	0	0	-25.0	4	0	0	0	-25.0
油	1	0	0	0	-10.0	1	0	0	0	-10.0
气	78	67	59	11	-1.4	78	67	59	10	-1.4
水	12	12	12	2	0.7	12	12	12	2	0.7
核	69	70	70	13		69	70	70	12	0.3
风	122	164	221	41	5.0	133	187	264	44	5.5
光	16	36	129	24	14.5	15	53	145	24	14.9
生物质及其他	37	43	47	9	1.4	37	43	47	8	1.4

类别	自主减排情景					高能效情景				
	2025	2035	2050	结构(%)	增速(%)	2025	2035	2050	结构(%)	增速(%)
总排放	3	2	2	100	-2.5	3	2	1	100	-3.7
发电碳排放	0	0	0	12	-4.6	0	0	0	9	-6.6
工业	0	0	0	12	-1.7	0	0	0	12	-3.0
交通	1	1	1	38	-1.8	1	1	0	44	-2.7
居民	0	0	0	16	-2.3	0	0	0	15	-3.8
商业	0	0	0	5	-2.2	0	0	0	6	-2.9
其他	0	0	0	2	-0.6	0	0	0	2	-1.6
非能利用	0	0	0	5	-0.6	0	0	0	5	-1.8

类别	单位	自主减排情景			高能效情景		
		2025	2035	2050	2025	2035	2050
人均能源需求	吨标准煤／人	3.20	2.95	2.71	3.17	2.85	2.51
人均电力需求	千瓦·时／人	4903	5692	7967	5052	6268	8855
人均碳排放	吨／人	4.28	3.54	2.54	4.20	3.23	2.00
单位 GDP 能源需求	吨标准煤／万美元	0.70	0.58	0.47	0.69	0.56	0.44
单位 GDP 电力需求	千瓦·时／美元	0.11	0.11	0.14	0.11	0.12	0.15
单位 GDP 碳排放	千克／美元	0.09	0.07	0.04	0.09	0.06	0.03
单位能源碳排放	吨／吨标准煤	1.34	1.20	0.94	1.32	1.13	0.80
单位电力碳排放	克／(千瓦·时)	91	59	37	88	54	33

类别	自主减排情景					高能效情景				
	2025	2035	2050	结构(%)	增速(%)	2025	2035	2050	结构(%)	增速(%)
一次能源需求	316	293	266	100	-0.8	312	285	254	100	-0.9
煤	7	4	3	1	-4.5	7	4	2	1	-4.8
油	91	80	55	21	-1.7	87	70	43	17	-2.5
气	53	47	31	12	-1.3	51	42	21	8	-2.5
水	8	8	8	3	0.7	8	8	8	3	0.7
核	137	115	104	39	-1.3	137	115	104	41	-1.3
非水可再生能源	20	38	64	24	3.6	22	46	76	30	4.1
发电能源需求	168	163	177	100	-9.7	170	169	188	100	-9.5
煤	1	1	1	0	-21.5	1	1	0	0	-22.4
油	0	0	0	0	-24.1	0	0	0	0	-24.6
气	8	8	5	3	-14.6	8	7	4	2	-15.0
水	8	8	8	5	-10.9	8	8	8	4	-10.9
核	137	115	104	59	-6.1	137	115	104	55	-6.1
非水可再生能源	12	31	59	33	-4.7	15	38	71	38	-4.1
终端能源需求	196	187	165	100	-0.7	192	177	151	100	-1.0
煤	3	2	1	1	-2.6	3	2	1	1	-3.2
油	87	77	53	32	-1.7	83	67	41	27	-2.4
气	38	34	24	15	-1.4	36	30	15	10	-2.7
电	53	61	78	47	1.2	56	67	87	58	1.5
热及其他	16	12	8	5	-2.5	15	11	6	4	-3.3
工业	36	34	28	17	-0.7	35	33	26	17	-0.9
煤	2	2	1	4	-2.7	2	2	1	4	-3.3
油	3	2	1	5	-2.6	3	2	1	5	-2.8
气	15	14	9	33	-1.3	15	13	8	29	-1.8
电	14	15	16	56	0.5	14	15	16	60	0.5
交通	62	60	48	29	-0.7	61	56	46	31	-0.9
油	55	50	32	66	-1.6	53	42	23	50	-2.6
气	0	0	0	1	1.8	0	0	0	1	1.7
电	3	7	14	29	7.1	4	11	21	45	8.3
居民消费	45	42	41	25	-0.7	45	41	37	24	-1.1
煤	0	0	0	0	-0.7	0	0	0	0	-1.1
油	7	5	4	9	-2.7	7	5	3	9	-3.0
气	13	11	7	18	-1.9	12	9	2	6	-5.2
电	17	19	26	63	0.9	18	21	29	78	1.2
商业	31	30	29	18	-0.3	30	29	26	17	-0.6
煤	0	0	0	0	-0.3	0	0	0	0	-0.6
油	3	2	1	5	-2.5	3	2	1	5	-2.8
气	8	7	5	18	-1.5	8	7	3	13	-2.6
电	18	19	21	74	0.5	18	19	21	79	0.4
其他	5	4	4	2	-1.9	5	4	3	2	-2.4
非能利用	17	16	15	9	-0.7	16	15	12	8	-1.2

类别	自主减排情景					高能效情景				
	2025	2035	2050	结构(%)	增速(%)	2025	2035	2050	结构(%)	增速(%)
发电装机	161	242	343	100	2.8	175	279	398	100	3.3
煤	2	2	1	0	-2.5	2	2	1	0	-2.5
油	3	1	0	0	-9.5	3	1	0	0	-9.5
气	13	12	7	2	-1.1	13	12	7	2	-1.1
水	26	26	26	7	0.0	26	26	26	6	0.0
核	60	51	46	13	-0.9	60	51	46	11	-0.9
风	24	43	84	25	6.2	32	59	105	26	6.9
光	30	105	175	51	9.7	37	126	209	53	10.3
生物质及其他	2	3	4	1	3.5	2	3	4	1	3.5

类别	自主减排情景					高能效情景				
	2025	2035	2050	结构(%)	增速(%)	2025	2035	2050	结构(%)	增速(%)
发电量	577	661	845	100	1.2	600	722	944	100	1.6
煤	5	3	2	0	-3.9	5	3	2	0	-3.9
油	1	0	0	0	-10.0	1	0	0	0	-10.0
气	41	39	25	3	0.3	41	39	25	3	0.3
水	67	68	69	8	0.4	67	68	69	7	0.4
核	369	310	280	33	-1.1	369	310	280	30	-1.1
风	48	90	196	23	6.6	63	124	246	26	7.2
光	36	137	254	30	10.7	44	165	304	32	11.3
生物质及其他	9	13	18	2	3.3	9	13	18	2	3.3

类别	自主减排情景					高能效情景				
	2025	2035	2050	结构(%)	增速(%)	2025	2035	2050	结构(%)	增速(%)
总排放	3	2	2	100	-1.8	3	2	1	100	-3.3
发电碳排放	0	0	0	6	-1.4	0	0	0	3	-4.5
工业	0	0	0	14	-1.7	0	0	0	14	-3.1
交通	1	1	1	44	-1.6	1	1	0	53	-2.5
居民	0	0	0	13	-2.2	0	0	0	11	-4.0
商业	0	0	0	7	-1.7	0	0	0	9	-2.7
其他	0	0	0	3	-2.7	0	0	0	3	-4.1
非能利用	0	0	0	8	-0.7	0	0	0	9	-1.9

类别	单位	自主减排情景			高能效情景		
		2025	2035	2050	2025	2035	2050
人均能源需求	吨标准煤/人	4.66	4.34	4.02	4.60	4.21	3.84
人均电力需求	千瓦·时/人	7075	8114	10613	7356	8871	11855
人均碳排放	吨/人	3.99	3.46	2.39	3.83	3.05	1.78
单位GDP能源需求	吨标准煤/万美元	1.01	0.85	0.69	1.00	0.82	0.66
单位GDP电力需求	千瓦·时/美元	0.15	0.16	0.18	0.16	0.17	0.20
单位GDP碳排放	千克/美元	0.09	0.07	0.04	0.08	0.06	0.03
单位能源碳排放	吨/吨标准煤	0.86	0.80	0.59	0.83	0.72	0.46
单位电力碳排放	克/(千瓦·时)	31	23	11	28	19	8

类别	自主减排情景					高能效情景				
	2025	2035	2050	结构(%)	增速(%)	2025	2035	2050	结构(%)	增速(%)
一次能源需求	392	355	302	100	-1.1	385	341	274	100	-1.3
煤	87	68	41	14	-2.9	85	66	38	14	-3.1
油	131	113	72	24	-1.9	127	100	53	19	-2.8
气	99	87	58	19	-1.3	94	77	39	14	-2.4
水	3	4	4	1	1.4	3	4	4	1	1.4
核	6	0	0	0	-21.7	6	0	0	0	-21.7
非水可再生能源	65	83	127	42	2.5	69	95	140	51	2.8
发电能源需求	135	143	170	100	-9.8	136	150	179	100	-9.6
煤	64	53	33	19	-12.1	63	50	30	17	-12.3
油	1	0	0	0	-20.3	1	0	0	0	-20.3
气	17	17	15	9	-11.8	16	16	13	8	-12.0
水	3	4	4	2	-12.9	3	4	4	2	-12.9
核	6	0	0	0	-28.8	6	0	0	0	-28.8
非水可再生能源	43	68	118	70	-2.7	47	79	131	73	-2.5
终端能源需求	295	277	241	100	-0.8	290	264	216	100	-1.1
煤	10	8	6	2	-1.9	10	8	5	2	-2.0
油	120	104	67	28	-1.9	117	92	49	23	-2.8
气	69	59	38	16	-1.9	65	52	23	11	-3.3
电	69	84	116	48	1.8	72	93	127	59	2.0
热及其他	28	22	14	6	-2.5	27	20	12	6	-3.0
工业	78	76	70	29	-0.4	77	73	63	29	-0.7
煤	8	7	5	7	-1.7	8	7	5	8	-1.8
油	4	3	2	2	-2.7	4	3	2	2	-3.0
气	26	24	16	24	-1.4	26	22	13	20	-2.1
电	30	33	40	57	1.1	30	33	39	62	1.0
交通	82	79	63	26	-0.7	81	75	55	26	-1.0
油	74	67	43	68	-1.5	72	57	28	51	-2.7
气	1	1	1	1	1.0	1	1	1	1	0.8
电	4	9	18	28	7.6	5	14	25	45	8.6
居民消费	60	52	46	19	-1.4	57	48	40	19	-1.8
煤	1	0	0	0	-4.1	1	0	0	0	-4.5
油	11	8	5	11	-3.2	10	7	3	8	-4.6
气	23	19	11	23	-2.7	21	14	3	7	-6.3
电	16	19	27	60	1.6	16	21	31	76	1.9
商业	48	46	45	19	-0.3	48	45	41	19	-0.5
煤	0	0	0	0	-3.3	0	0	0	0	-3.5
油	8	6	3	6	-3.6	8	6	3	6	-3.8
气	15	13	7	16	-2.0	14	11	4	9	-3.9
电	20	23	31	69	1.5	21	24	33	80	1.7
其他	0	0	0	0	-2.3	0	0	0	0	-2.6
非能利用	27	23	17	7	-1.6	27	23	16	7	-1.8

单位：百万千瓦

类别	自主减排情景					高能效情景				
	2025	2035	2050	结构(%)	增速(%)	2025	2035	2050	结构(%)	增速(%)
发电装机	279	372	567	100	3.1	300	429	615	100	3.3
煤	50	43	29	5	-1.5	50	43	29	5	-1.5
油	3	1	1	0	-5.5	3	1	1	0	-5.5
气	29	29	24	4	-0.5	29	29	24	4	-0.5
水	11	12	12	2	0.2	11	12	12	2	0.2
核	2	0	0	0	-21.4	2	0	0	0	-21.4
风	124	161	170	30	3.9	132	180	205	33	4.5
光	50	113	318	56	6.1	62	150	331	54	6.2
生物质及其他	11	13	13	2	1.3	11	13	13	2	1.3

单位：十亿千瓦·时

类别	自主减排情景					高能效情景				
	2025	2035	2050	结构(%)	增速(%)	2025	2035	2050	结构(%)	增速(%)
发电量	701	852	1180	100	2.0	729	938	1285	100	2.2
煤	232	194	123	10	-2.0	232	194	123	10	-2.0
油	3	2	1	0	-6.0	3	2	1	0	-6.0
气	77	81	70	6	0.4	77	81	70	5	0.4
水	28	30	31	3	0.7	28	30	31	2	0.7
核	17	1	0	0	-21.6	17	1	0	0	-21.6
风	223	331	413	35	4.8	239	371	499	39	5.4
光	54	140	464	39	7.4	67	186	483	38	7.5
生物质及其他	67	74	78	7	1.3	67	74	78	6	1.3

单位：亿吨

类别	自主减排情景					高能效情景				
	2025	2035	2050	结构(%)	增速(%)	2025	2035	2050	结构(%)	增速(%)
总排放	6	5	3	100	-2.2	6	5	2	100	-3.5
发电碳排放	2	2	1	34	-1.9	2	2	1	45	-2.5
工业	1	1	0	13	-1.6	1	1	0	13	-3.0
交通	2	1	1	27	-1.5	2	1	1	29	-2.6
居民	1	0	0	9	-3.0	1	0	0	6	-5.4
商业	0	0	0	5	-2.7	0	0	0	6	-3.9
其他	0	0	0	0	-3.0	0	0	0	0	-4.4
非能利用	0	0	0	5	-1.5	0	0	0	4	-3.0

类别	单位	自主减排情景			高能效情景		
		2025	2035	2050	2025	2035	2050
人均能源需求	吨标准煤/人	4.74	4.30	3.74	4.66	4.13	3.39
人均电力需求	千瓦·时/人	7575	9227	13074	7884	10165	14236
人均碳排放	吨/人	7.84	6.56	4.23	7.60	5.97	3.29
单位GDP能源需求	吨标准煤/万美元	0.91	0.72	0.52	0.89	0.69	0.47
单位GDP电力需求	千瓦·时/美元	0.15	0.15	0.18	0.15	0.17	0.20
单位GDP碳排放	千克/美元	0.15	0.11	0.06	0.15	0.10	0.05
单位能源碳排放	吨/吨标准煤	1.66	1.52	1.13	1.63	1.44	0.97
单位电力碳排放	克/(千瓦·时)	296	207	98	276	178	82

表 D-11 俄罗斯展望结果   单位：百万吨标准煤

类别	自主减排情景					高能效情景				
	2025	2035	2050	结构(%)	增速(%)	2025	2035	2050	结构(%)	增速(%)
一次能源需求	975	962	926	100	-0.3	959	939	887	100	-0.4
煤	113	81	54	6	-3.2	101	67	39	4	-4.1
油	231	221	187	20	-0.5	226	211	161	18	-0.9
气	507	486	420	45	-0.6	494	456	357	40	-1.1
水	27	33	41	4	2.0	27	33	41	5	2.0
核	89	108	132	14	1.7	89	108	132	15	1.7
非水可再生能源	8	32	92	10	6.7	20	64	158	18	8.3
发电能源需求	313	359	451	100	-7.2	318	378	500	100	-7.0
煤	44	37	32	7	-12.1	41	32	25	5	-12.7
油	8	6	4	1	-11.9	7	4	3	1	-12.8
气	137	142	150	33	-5.8	134	136	142	28	-5.9
水	27	33	41	9	-6.8	27	33	41	8	-6.8
核	89	108	132	29	-5.5	89	108	132	26	-5.5
非水可再生能源	8	32	92	20	-3.4	20	64	158	32	-1.9
终端能源需求	668	670	635	100	-0.1	672	664	587	100	-0.3
煤	17	15	11	2	-1.3	16	13	8	1	-2.3
油	198	194	167	26	-0.4	195	186	144	25	-0.8
气	213	212	183	29	-0.3	207	196	145	25	-0.9
电	105	134	193	30	2.2	114	155	238	41	2.8
热及其他	136	116	81	13	-1.8	140	113	51	9	-3.0
工业	174	168	152	24	-0.4	173	165	145	25	-0.6
煤	12	11	7	5	-1.4	11	9	4	3	-2.9
油	20	19	16	11	-0.7	20	18	14	9	-1.2
气	52	50	42	27	-0.6	52	48	36	25	-1.0
电	44	51	63	41	1.3	46	56	73	50	1.7
交通	132	131	126	20	-0.2	131	129	119	20	-0.3
油	89	89	77	62	-0.3	89	86	66	55	-0.7
气	31	28	26	21	-1.1	28	23	18	15	-2.2
电	11	15	22	17	2.2	14	21	35	29	3.6
居民消费	170	171	163	26	0.0	178	177	148	25	-0.3
煤	3	2	2	1	-1.4	3	2	2	1	-1.7
油	9	6	1	1	-6.0	9	6	1	1	-6.2
气	65	60	38	23	-1.3	64	55	24	16	-2.6
电	28	44	79	48	4.3	31	53	97	66	4.9
商业	49	47	43	7	-0.5	49	46	42	7	-0.6
煤	2	2	1	3	-1.1	2	2	1	3	-1.2
油	3	3	3	6	-0.8	3	3	2	6	-0.9
气	3	3	2	5	-0.9	3	3	2	5	-1.0
电	19	21	26	59	0.9	20	22	28	68	1.2
其他	13	13	11	2	-0.4	13	13	10	2	-0.6
非能利用	130	141	139	22	0.6	127	134	123	21	0.2

类别	自主减排情景					高能效情景				
	2025	2035	2050	结构(%)	增速(%)	2025	2035	2050	结构(%)	增速(%)
发电装机	339	511	844	100	3.5	440	702	1189	100	4.5
煤	44	40	37	4	-0.9	44	40	37	3	-0.9
油	4	4	3	0	-1.9	4	4	3	0	-1.9
气	130	144	167	20	0.9	130	144	167	14	0.9
水	66	80	95	11	1.8	66	80	95	8	1.8
核	34	41	50	6	2.0	34	41	50	4	2.0
风	49	162	377	45	34.8	134	289	641	54	36.8
光	11	39	110	13	23.8	26	104	192	16	25.8
生物质及其他	2	2	3	0	2.7	2	2	3	0	2.7

类别	自主减排情景					高能效情景				
	2025	2035	2050	结构(%)	增速(%)	2025	2035	2050	结构(%)	增速(%)
发电量	1254	1599	2308	100	2.2	1358	1855	2840	100	2.9
煤	159	144	134	6	-0.9	159	144	134	5	-0.9
油	20	16	13	1	-2.0	20	16	13	0	-2.0
气	553	616	726	31	1.1	553	616	726	26	1.1
水	223	272	331	14	1.9	223	272	331	12	1.9
核	237	289	353	15	1.9	237	289	353	12	1.9
风	46	201	581	25	38.8	126	358	987	35	40.9
光	16	60	170	7	25.4	40	160	296	10	27.4
生物质及其他	0	0	0	0	2.7	0	0	0	0	2.7

类别	自主减排情景					高能效情景				
	2025	2035	2050	结构(%)	增速(%)	2025	2035	2050	结构(%)	增速(%)
总排放	15	14	11	100	-1.1	15	12	9	100	-1.9
发电碳排放	4	3	3	30	2.3	3	3	3	34	1.8
工业	2	2	1	11	-0.8	2	1	1	9	-1.9
交通	2	2	2	18	-0.5	2	2	2	20	-1.0
居民	1	1	1	6	-1.8	1	1	0	5	-3.0
商业	0	0	0	1	-0.9	0	0	0	1	-1.0
其他	0	0	1	1	-1.0	0	0	0	1	-1.6
非能利用	1	1	1	12	0.7	1	1	1	13	0.1

类别	单位	自主减排情景			高能效情景		
		2025	2035	2050	2025	2035	2050
人均能源需求	吨标准煤／人	6.83	6.81	6.66	6.72	6.65	6.37
人均电力需求	千瓦·时／人	7831	10088	14780	8480	11702	18186
人均碳排放	吨／人	10.67	9.80	8.19	10.27	9.07	6.85
单位 GDP 能源需求	吨标准煤／万美元	4.99	4.25	2.97	4.91	4.14	2.84
单位 GDP 电力需求	千瓦·时／美元	0.57	0.63	0.66	0.62	0.73	0.81
单位 GDP 碳排放	千克／美元	0.78	0.61	0.36	0.75	0.57	0.31
单位能源碳排放	吨／吨标准煤	1.56	1.44	1.23	1.53	1.36	1.07
单位电力碳排放	克／(千瓦·时)	291	218	149	256	174	108

类别	自主减排情景					高能效情景				
	2025	2035	2050	结构(%)	增速(%)	2025	2035	2050	结构(%)	增速(%)
一次能源需求	9751	11152	12198	100	1.2	9409	10282	10474	100	0.8
煤	4763	4769	3608	30	-0.3	4528	4109	2777	27	-1.0
油	2587	2914	3028	25	1.2	2462	2566	2251	21	0.4
气	1140	1485	1912	16	2.4	1084	1318	1446	14	1.6
水	277	335	396	3	2.1	277	335	396	4	2.1
核	346	528	788	6	4.7	346	528	788	8	4.7
非水可再生能源	638	1120	2467	20	3.0	713	1426	2816	27	3.4
发电能源需求	3936	4870	6229	100	0.0	3815	4574	5763	100	-0.2
煤	2559	2678	2152	35	-0.9	2398	2226	1668	29	-1.6
油	57	49	39	1	-6.0	55	47	37	1	-6.1
气	411	569	800	13	-1.1	395	517	586	10	-2.0
水	277	335	396	6	-0.5	277	335	396	7	-0.5
核	346	528	788	13	-0.6	346	528	788	14	-0.6
非水可再生能源	288	711	2054	33	5.5	344	921	2288	40	5.8
终端能源需求	6766	7771	8551	100	1.4	6564	7213	7297	100	0.9
煤	1508	1496	1114	13	-0.4	1454	1345	841	12	-1.2
油	2274	2579	2697	32	1.3	2168	2278	2015	28	0.4
气	556	733	945	11	2.6	524	640	734	10	1.9
电	1493	2001	3005	35	2.9	1510	2067	3104	43	3.0
热及其他	935	962	790	9	-0.1	908	884	602	8	-0.8
工业	2636	2927	2986	35	0.9	2566	2745	2611	36	0.5
煤	1189	1179	901	30	-0.4	1146	1056	659	25	-1.3
油	233	259	261	9	0.8	225	239	210	8	0.2
气	218	285	349	12	2.4	209	257	284	11	1.8
电	780	970	1251	42	2.1	786	989	1280	49	2.2
交通	1428	1759	2154	25	2.3	1365	1567	1625	22	1.4
油	1280	1517	1676	78	1.8	1208	1289	1116	69	0.6
气	67	95	137	6	3.8	63	82	99	6	2.9
电	65	131	333	15	7.3	80	184	402	25	7.9
居民消费	1305	1473	1679	20	1.2	1299	1456	1595	22	1.1
煤	76	64	39	2	-2.0	76	64	37	2	-2.1
油	134	129	113	7	-0.4	132	127	108	7	-0.5
气	119	152	201	12	2.4	111	133	160	10	1.7
电	313	467	830	49	3.9	325	506	917	57	4.2
商业	416	522	609	7	2.0	382	417	437	6	1.0
煤	58	64	25	4	-1.1	52	48	17	4	-2.2
油	67	68	48	8	-0.5	59	51	33	7	-1.6
气	52	67	80	13	2.1	46	46	37	8	-0.2
电	206	282	414	68	2.9	195	241	325	74	2.2
其他	292	305	296	3	0.8	280	293	283	4	0.6
非能利用	691	785	826	10	1.3	671	736	746	10	1.0

类别	自主减排情景					高能效情景				
	2025	2035	2050	结构(%)	增速(%)	2025	2035	2050	结构(%)	增速(%)
发电装机	4451	6426	10777	100	4.1	4679	6906	11337	100	4.2
煤	1831	2007	1658	15	0.6	1785	1790	1473	13	0.3
油	90	81	70	1	-0.9	89	81	70	1	-0.9
气	477	747	1029	10	3.0	481	685	780	7	2.2
水	693	833	974	9	1.8	693	833	974	9	1.8
核	207	229	315	3	3.3	207	229	315	3	3.3
风	500	974	2234	21	7.7	636	1248	2673	24	8.2
光	593	1456	4261	40	11.5	730	1950	4900	43	12.0
生物质及其他	60	101	235	2	6.6	58	90	151	1	5.2

类别	自主减排情景					高能效情景				
	2025	2035	2050	结构(%)	增速(%)	2025	2035	2050	结构(%)	增速(%)
发电量	15629	20957	31506	100	3.1	15825	21715	32711	100	3.2
煤	8474	9015	7484	24	0.4	8243	8095	6698	20	0.0
油	263	238	196	1	-1.0	259	235	195	1	-1.0
气	1867	2786	3916	12	2.7	1877	2609	3111	10	2.1
水	2252	2728	3221	10	1.9	2252	2728	3221	10	1.9
核	930	1418	2117	7	4.9	930	1418	2117	6	4.9
风	910	2268	6172	20	9.7	1188	3115	7718	24	10.4
光	651	1998	7050	22	13.0	803	3080	8869	27	13.7
生物质及其他	283	506	1349	4	6.6	272	434	781	2	4.9

类别	自主减排情景					高能效情景				
	2025	2035	2050	结构(%)	增速(%)	2025	2035	2050	结构(%)	增速(%)
总排放	197	208	185	100	0.4	187	177	127	100	-0.6
发电碳排放	79	85	74	40	0.6	74	70	54	42	-0.3
工业	42	43	36	20	0.1	40	38	25	19	-1.0
交通	29	34	38	21	1.8	27	29	26	20	0.7
居民	7	7	7	4	0.2	7	7	6	5	-0.2
商业	4	4	3	2	0.1	3	3	2	1	-1.4
其他	4	3	2	1	-0.7	4	3	2	2	-1.2
非能利用	7	8	8	5	1.3	7	7	6	5	0.4

类别	单位	自主减排情景			高能效情景		
		2025	2035	2050	2025	2035	2050
人均能源需求	吨标准煤/人	2.25	2.43	2.54	2.17	2.24	2.18
人均电力需求	千瓦·时/人	3109	3934	5651	3145	4060	5830
人均碳排放	吨/人	4.55	4.54	3.86	4.32	3.95	2.93
单位GDP能源需求	吨标准煤/万美元	2.59	1.93	1.30	2.50	1.78	1.12
单位GDP电力需求	千瓦·时/美元	0.36	0.31	0.29	0.36	0.32	0.30
单位GDP碳排放	千克/美元	0.52	0.36	0.20	0.50	0.31	0.15
单位能源碳排放	吨/吨标准煤	2.02	1.87	1.52	1.99	1.76	1.34
单位电力碳排放	克/(千瓦·时)	544	435	252	505	354	188

类别	自主减排情景					高能效情景				
	2025	2035	2050	结构(%)	增速(%)	2025	2035	2050	结构(%)	增速(%)
一次能源需求	5276	5770	5456	100	0.6	5133	5321	4643	100	0.1
煤	3098	2809	1556	29	-1.7	3016	2481	1238	27	-2.3
油	1069	1148	996	18	0.8	998	977	741	16	-0.1
气	424	615	802	15	3.7	394	529	563	12	2.6
水	185	214	231	4	1.5	185	214	231	5	1.5
核	231	377	559	10	6.4	231	377	559	12	6.4
非水可再生能源	269	606	1312	24	5.1	309	743	1310	28	5.1
发电能源需求	2177	2594	2972	100	-2.1	2143	2439	2686	100	-2.4
煤	1501	1392	727	24	-3.9	1464	1199	600	22	-4.4
油	1	0	0	0	-23.1	1	0	0	0	-23.1
气	119	209	316	11	-3.7	112	183	189	7	-5.1
水	185	214	231	8	-2.1	185	214	231	9	-2.1
核	231	377	559	19	-1.5	231	377	559	21	-1.5
非水可再生能源	140	402	1139	38	3.8	151	466	1107	41	3.7
终端能源需求	3486	3812	3656	100	0.8	3370	3491	3107	100	0.4
煤	1091	997	608	17	-1.4	1061	902	468	15	-2.1
油	971	1048	915	25	0.8	907	892	681	22	0.0
气	249	340	421	12	3.0	230	289	324	10	2.2
电	843	1110	1513	41	2.7	853	1126	1505	48	2.7
热及其他	331	318	199	5	-1.0	319	283	129	4	-2.2
工业	1579	1612	1400	38	0.0	1557	1534	1271	41	-0.2
煤	804	712	423	30	-1.7	783	644	312	25	-2.5
油	85	83	71	5	-0.4	84	79	62	5	-0.8
气	95	136	172	12	3.3	93	129	155	12	3.0
电	499	578	636	45	1.4	511	603	681	54	1.6
交通	690	812	828	23	1.9	633	681	612	20	1.0
油	583	643	560	68	1.2	529	514	359	59	-0.1
气	45	59	70	8	3.1	41	49	50	8	2.2
电	53	100	192	23	6.4	56	112	198	32	6.5
居民消费	531	572	564	15	0.7	531	572	531	17	0.5
煤	68	56	30	5	-2.4	68	56	28	5	-2.6
油	52	45	29	5	-1.6	52	45	28	5	-1.8
气	62	78	94	17	2.3	55	64	66	12	1.2
电	142	214	350	62	3.9	148	231	371	70	4.0
商业	190	268	327	9	3.1	165	182	191	6	1.6
煤	47	53	16	5	-1.6	42	38	9	5	-3.2
油	31	33	20	6	-0.3	27	22	12	6	-1.8
气	25	37	46	14	3.4	19	18	14	7	-0.1
电	73	127	223	68	5.2	65	91	143	75	3.9
其他	178	187	180	5	0.9	169	178	171	6	0.7
非能利用	317	361	357	10	1.3	314	344	330	11	1.1

类别	自主减排情景					高能效情景				
	2025	2035	2050	结构(%)	增速(%)	2025	2035	2050	结构(%)	增速(%)
发电装机	2564	3619	5348	100	3.7	2644	3753	5564	100	3.7
煤	1215	1217	717	13	-0.6	1215	1100	648	12	-0.9
油	2	1	0	0	-8.9	2	1	0	0	-8.9
气	110	275	390	7	5.2	125	250	252	5	3.9
水	431	500	539	10	1.5	431	500	539	10	1.5
核	96	153	220	4	6.2	96	153	220	4	6.2
风	342	610	1210	23	6.5	353	762	1341	24	6.9
光	350	820	2115	40	11.8	406	954	2489	45	12.3
生物质及其他	18	43	157	3	8.9	17	33	75	1	6.6

类别	自主减排情景					高能效情景				
	2025	2035	2050	结构(%)	增速(%)	2025	2035	2050	结构(%)	增速(%)
发电量	8225	10828	14755	100	2.8	8321	10982	14677	100	2.8
煤	4790	4555	2468	17	-1.3	4790	4117	2231	15	-1.6
油	1	1	0	0	-10.0	1	1	0	0	-10.0
气	318	847	1319	9	6.1	360	772	852	6	4.8
水	1505	1746	1882	13	1.5	1505	1746	1882	13	1.5
核	621	1012	1502	10	6.6	621	1012	1502	10	6.6
风	548	1323	3169	21	8.5	560	1511	3794	26	9.1
光	318	1049	3339	23	13.5	369	1600	3905	27	14.0
生物质及其他	125	295	1076	7	9.0	114	224	512	3	6.7

类别	自主减排情景					高能效情景				
	2025	2035	2050	结构(%)	增速(%)	2025	2035	2050	结构(%)	增速(%)
总排放	112	108	74	100	-0.7	108	92	51	100	-1.8
发电碳排放	44	42	25	34	-1.1	42	35	19	36	-2.0
工业	26	24	16	22	-1.1	25	21	11	22	-2.1
交通	13	15	13	18	1.3	12	12	9	17	0.0
居民	4	4	3	4	-0.7	4	4	2	5	-1.2
商业	2	3	2	2	0.2	2	2	1	1	-2.0
其他	2	2	1	2	-1.0	2	2	1	2	-1.5
非能利用	4	4	4	5	1.3	4	3	3	6	0.5

类别	单位	自主减排情景			高能效情景		
		2025	2035	2050	2025	2035	2050
人均能源需求	吨标准煤/人	3.73	4.00	3.90	3.63	3.69	3.32
人均电力需求	千瓦·时/人	5527	7132	10015	5591	7234	9963
人均碳排放	吨/人	7.91	7.52	5.31	7.62	6.57	4.07
单位GDP能源需求	吨标准煤/万美元	3.12	2.00	1.22	3.04	1.85	1.03
单位GDP电力需求	千瓦·时/美元	0.46	0.36	0.31	0.47	0.36	0.31
单位GDP碳排放	千克/美元	0.66	0.38	0.17	0.64	0.33	0.13
单位能源碳排放	吨/吨标准煤	2.12	1.88	1.36	2.10	1.78	1.22
单位电力碳排放	克/(千瓦·时)	530	388	172	510	330	134

表 D-14　印度展望结果　　　　　　　　　　　　　　　　　单位：百万吨标准煤

类别	自主减排情景					高能效情景				
	2025	2035	2050	结构(%)	增速(%)	2025	2035	2050	结构(%)	增速(%)
一次能源需求	1671	2336	3473	100	3.0	1534	2053	2873	100	2.5
煤	850	1135	1276	37	2.5	734	886	896	31	1.4
油	449	648	966	28	3.5	426	558	644	22	2.3
气	120	215	400	12	5.5	113	183	284	10	4.5
水	29	42	61	2	3.7	29	42	61	2	3.7
核	31	64	134	4	6.7	31	64	134	5	6.7
非水可再生能源	192	232	635	18	2.3	201	319	853	30	3.2
发电能源需求	695	1036	1653	100	-3.7	623	898	1449	100	-4.1
煤	543	746	874	53	-3.4	447	543	612	42	-4.4
油	0	0	0	0	-26.9	0	0	0	0	-27.3
气	33	66	132	8	-6.1	30	47	56	4	-8.4
水	29	42	61	4	-5.7	29	42	61	4	-5.7
核	31	64	134	8	-5.5	31	64	134	9	-5.5
非水可再生能源	59	118	452	27	1.1	86	201	586	40	1.8
终端能源需求	1276	1762	2549	100	3.3	1227	1618	2058	100	2.6
煤	268	343	360	14	2.4	252	304	256	12	1.4
油	397	574	863	34	3.6	376	495	575	28	2.4
气	86	147	264	10	5.4	81	134	225	11	5.0
电	220	362	750	29	5.2	220	378	781	38	5.3
热及其他	305	335	313	12	0.6	298	308	221	11	-0.4
工业	506	714	939	37	3.5	476	648	751	36	2.9
煤	245	320	341	36	2.7	229	281	238	32	1.6
油	70	100	117	12	3.3	67	90	85	11	2.4
气	15	26	45	5	5.6	15	25	43	6	5.5
电	110	188	350	37	5.4	103	175	302	40	5.0
交通	217	367	732	29	5.2	203	307	477	23	4.0
油	205	336	596	81	4.8	191	273	354	74	3.2
气	8	17	44	6	7.7	7	14	29	6	6.4
电	4	13	91	12	11.4	4	19	94	20	11.5
居民消费	332	405	545	21	2.0	339	413	545	26	2.0
煤	5	5	5	1	0.4	5	5	5	1	0.4
油	43	48	56	10	1.2	43	49	56	10	1.2
气	11	26	59	11	12.4	11	26	59	11	12.4
电	51	91	217	40	5.8	59	118	297	55	6.7
商业	48	64	82	3	2.7	46	58	71	3	2.3
煤	9	10	7	9	0.0	9	9	6	9	-0.4
油	3	4	3	4	0.9	3	3	3	4	0.5
气	3	6	11	14	7.0	3	5	10	14	6.6
电	18	27	44	53	3.9	18	26	43	60	3.8
其他	70	73	72	3	0.9	67	70	68	3	0.7
非能利用	103	139	178	7	2.9	96	122	146	7	2.3

类别	自主减排情景					高能效情景				
	2025	2035	2050	结构(%)	增速(%)	2025	2035	2050	结构(%)	增速(%)
发电装机	651	1099	2581	100	6.4	705	1283	2872	100	6.7
煤	333	480	604	23	3.4	289	387	500	17	2.9
油	1	0	0	0	-7.4	1	0	0	0	-7.4
气	52	95	167	6	5.6	47	68	71	2	3.1
水	76	106	147	6	3.4	76	106	147	5	3.4
核	15	30	53	2	6.8	15	30	53	2	6.8
风	98	185	494	19	8.9	210	415	659	23	9.8
光	59	179	1079	42	16.3	49	252	1407	49	17.2
生物质及其他	17	24	35	1	5.4	17	24	35	1	5.4

类别	自主减排情景					高能效情景				
	2025	2035	2050	结构(%)	增速(%)	2025	2035	2050	结构(%)	增速(%)
发电量	2383	3831	7652	100	5.5	2378	4001	7976	100	5.6
煤	1604	2263	2760	36	3.3	1392	1825	2282	29	2.7
油	0	0	0	0	-10.0	0	0	0	0	-10.0
气	116	240	498	7	7.0	106	173	211	3	4.4
水	239	345	500	7	3.5	239	345	500	6	3.5
核	84	173	359	5	6.9	84	173	359	5	6.9
风	204	440	1396	18	10.9	437	987	1863	23	11.8
光	97	313	2054	27	17.1	82	441	2677	34	18.0
生物质及其他	38	57	84	1	4.3	38	57	84	1	4.3

类别	自主减排情景					高能效情景				
	2025	2035	2050	结构(%)	增速(%)	2025	2035	2050	结构(%)	增速(%)
总排放	34	46	59	100	2.9	30	37	37	100	1.6
发电碳排放	16	22	26	45	2.6	13	15	17	46	1.4
工业	9	11	13	21	2.9	8	10	8	23	1.7
交通	5	7	14	23	4.9	4	6	8	22	3.3
居民	1	2	2	4	2.6	1	2	2	6	2.6
商业	0	0	0	1	1.5	0	0	0	1	1.1
其他	1	1	1	1	-0.5	1	1	0	1	-0.7
非能利用	1	1	2	3	3.0	1	1	1	3	1.4

类别	单位	自主减排情景			高能效情景		
		2025	2035	2050	2025	2035	2050
人均能源需求	吨标准煤/人	1.15	1.49	2.04	1.06	1.31	1.69
人均电力需求	千瓦·时/人	1357	2063	3940	1354	2155	4107
人均碳排放	吨/人	2.32	2.96	3.48	2.06	2.39	2.41
单位GDP能源需求	吨标准煤/万美元	3.82	2.83	1.65	3.51	2.49	1.37
单位GDP电力需求	千瓦·时/美元	0.45	0.39	0.32	0.45	0.41	0.33
单位GDP碳排放	千克/美元	0.77	0.56	0.28	0.68	0.46	0.19
单位能源碳排放	吨/吨标准煤	2.01	1.99	1.70	1.95	1.83	1.42
单位电力碳排放	克/(千瓦·时)	654	568	345	541	396	224

表 D-15　日本展望结果　　　　　　　　　　　　　　　　　　　　　单位：百万吨标准煤

类别	自主减排情景					高能效情景				
	2025	2035	2050	结构(%)	增速(%)	2025	2035	2050	结构(%)	增速(%)
一次能源需求	547	499	446	100	-0.9	528	468	401	100	-1.2
煤	130	109	84	19	-1.9	125	100	71	18	-2.4
油	232	193	134	30	-1.9	219	171	109	27	-2.5
气	115	101	94	21	-1.2	113	95	77	19	-1.8
水	11	11	12	3	0.3	11	11	12	3	0.3
核	21	35	58	13	8.3	21	35	58	14	8.3
非水可再生能源	38	50	65	15	2.7	38	54	74	18	3.1
发电能源需求	246	247	272	100	-8.6	242	245	272	100	-8.6
煤	72	64	60	22	-10.5	70	61	56	21	-10.7
油	27	23	19	7	-7.9	26	22	18	7	-8.0
气	82	69	63	23	-8.1	80	66	59	22	-8.3
水	11	11	12	4	-10.1	11	11	12	4	-10.1
核	21	35	58	21	-7.7	21	35	58	21	-7.7
非水可再生能源	33	46	61	22	-4.6	33	49	70	26	-4.2
终端能源需求	383	352	308	100	-0.9	370	329	272	100	-1.2
煤	31	26	16	5	-2.2	30	23	10	4	-3.5
油	191	159	108	35	-2.0	179	140	86	31	-2.6
气	39	38	37	12	-0.4	39	34	22	8	-1.8
电	117	125	144	47	0.6	117	128	152	56	0.8
热及其他	5	5	4	1	-1.1	5	4	3	1	-1.8
工业	103	93	85	28	-0.9	98	85	73	27	-1.3
煤	30	25	15	17	-2.3	29	22	9	12	-3.6
油	21	16	12	14	-2.3	19	14	9	13	-2.9
气	14	13	13	15	-0.6	13	12	11	15	-1.0
电	35	36	43	51	0.4	34	35	41	57	0.3
交通	92	78	56	18	-1.7	90	75	52	19	-1.9
油	88	71	42	75	-2.4	84	62	31	59	-3.3
气	0	0	0	0	-1.8	0	0	0	0	-2.0
电	4	8	14	25	5.4	6	13	21	41	6.7
居民消费	59	56	52	17	-0.5	56	51	43	16	-1.0
煤	0	0	0	0	—	0	0	0	0	—
油	14	11	6	12	-2.7	12	9	5	11	-3.5
气	12	12	12	23	0.0	12	10	6	13	-2.2
电	32	32	33	64	0.0	32	31	33	76	0.0
商业	73	72	71	23	-0.1	71	68	63	23	-0.5
煤	1	1	1	1	-0.1	1	1	0	1	-0.5
油	18	15	9	12	-2.3	15	10	4	7	-4.1
气	13	12	11	16	-0.5	14	12	5	7	-3.0
电	41	44	50	70	0.6	41	44	52	84	0.8
其他	6	7	5	2	0.0	6	6	5	2	-0.2
非能利用	50	45	39	13	-1.0	49	44	37	13	-1.2

类别	自主减排情景					高能效情景				
	2025	2035	2050	结构(%)	增速(%)	2025	2035	2050	结构(%)	增速(%)
发电装机	394	380	416	100	0.8	398	412	454	100	1.0
煤	35	31	31	7	-1.2	35	31	31	7	-1.2
油	41	35	31	7	-1.4	41	35	31	7	-1.4
气	64	53	47	11	-1.9	64	53	47	10	-1.9
水	53	54	55	13	0.3	53	54	55	12	0.3
核	69	24	26	6	-1.3	69	24	26	6	-1.3
风	15	34	60	14	9.1	11	25	69	15	9.6
光	114	147	165	40	4.7	122	187	194	43	5.2
生物质及其他	2	2	2	0	0.2	2	2	2	0	0.2

类别	自主减排情景					高能效情景				
	2025	2035	2050	结构(%)	增速(%)	2025	2035	2050	结构(%)	增速(%)
发电量	1040	1108	1275	100	0.4	1039	1139	1346	100	0.6
煤	253	229	223	17	-1.2	253	229	223	17	-1.2
油	98	84	74	6	-1.4	98	84	74	6	-1.4
气	320	275	259	20	-1.6	320	275	259	19	-1.6
水	92	93	95	7	0.1	92	93	95	7	0.1
核	56	95	155	12	10.8	56	95	155	12	10.8
风	39	91	181	14	10.7	28	69	208	15	11.1
光	144	201	250	20	5.7	154	256	293	22	6.2
生物质及其他	38	39	39	3	0.1	38	39	39	3	0.1

类别	自主减排情景					高能效情景				
	2025	2035	2050	结构(%)	增速(%)	2025	2035	2050	结构(%)	增速(%)
总排放	10	8	6	100	-1.8	9	7	4	100	-3.0
发电碳排放	4	3	3	50	-1.4	4	3	3	65	-1.8
工业	1	1	1	14	-2.0	1	1	0	10	-3.9
交通	2	2	1	15	-2.4	2	1	1	16	-3.3
居民	0	0	0	5	-1.4	0	0	0	5	-3.0
商业	1	1	0	6	-1.5	1	0	0	5	-3.5
其他	0	0	0	0	-0.2	0	0	0	0	-0.4
非能利用	0	0	0	5	-1.0	0	0	0	5	-2.3

类别	单位	自主减排情景			高能效情景		
		2025	2035	2050	2025	2035	2050
人均能源需求	吨标准煤/人	4.42	4.18	4.00	4.27	3.91	3.59
人均电力需求	千瓦·时/人	8101	8935	11032	8093	9192	11648
人均碳排放	吨/人	7.88	6.84	5.59	7.56	6.22	4.62
单位GDP能源需求	吨标准煤/万美元	0.84	0.71	0.59	0.81	0.67	0.53
单位GDP电力需求	千瓦·时/美元	0.15	0.15	0.16	0.15	0.16	0.17
单位GDP碳排放	千克/美元	0.15	0.12	0.08	0.14	0.11	0.07
单位能源碳排放	吨/吨标准煤	1.78	1.64	1.40	1.77	1.59	1.28
单位电力碳排放	克/(千瓦·时)	377	306	244	369	285	215

表 D-16　韩国展望结果　　　　　　　　　　　　　单位：百万吨标准煤

类别	自主减排情景					高能效情景				
	2025	2035	2050	结构(%)	增速(%)	2025	2035	2050	结构(%)	增速(%)
一次能源需求	427	425	358	100	-0.2	410	393	325	100	-0.5
煤	129	131	103	29	-0.3	117	107	73	22	-1.3
油	172	162	120	34	-0.6	161	148	107	33	-0.9
气	66	74	71	20	0.7	60	61	50	15	-0.3
水	2	2	2	1	6.3	2	2	2	1	6.3
核	47	33	17	5	-3.6	47	33	17	5	-3.6
非水可再生能源	12	22	45	13	4.5	23	42	76	23	6.1
发电能源需求	165	172	173	100	-9.7	161	166	168	100	-9.8
煤	77	83	77	45	-9.9	72	70	56	33	-10.7
油	8	6	2	1	-14.2	7	5	1	1	-14.5
气	25	32	36	21	-9.5	22	26	28	17	-10.1
水	2	2	2	1	-14.2	2	2	2	1	-14.2
核	47	33	17	10	-10.9	47	33	17	10	-10.9
非水可再生能源	6	16	39	22	-5.8	13	30	63	38	-4.5
终端能源需求	284	288	253	100	0.0	271	267	233	100	-0.2
煤	20	19	11	4	-1.3	18	15	7	3	-2.4
油	148	142	108	43	-0.5	139	130	96	41	-0.8
气	33	34	29	11	0.0	31	29	18	8	-1.4
电	71	82	96	38	1.3	71	85	105	45	1.6
热及其他	13	12	9	4	-0.9	12	10	7	3	-1.8
工业	81	86	75	30	0.2	76	74	67	29	-0.2
煤	18	17	9	12	-1.5	16	13	5	8	-2.9
油	5	5	4	5	-0.9	5	4	3	5	-1.1
气	13	15	14	19	0.8	12	12	10	15	-0.1
电	38	43	44	58	0.9	37	40	44	66	0.9
交通	54	53	43	17	-0.3	50	49	40	17	-0.5
油	50	46	32	73	-1.0	45	40	25	62	-1.7
气	2	3	2	6	1.1	2	2	2	6	0.9
电	1	3	9	21	10.5	2	6	12	31	11.5
居民消费	29	29	30	12	0.3	28	29	28	12	0.1
煤	1	1	1	2	-1.2	1	1	1	2	-1.4
油	4	4	4	13	-0.4	4	4	4	13	-0.6
气	12	11	8	25	-1.2	11	9	3	11	-3.6
电	9	12	16	55	2.1	10	13	20	72	2.7
商业	32	33	33	13	0.3	31	32	31	13	0.1
煤	0	0	0	0	—	0	0	0	0	—
油	3	3	2	5	-2.2	3	3	2	5	-2.4
气	6	6	5	14	-0.4	6	5	2	7	-2.5
电	20	22	25	75	0.8	20	22	25	82	0.9
其他	6	6	7	3	0.4	6	6	7	3	0.3
非能利用	83	81	65	26	-0.1	79	76	61	26	-0.3

类别	自主减排情景					高能效情景				
	2025	2035	2050	结构(%)	增速(%)	2025	2035	2050	结构(%)	增速(%)
发电装机	151	211	297	100	3.2	177	261	377	100	3.9
煤	39	43	42	14	1.2	36	36	30	8	0.3
油	5	3	1	0	-4.1	4	3	1	0	-4.5
气	49	61	67	23	2.1	42	50	53	14	1.4
水	8	9	10	3	1.1	8	9	10	3	1.1
核	19	13	7	2	-3.4	19	13	7	2	-3.4
风	6	16	42	14	11.8	15	34	80	21	13.8
光	24	63	123	41	10.6	51	113	193	51	12.0
生物质及其他	2	3	5	2	2.9	2	3	3	1	1.7

类别	自主减排情景					高能效情景				
	2025	2035	2050	结构(%)	增速(%)	2025	2035	2050	结构(%)	增速(%)
发电量	636	738	869	100	1.5	645	765	948	100	1.7
煤	259	279	259	30	0.6	241	235	187	20	-0.3
油	33	24	7	1	-4.2	29	22	6	1	-4.6
气	157	200	233	27	2.4	135	165	182	19	1.7
水	14	17	18	2	1.5	14	17	18	2	1.5
核	125	90	45	5	-3.5	125	90	45	5	-3.5
风	13	35	111	13	13.4	31	76	210	22	15.5
光	30	85	185	21	11.6	64	154	292	31	13.1
生物质及其他	5	7	11	1	3.0	5	7	7	1	1.7

类别	自主减排情景					高能效情景				
	2025	2035	2050	结构(%)	增速(%)	2025	2035	2050	结构(%)	增速(%)
总排放	7	7	6	100	-0.3	7	6	4	100	-1.7
发电碳排放	3	3	3	48	0.5	2	2	2	51	-0.7
工业	1	1	1	10	-0.7	1	1	0	6	-3.4
交通	1	1	1	12	-0.9	1	1	1	16	-1.6
居民	0	0	0	4	-1.0	0	0	0	4	-2.2
商业	0	0	0	2	-1.1	0	0	0	2	-2.4
其他	0	0	0	1	-0.1	0	0	0	2	-0.7
非能利用	1	1	1	10	-0.1	1	1	0	12	-0.8

类别	单位	自主减排情景			高能效情景		
		2025	2035	2050	2025	2035	2050
人均能源需求	吨标准煤/人	8.14	8.06	7.11	7.82	7.47	6.46
人均电力需求	千瓦·时/人	11812	13629	16795	11966	14125	18311
人均碳排放	吨/人	14.17	14.02	11.54	13.07	12.01	9.00
单位 GDP 能源需求	吨标准煤/万美元	2.57	2.05	1.35	2.47	1.90	1.22
单位 GDP 电力需求	千瓦·时/美元	0.37	0.35	0.32	0.38	0.36	0.35
单位 GDP 碳排放	千克/美元	0.45	0.36	0.22	0.41	0.30	0.17
单位能源碳排放	吨/吨标准煤	1.74	1.74	1.62	1.67	1.61	1.39
单位电力碳排放	克/(千瓦·时)	427	400	319	387	324	216

类别	自主减排情景					高能效情景				
	2025	2035	2050	结构(%)	增速(%)	2025	2035	2050	结构(%)	增速(%)
一次能源需求	1346	1648	2047	100	2.0	1321	1598	1933	100	1.8
煤	16	14	13	1	3.1	15	13	12	1	2.8
油	581	676	767	37	1.4	564	638	678	35	1.0
气	704	830	983	48	1.6	682	782	865	45	1.3
水	3	3	4	0	1.6	3	3	4	0	1.6
核	13	32	76	4	12.9	13	32	76	4	12.9
非水可再生能源	29	92	205	10	13.2	43	129	299	15	14.4
发电能源需求	475	613	933	100	-5.3	482	641	1021	100	-5.0
煤	9	6	4	0	-17.2	9	6	3	0	-17.6
油	141	153	178	19	-1.8	141	153	178	17	-1.8
气	297	363	498	53	-2.5	297	363	498	49	-2.5
水	3	3	4	0	-12.9	3	3	4	0	-12.9
核	13	32	76	8	-7.0	13	32	76	7	-7.0
非水可再生能源	11	55	173	19	-1.7	19	84	262	26	-0.5
终端能源需求	896	1107	1382	100	2.1	869	1056	1273	100	1.8
煤	5	7	8	1	2.3	5	7	8	1	2.1
油	422	499	559	40	1.6	406	463	475	37	1.1
气	318	369	390	28	1.3	301	331	296	23	0.5
电	149	229	421	30	4.1	155	252	492	39	4.6
热及其他	2	3	4	0	2.9	2	2	3	0	2.6
工业	268	319	382	28	1.7	257	302	352	28	1.5
煤	5	7	8	2	2.4	5	6	7	2	2.2
油	52	53	49	13	0.1	50	49	44	12	-0.3
气	173	190	172	45	0.6	162	165	116	33	-0.5
电	38	70	153	40	5.9	41	81	184	52	6.5
交通	261	324	394	29	2.0	252	307	365	29	1.8
油	245	290	317	81	1.6	232	262	250	69	0.9
气	14	18	24	6	2.6	13	17	22	6	2.4
电	2	16	53	13	21.0	7	28	93	25	22.9
居民消费	154	188	253	18	2.1	147	179	224	18	1.8
煤	0	0	0	0	—	0	0	0	0	—
油	23	27	35	14	1.7	22	26	31	14	1.4
气	69	78	83	33	1.1	65	69	58	26	0.1
电	60	81	134	53	3.2	59	83	134	60	3.2
商业	52	66	87	6	2.4	51	63	81	6	2.1
煤	0	0	0	0	—	0	0	0	0	—
油	3	3	3	3	0.2	3	3	3	3	0.0
气	11	15	20	23	2.5	11	13	13	16	1.3
电	37	47	63	72	2.4	36	47	64	79	2.5
其他	22	25	32	2	1.5	22	25	28	2	1.2
非能利用	140	184	234	17	2.6	140	180	223	18	2.4

类别	自主减排情景					高能效情景				
	2025	2035	2050	结构(%)	增速(%)	2025	2035	2050	结构(%)	增速(%)
发电装机	396	688	1311	100	4.8	436	813	1619	100	5.4
煤	4	4	3	0	-1.6	4	4	3	0	-1.6
油	75	92	126	10	2.2	75	92	126	8	2.2
气	234	311	477	36	2.9	234	311	477	29	2.9
水	24	25	25	2	1.2	24	25	25	2	1.2
核	5	13	30	2	10.5	5	13	30	2	10.5
风	8	36	125	10	19.0	11	85	294	18	21.9
光	44	206	522	40	19.1	82	281	660	41	19.9
生物质及其他	1	2	3	0	10.5	1	2	3	0	10.5

类别	自主减排情景					高能效情景				
	2025	2035	2050	结构(%)	增速(%)	2025	2035	2050	结构(%)	增速(%)
发电量	1522	2336	4291	100	4.0	1583	2571	5017	100	4.4
煤	22	17	13	0	-2.6	22	17	13	0	-2.6
油	380	463	623	15	2.0	380	463	623	12	2.0
气	976	1311	2043	48	3.0	976	1311	2043	41	3.0
水	24	27	31	1	1.2	24	27	31	1	1.2
核	36	85	204	5	12.6	36	85	204	4	12.6
风	16	80	334	8	20.4	20	189	787	16	23.4
光	65	344	1029	24	20.4	121	470	1302	26	21.2
生物质及其他	4	8	15	0	11.1	4	8	15	0	11.1

类别	自主减排情景					高能效情景				
	2025	2035	2050	结构(%)	增速(%)	2025	2035	2050	结构(%)	增速(%)
总排放	23	27	31	100	1.5	23	25	25	100	0.8
发电碳排放	8	9	12	39	1.7	8	9	12	47	1.5
工业	4	4	4	13	0.5	4	4	3	10	-0.9
交通	5	7	7	23	1.6	5	6	6	23	1.0
居民	2	2	7	7	1.3	2	2	2	6	0.5
商业	0	0	0	1	2.0	0	0	0	1	1.0
其他	0	0	0	1	1.3	0	0	0	1	0.7
非能利用	1	2	2	7	2.6	1	2	2	7	2.1

类别	单位	自主减排情景			高能效情景		
		2025	2035	2050	2025	2035	2050
人均能源需求	吨标准煤/人	5.08	5.44	5.74	4.99	5.28	5.42
人均电力需求	千瓦·时/人	5053	6781	10571	5254	7464	12360
人均碳排放	吨/人	8.86	9.00	8.76	8.59	8.49	7.73
单位 GDP 能源需求	吨标准煤/万美元	4.48	3.95	2.89	4.40	3.83	2.73
单位 GDP 电力需求	千瓦·时/美元	0.45	0.49	0.53	0.46	0.54	0.62
单位 GDP 碳排放	千克/美元	0.78	0.65	0.44	0.76	0.62	0.39
单位能源碳排放	吨/吨标准煤	1.74	1.65	1.53	1.72	1.61	1.43
单位电力碳排放	克/(千瓦·时)	537	404	283	516	367	241

表 D-18　非洲展望结果　　　　　　　　　　　　　　　　　　　　　　　单位：百万吨标准煤

| 类别 | 自主减排情景 | | | | | 高能效情景 | | | | |
	2025	2035	2050	结构(%)	增速(%)	2025	2035	2050	结构(%)	增速(%)
一次能源需求	1240	1610	2340	100	2.1	1321	1442	1940	100	1.6
煤	194	225	241	10	1.3	173	184	174	9	0.4
油	325	441	624	27	2.6	311	398	501	26	2.0
气	277	428	618	26	4.0	272	412	572	29	3.8
水	26	36	53	2	3.7	26	36	53	3	3.7
核	8	13	22	1	4.6	8	13	23	1	4.7
非水可再生能源	410	467	783	33	1.0	532	400	617	32	0.3
发电能源需求	380	613	1093	100	-4.9	359	570	1015	100	-5.1
煤	138	168	188	17	-7.6	119	131	129	13	-8.6
油	16	23	27	2	-7.0	16	24	30	3	-6.7
气	171	290	446	41	-2.8	171	289	443	44	-2.8
水	26	36	53	5	-6.1	26	36	53	5	-6.1
核	8	13	22	2	-10.2	8	13	23	2	-10.1
非水可再生能源	21	84	358	33	0.4	20	78	338	33	0.2
终端能源需求	1092	1392	1850	100	2.4	1052	1308	1679	100	2.1
煤	31	33	33	2	0.4	30	30	28	2	-0.1
油	312	420	597	32	2.9	296	375	473	28	2.2
气	70	93	120	6	2.6	67	82	89	5	1.8
电	135	246	508	28	5.8	131	234	514	31	5.6
热及其他	543	599	592	32	0.7	528	586	576	34	0.7
工业	173	227	312	17	2.7	165	212	288	17	2.4
煤	20	22	24	8	0.7	20	20	20	7	0.2
油	36	46	60	19	2.5	33	43	55	19	2.2
气	33	47	63	20	3.3	30	38	36	13	1.7
电	46	67	116	37	3.8	47	73	138	48	4.3
交通	226	326	513	28	3.6	216	298	441	26	3.1
油	222	317	483	94	3.4	209	277	368	83	2.6
气	3	4	7	1	4.6	2	4	6	1	4.3
电	2	5	22	4	10.5	4	17	66	15	14.0
居民消费	583	699	831	45	1.7	563	664	782	47	1.5
煤	5	5	4	0	-0.9	5	5	3	0	-1.1
油	20	17	8	1	-2.6	19	16	8	1	-2.8
气	14	16	17	2	0.9	14	15	16	2	0.7
电	60	134	207	25	7.6	51	104	241	31	6.7
商业	41	57	96	5	3.5	41	54	78	5	2.9
煤	3	3	2	2	-0.9	3	2	1	2	-1.5
油	4	5	8	9	3.1	4	5	7	9	2.5
气	0	1	1	1	3.5	0	1	1	1	3.1
电	19	29	56	58	4.2	20	29	51	65	3.9
其他	33	38	42	2	1.4	33	36	38	2	1.1
非能利用	35	45	55	3	2.2	35	43	52	3	2.0

类别	自主减排情景					高能效情景				
	2025	2035	2050	结构(%)	增速(%)	2025	2035	2050	结构(%)	增速(%)
发电装机	348	730	1844	100	7.3	340	701	1771	100	7.1
煤	61	72	83	4	1.7	56	62	64	4	1.0
油	21	33	45	2	5.1	21	33	45	3	5.1
气	142	239	368	20	5.0	142	239	368	21	5.0
水	57	78	113	6	4.0	57	78	113	6	4.0
核	3	4	7	0	3.8	3	4	8	0	4.0
风	32	100	482	26	15.3	27	81	419	24	14.8
光	29	196	727	39	18.4	31	196	735	42	18.4
生物质及其他	4	7	18	1	7.9	4	7	18	1	7.9

单位：十亿千瓦·时

类别	自主减排情景					高能效情景				
	2025	2035	2050	结构(%)	增速(%)	2025	2035	2050	结构(%)	增速(%)
发电量	1390	2532	5576	100	6.1	1344	2408	5292	100	5.9
煤	367	463	544	10	2.2	331	389	420	8	1.4
油	46	71	95	2	5.1	46	71	95	2	5.1
气	605	1033	1613	29	5.0	605	1033	1613	30	5.0
水	212	291	430	8	3.7	212	291	430	8	3.7
核	21	34	59	1	4.9	21	34	62	1	5.0
风	85	279	1407	25	16.0	71	226	1223	23	15.5
光	50	350	1399	25	18.5	54	353	1421	27	18.6
生物质及其他	6	12	28	1	7.0	6	12	28	1	7.0

单位：亿吨

类别	自主减排情景					高能效情景				
	2025	2035	2050	结构(%)	增速(%)	2025	2035	2050	结构(%)	增速(%)
总排放	17	22	29	100	2.5	16	20	23	100	1.8
发电碳排放	7	10	13	46	2.9	6	9	11	50	2.5
工业	2	2	3	10	2.2	2	2	2	9	1.2
交通	5	7	10	36	3.5	5	6	8	35	2.7
居民	1	1	1	2	-1.0	1	1	1	2	-1.2
商业	0	0	0	1	1.7	0	0	0	1	1.1
其他	0	0	0	1	0.5	0	0	0	1	0.2
非能利用	0	0	1	2	2.1	0	0	0	2	1.2

类别	单位	自主减排情景			高能效情景		
		2025	2035	2050	2025	2035	2050
人均能源需求	吨标准煤/人	0.82	0.87	1.01	0.88	0.78	0.83
人均电力需求	千瓦·时/人	785	1160	2009	760	1104	1910
人均碳排放	吨/人	1.10	1.19	1.24	1.03	1.07	1.02
单位 GDP 能源需求	吨标准煤/万美元	3.60	3.20	2.74	3.83	2.86	2.27
单位 GDP 电力需求	千瓦·时/美元	0.34	0.43	0.55	0.33	0.41	0.52
单位 GDP 碳排放	千克/美元	0.48	0.44	0.34	0.45	0.39	0.28
单位能源碳排放	吨/吨标准煤	1.33	1.36	1.23	1.18	1.37	1.23
单位电力碳排放	克/(千瓦·时)	503	392	235	480	370	217

表 D-19　南非展望结果　　　　　　　　　　　　　　　单位：百万吨标准煤

类别	自主减排情景					高能效情景				
	2025	2035	2050	结构(%)	增速(%)	2025	2035	2050	结构(%)	增速(%)
一次能源需求	203	224	239	100	0.5	216	232	245	100	0.5
煤	135	133	122	51	-0.4	129	119	95	39	-1.0
油	38	44	49	20	1.3	37	41	42	17	0.8
气	13	17	20	8	3.5	14	18	20	8	3.5
水	1	1	1	0	7.0	1	1	1	0	7.0
核	7	12	20	9	4.4	7	12	21	9	4.5
非水可再生能源	9	17	27	11	0.4	29	41	66	27	3.0
发电能源需求	102	116	135	100	-10.4	100	110	130	100	-10.5
煤	85	84	80	59	-9.8	80	74	60	47	-10.5
油	0	0	0	0	-28.5	0	0	0	0	-28.3
气	3	4	8	6	-13.5	3	5	8	6	-13.3
水	1	1	1	1	-16.0	1	1	1	1	-16.0
核	7	12	20	15	-10.4	7	12	21	16	-10.3
非水可再生能源	7	15	26	19	-6.9	8	19	39	30	-5.8
终端能源需求	128	144	153	100	1.0	125	136	141	100	0.8
煤	27	28	25	16	-0.1	27	25	21	15	-0.7
油	45	51	56	37	1.2	43	47	48	34	0.7
气	4	6	6	4	2.6	5	6	5	4	2.2
电	32	41	55	36	2.3	32	42	60	42	2.6
热及其他	19	18	11	7	-1.2	18	15	8	5	-2.2
工业	46	51	55	36	0.9	46	50	49	35	0.6
煤	17	17	17	30	0.1	16	16	13	27	-0.6
油	4	4	4	6	0.2	3	3	2	4	-1.6
气	4	5	5	10	2.2	4	6	5	9	1.8
电	19	23	28	51	1.8	19	23	28	57	1.8
交通	33	41	49	32	1.9	32	38	47	33	1.7
油	32	38	43	86	1.5	31	35	37	78	1.0
气	0	0	0	0	20.4	0	0	0	0	20.2
电	1	3	7	13	8.1	1	3	10	22	9.6
居民消费	29	31	26	17	0.3	28	28	25	17	0.1
煤	5	5	4	14	-0.9	5	5	3	14	-1.1
油	1	1	0	1	-4.6	1	1	0	1	-4.8
气	0	0	0	0	—	0	0	0	0	—
电	7	10	13	50	3.1	7	10	15	61	3.4
商业	7	8	7	4	0.3	7	7	6	4	0.1
煤	3	3	2	27	-0.9	3	2	1	23	-1.5
油	0	0	0	1	-3.9	0	0	0	1	-4.1
气	0	0	0	7	16.6	0	0	0	7	16.4
电	4	5	4	65	0.8	4	4	4	69	0.7
其他	5	6	6	4	0.8	5	6	6	4	0.7
非能利用	7	8	9	6	1.1	7	8	9	6	0.9

类别	自主减排情景					高能效情景				
	2025	2035	2050	结构(%)	增速(%)	2025	2035	2050	结构(%)	增速(%)
发电装机	83	118	165	100	3.4	88	130	199	100	3.9
煤	47	51	54	32	0.7	46	46	42	21	0.0
油	0	0	0	0	-0.9	0	0	0	0	-0.9
气	6	9	14	9	4.1	6	9	14	7	4.1
水	3	3	4	2	1.5	3	3	4	2	1.5
核	2	4	7	4	3.7	2	4	7	4	3.9
风	14	26	33	20	10.3	15	27	44	22	11.2
光	10	25	54	32	11.6	16	41	88	44	13.2
生物质及其他	0	0	0	0	1.1	0	0	0	0	1.1

类别	自主减排情景					高能效情景				
	2025	2035	2050	结构(%)	增速(%)	2025	2035	2050	结构(%)	增速(%)
发电量	323	419	554	100	2.5	328	429	606	100	2.7
煤	234	246	252	46	0.5	229	223	197	32	-0.2
油	0	0	0	0	0.0	0	0	0	0	0.0
气	9	15	28	5	5.4	9	15	28	5	5.4
水	5	7	9	2	2.5	5	7	9	1	2.5
核	20	32	55	10	4.7	20	32	58	10	4.9
风	36	70	99	18	11.1	37	74	132	22	12.0
光	19	48	111	20	11.4	28	78	182	30	13.0
生物质及其他	0	1	1	0	1.5	0	1	1	0	1.5

类别	自主减排情景					高能效情景				
	2025	2035	2050	结构(%)	增速(%)	2025	2035	2050	结构(%)	增速(%)
总排放	5	5	4	100	-0.3	5	4	3	100	-1.1
发电碳排放	2	2	2	55	-0.1	2	2	2	55	-0.9
工业	1	1	1	15	0.3	1	1	0	14	-0.6
交通	1	1	1	22	1.5	1	1	1	24	1.0
居民	0	0	0	2	-1.1	0	0	0	3	-1.4
商业	0	0	0	1	-0.7	0	0	0	2	-1.2
其他	0	0	0	2	0.1	0	0	0	2	0.0
非能利用	0	0	0	2	1.0	0	0	0	2	0.2

类别	单位	自主减排情景			高能效情景		
		2025	2035	2050	2025	2035	2050
人均能源需求	吨标准煤／人	3.43	3.58	3.64	3.64	3.70	3.74
人均电力需求	千瓦·时/人	5033	6184	7824	5123	6331	8559
人均碳排放	吨／人	7.96	7.45	6.43	7.64	6.76	5.23
单位 GDP 能源需求	吨标准煤／万美元	3.96	3.25	1.66	4.20	3.36	1.71
单位 GDP 电力需求	千瓦·时／美元	0.58	0.56	0.36	0.59	0.57	0.39
单位 GDP 碳排放	千克／美元	0.92	0.68	0.29	0.88	0.61	0.24
单位能源碳排放	吨／吨标准煤	2.32	2.08	1.77	2.10	1.83	1.40
单位电力碳排放	克／(千瓦·时)	743	575	421	693	497	299

受数据来源不同、计量单位多元、包含品种不一（主要是如何归类生物燃料、是否包含传统生物质）、折算方法差异（主要是如何折算来自于核能和可再生能源的电能至一次能源）等复杂因素影响，不同的研究机构或跨国公司对同一指标的统计偏差最高可达 15%。因此，直接对比不同机构的全球中长期能源展望结果是有失妥当的，但对比相对维度上的年均增速亦可为全球能源研究提供借鉴参考。

国际对比部分选择了国内外知名机构的全球中长期能源展望情景，仅通过简单的单位换算来对比一次能源、电力需求、电气化水平、碳排放等指标展望结果。

对比的情景有国际能源署（IEA）《世界能源展望2017》的新政策情景、美国能源信息署（EIA）《国际能源展望2017》的基准情景、英国石油（BP）《世界能源展望（2018版）》的渐进转型情景、日本能源经济研究所（IEEJ）《2050年世界能源的前景与挑战（2018版）》的基准情景、美孚石油（ExxonMobil）《2040年能源展望（2018版）》的主情景、挪威国家石油公司（Equinor）《长期宏观经济与能源市场展望2018》的变革情景、中国石油经济技术研究院（CNPC ETRI）《世界与中国能源展望（2018版）》的基准情景、国网能源研究院（SGERI）《全球能源分析与展望2018》的自主减排情景、高能效情景。

表 E-1　一次能源需求　　　　　　　　　　　　　　　　单位：亿吨标准煤

情景	展望基年	2030	2040	2050	年均增速
IEA 新政策情景	195	229	251	—	1.0%
EIA 基准情景	207	239	265	—	1.0%
BP 渐进转型情景	190	—	257	—	1.3%
IEEJ 基准情景	195	237	262	282	1.1%
ExxonMobil 主情景	199	231	245	—	0.9%
Equinor 变革情景	194	230	—	244	0.6%
CNPC ETRI 基准情景	—	—	—	260	0.9%
SGERI 自主减排情景	205	227	247	260	0.8%
SGERI 高能效情景	205	217	227	230	0.5%

表 E-2　终端电力需求　　　　　　　　　　　　　　　　单位：万亿千瓦·时

情景	展望基年	2030	2040	2050	年均增速	期末电气化水平
IEA 新政策情景	21.4	—	34.5	—	2.1%	23%
EIA 基准情景	—	—	35.0	—	—	—
BP 渐进转型情景	—	—	—	—	—	—
IEEJ 基准情景	20.2	27.6	33.2	38.6	1.9%	24%
ExxonMobil 主情景	21.3	28.8	34.0	—	2.0%	—
Equinor 变革情景	—	—	—	40.1	—	27%
CNPC ETRI 基准情景	—	—	—	47.9	2.0%	—
SGERI 自主减排情景	22.9	32.6	43.2	57.0	2.7%	34%
SGERI 高能效情景	22.9	33.7	45.7	60.5	2.9%	40%

表 E-3　能源相关碳排放　　　　　　　　　　　　　　　　单位：亿吨

情景	展望基年	2030	2040	2050	年均增速
IEA 新政策情景	321	343	357	—	0.4%
EIA 基准情景	338	—	392	—	0.6%
BP 渐进转型情景	334	—	368	—	0.4%
IEEJ 基准情景	329	381	416	441	0.8%
ExxonMobil 主情景	327	359	363	—	0.4%
Equinor 变革情景	321	345	—	311	-0.1%
CNPC ETRI 基准情景	—	—	—	390	—
SGERI 自主减排情景	341	391	343	366	0.2%
SGERI 高能效情景	341	357	322	263	-0.9%

注　在选定报告中，IEA、EIA、IEEJ、Equibor 的展望基年为 2015 年，BP、ExxonMobil、CNPC ETRI、SGERI 的展望基年为 2016 年；IEA、EIA、BP、ExxonMobil 展望至 2040 年，故其年均增速为展望基年至 2040 年，其余年均增速为展望基年至 2050 年。

参考文献

[1] 国际能源署. 世界能源展望中国特别报告：中国能源展望2017［M］. 北京：石油工业出版社，2017.

[2] 国际能源署编著，国网能源研究院组译. 能源与空气污染：世界能源展望特别报告［M］. 北京：机械工业出版社，2017.

[3] 黄晓勇，王能全，等. 世界能源蓝皮书：世界能源发展报告（2018）［M］. 北京：社会科学文献出版社，2018.

[4] 中国石油经济技术研究院. 2050年世界与中国能源展望(2018版). 北京，2018.

[5] 徐小杰. 世界能源中国展望（2013−2014）［M］. 北京：社会科学文献出版社，2014.

[6] 中国社会科学院世界经济与政治研究所. 世界能源中国展望（2014−2015）［M］. 北京：中国社会科学出版社，2015.

[7] 中国社会科学院世界经济与政治研究所. 世界能源中国展望（2015−2016）［M］. 北京：中国社会科学出版社，2016.

[8] 中国能源发展战略研究组. 中国能源发展战略选择［M］. 北京：清华大学出版社,2014.

[9] 中国能源中长期发展战略研究项目组. 中国能源中长期（2030、2050）发展战略研究［M］. 北京：科学出版社，2011.

[10] 中国能源研究会. 中国能源展望2030［M］. 北京：经济管理出版社，2016.

[11] 刘振亚. 全球能源互联网［M］. 北京：中国电力出版社，2015.

[12] 刘振亚. 中国能源与电力［M］. 北京：中国电力出版社，2012.

[13] 国家电网公司发展策划部，国网能源研究院. 国际能源与电力统计手册（上册）. 北京，2017.

[14] 国家电网公司发展策划部，国网能源研究院. 国际能源与电力统计手册（下册）. 北京，2017.

[15] 电力规划设计总院. 中国能源发展报告2017［M］. 北京：中国电力出版社，2017.

[16] International Energy Agency. World Energy Outlook 2017. Paris, 2017.

[17] International Energy Agency. Energy Efficiency 2018. Paris, 2018.

[18] International Energy Agency. Energy Technology Perspectives 2018. Paris, 2018.

[19] International Energy Agency. Perspectives for the Energy Transition: The Role of Energy Efficiency. Paris, 2018.

[20] International Energy Agency. World Energy Investment. Paris, 2018.

[21] International Energy Agency. CO_2 emissions from fuel combustion Highlights. Paris, 2017.

[22] International Energy Agency. Global EV Outlook 2018: towards cross-modal electrification. Paris, 2018.

[23] International Energy Agency. World Energy Model Documentation (2017 version). Paris, 2017.

[24] OECD, International Energy Agency, Eurosta. Energy Statistics Manual. Paris, 2004.

[25] International Renewable Energy Agency. Global Energy Transformation: A Roadmap to 2050. Abu Dhabi, 2018.

[26] International Renewable Energy Agency. Renewable Capacity Statistics 2018. Abu Dhabi, 2018.

[27] International Renewable Energy Agency. Renewable Energy Statistics 2017. Abu Dhabi, 2017.

[28] World Energy Council. World Energy Scenarios 2016. London, 2016.

[29] World Energy Council. World Energy Scesarios:Composing energy futures to 2050. London, 2013.

[30] U.S. Energy Information Adminstration. International Energy Outlook 2017. Washington DC, 2017.

[31] U.S. Energy Information Adminstration. World Energy Projection System Plus: Overview. Washington DC, 2017.

[32] U.S. Energy Information Adminstration. World Energy Projection System Plus: Electricity Module. Washington DC, 2016.

[33] Institute of Energy Economics, Japan. Outlook 2018: Prospects and chanllenges until 2050–Energy, Environment and Economy. Tokyo, 2017.

[34] The Energy Research Institute of the Russain Academy of Sciences. Global and Russian Energy Outlook to 2040. Moscow, 2014.

[35] BP. World Energy Outlook(2018 version). London, 2018.

[36] BP. 67th Edition of Statistical Review of World Energy. London, 2018.

[37] BP. BP Technology Outlook: Technology choices for a secure, affordable and sustainable energy future. London, 2015.

[38] BP. BP Technology Outlook: How Technology could change the way energy is produced and consumed. London, 2018.

[39] ExxonMobil. 2018 Outlook for Energy: A View to 2040. Texas, 2018.

[40] Equinor. Energy Perspectives 2018: Long–term macro and market outlook. Norway, 2018.

[41] Bloomberg New Energy Finance. Long–Term Electric Vehicle Outok 2017. 2018.

[42] Bloomberg New Energy Fiance. New Energy Outlook 2018. 2018.

[43] International Atomic Energy Agency. Energy, Electricity and Nuclear Power Estimates for the Period up to 2050 (2017 version). Austria, 2017.

[44] International Atomic Energy Agency. Nuclear Power Reactors in the World (2017 Edition). Vienna, 2017.

[45] World Nuclear Association. World Nuclear Performance Report 2017. London, 2017.

[46] International Hydropower Association. 2018 Hydropower Stuatus Report. London, 2018.

[47] Global Wind Energy Council. Global Wind Energy Outlook. Belgium, 2016.

[48] Richard G.Newell, Yifei Qian, Daniel Raimi. Global Energy Outlook 2015. International Energy Forum, 2015.

[49] Richard G.Newell, Stuart Iler, Daniel Raimi. Global Energy Outlooks Compastion Methods. International Energy Forum, 2018.

[50] UN. World Population Prospects 2017.New York,2017.

[51] Intergovernmental Panel on Climate Change. 2006 IPCC Guidelines for National Greenhouse Gas Inventories, Volume 2：Energy. 2006.

[52] 国家发展和改革委员会，国家能源局．能源生产和消费革命战略（2016－2030）[R]．北京：2016.

[53] 谢克昌，等．推动能源生产和消费革命战略研究[M]．北京：科学出版社，2017.

[54] 张玉卓，等．世界能源版图变化与能源生产消费革命[M]．北京：科学出版社，2017.

[55] 赵庆波，单葆国．世界能源需求现状及展望[J]．中国能源,2002,(2):34-36.

[56] 朱发根，单葆国，马丁，刘小聪，李江涛．基于 CO_2 减排目标的 2050 年全球能源需求展望[J]．中国电力，2016,49(3):34-38.

[57] 马丁，单葆国．2030 年世界能源展望——基于全球能源展望报告的对比研究[J]．中国能源，2017,39(2):21-24.

[58] 马丁，单葆国，朱发根．基于 CO_2 排放达峰目标的中长期能源需求展望[J]．中国电力，2017,50(3):180-185.

[59] 单葆国，张春成，李江涛，刘小聪．1980－2015 年全球能源供需格局演变[N]．国家电网报，2017-12-19(005).

[60] 单葆国，李江涛，张春成，徐朝．展望：2050 年全球能源发展趋势[N]．国家电网报，2018-01-09(005).

[61] 张春成，李江涛，单葆国．一带一路沿线将成全球电力投资洼地[N]．中国能源报，2018-03-26(004).

[62] 李江涛，王雨薇．世界主要国家人均用电情况探析[J]．电力决策与舆情参考，2018,335(1):15-18.

[63] 刘俊，郑宽，李江涛．能源转型下我国"再电气化"实现路径研究[J]．电力决策与舆情参考，2018,355(21):9-14.

[64] 冯君淑，张晋芳，傅观君．电气化发展的国际比较及对我国的启示[J]．电力决策与舆情参考，2018,355(21):15-21.